이주영의 진심

함께 준비하면 우리 모두의 꿈과 희망,

비전을 만들 수 있습니다.

글·이주영

동쪽나라

이주영의 진심

이 책을 읽는 독자들에게

〈이주영의 진심〉을 내면서

누구나 인생 스토리가 있다. 즐겁고 행복한 시간들이 있는 반면, 고난과 역경도 있다. 순간순간 드라마틱한 장면도 있다. 그걸 글로써, 단 한권의 책에서 다 표현하기 어렵다. 나 또한 마찬가지다.

지금까지 여러 공직을 수행하면서 각종 보고서와 논문 등을 많이 썼지만, 나의 이야기를 책으로 엮은 적은 아직 한 번도 없다. 그래서 일까. 이 책을 내기까지 용기가 필요했다. 막상 나의 이야기와 생각을 세상에 내놓는다고 생각하니 사실 좀 주저하기도 했다.

이 책은 기본적으로 회고록의 성격을 띤다. 살아온 이야기가 중심이다. 어딘가는 눈시울이 붉어지는, 어딘가는 얇은 웃음이 배어나오는 장면도 있다.

살아오면서 많은 분들과 이런저런 인연을 맺었다. 그런 분들의 이야기도 부득이 들어간다. 기억을 최대한 되살리고, 관련 자료와 기록을 찾아 확인해 최대한 객관성을 유지하고자 노력했다.

관련 분들의 미담도 있지만, 불편한 내용도 있다. 이 책으로 하여 기억 저편의 오래된 사진 한 장을 꺼내 본다고 생각해 주셨으면 한다.

내 인생에서 희로애락을 함께 해주신 모든 분들께 감사드린다. 그리고 불편을 느끼실 분들께 미리 양해를 구한다.

막상 책을 내려다보니 욕심이 생겼다. 나의 경험과 지식에 관계된 사실과 연관 지어 우리사회가 바람직한 방향으로 갔으면 하는 마음에서 제언이나 주장을 곁들였으면 하는 욕심이다. 회고의 성격을 훼손하지 않는 선에서 생각의 일단을 피력했다. 제1장부터 제8장까지 회고의 글 중 몇몇 부분에 조금씩 언급된다.

좀 더 욕심을 냈다. 근래 나의 생각을 담아야겠다는 욕심이다. 그래서 '이주영의 생각'이라는 별도의 장을 제9장으로 덧붙였다. 여기에는 언론기고와 회의발언, SNS에 포스팅한 글들을 추려서 모았다. 내가 태어나고 살아온 경남 관련 내용이 중심이지만, 우리나라가 좀 더 살기 좋은 사회가 되었으면 하는 마음으로 나의 생각과 입장, 주장을 피력한 글들이다.

내가 세상을 바라보고 이해하는 방식이 이 책을 읽는 분들과 서로 다를지라도 이 책을 통해 서로를 더 이해할 수 있는 계기가 되기를 간절히 소망한다.

책을 내면서 많은 분들의 조언과 실무적인 도움을 받았다. 일일이 열거하지 못하지만, 진심으로 감사드린다.

2022년 1월 21일

무학산 학봉과 가고파 바다가
보이는 우거에서
이주영 올림

차 례

〈이주영의 진심〉을 내면서 • 4

제1장 〈가고파〉 내 고향

1 어머니의 아픈 손가락으로 • 13
2 아버지의 고향은 의령 • 18
3 마산이 일어나면 나라가 바뀐다 • 23
4 초등생 유랑자와 동무들 • 28
5 퍼도퍼도 마르지 않는 샘물 • 33
6 고향의 봄과 아버지, 그리고 김종영 • 37

제2장 궁핍으로부터의 자유

1 MRA대회 대회장으로 • 45
2 3선 개헌과 동석회 친구들 • 50
3 나는 공부벌레가 될 수 없었다 • 55
4 궁핍으로부터의 자유 • 60
5 그래서 정치가 필요하다 • 65

제3장 나, 이제 고향으로 돌아가리

1 민사는 수학이고, 형사는 철학이다 • 71
2 홍판표와 홍준표 • 76
3 참으로 우스운 문재인 정권의 검수완박 • 80
4 제발 진관이를 선처해주세요 • 85
5 맹장염도 전염된다 • 91
6 창원을 국제발명도시로 • 94
7 나, 이제 고향으로 돌아가리 • 99

제4장 불굴의 저격수

1 행복한 낙선 • 107
2 사랑하는 창원시민과 윤숙경 여사 • 113
3 나, 이회창이요 • 119
4 유권자들은 알고 있다 • 123
5 불굴의 저격수 • 128
6 저격수에게 날아온 협박편지 • 133
7 저격수에서 추적자로 • 138
8 사라진 현대전자 1억 달러를 찾아서 • 143
9 좀 살살해줘 • 146

제5장 4대강 예산과 쪽지예산 3위

1 행정 첫 경험 경남도 정무부지사 • 153

2 '안풍사건' 무죄 받아내다 • 157
3 강삼재 총장과의 인연 • 162
4 당원들 앞에서 펼치는 대선경선후보 정책토론회 도입 • 164
5 4대강 예산과 쪽지예산 3위 • 167
6 경제민주화 · 복지 이슈를 선점하다 • 170
7 '위대한 소통가' 레이건 이야기(Great Communicator) • 173

제6장 절대로 조국은 안 된다!

1 여의도연구원장으로 • 181
2 팽목항 127일 • 184
3 개헌은 이주영에게 물어라 • 190
4 막중한 국회부의장의 무게를 견디고 • 195
5 다시 국방위의 저격수로 • 198
6 절대로 조국은 안 된다 • 201

제7장 대통령 특사로 아프리카에 가다

1 주한 외교사절과 황금돼지 • 207
2 반기문 총장과의 인연 • 211
3 국회, 아프리카 새시대포럼을 열다 • 214
4 대통령 특사로 아프리카에 가다 • 218
5 "네 꿈을 그려라" 세계잼버리 유치
(Draw your Dream) • 221

제8장 청년들이 꿈을 펼칠 고향을 만들고 싶다

1 의원 전원 서명한 3·15 의거 국가기념일 • 227

2 마산 '핫플레이스' • 230

3 도민 사랑받는 마산의료원 • 234

4 지역민과 함께 한 공공기관 유치 • 237

5 청년들이 꿈을 펼칠 고향을 만들고 싶다 • 240

제9장 이주영의 생각

1 '경남 발전 315비전' 세우고 매진 • 249

2 문 정권 폭주·난동 막는데 앞장 • 263

3 경남 항공산업 날개를 꺾지 마라 • 274

4 정권교체 향한 정책개발 시동 • 283

5 'LH 개혁'… 초점 흐리지 마라 • 291

6 '선거용 말잔치' 이제 안 통한다 • 304

7 지연된 정의는 정의가 아니다 • 316

8 문재인 대통령의 '국가기강 쑥대밭' • 324

9 '농업인의 날'에 생각하는 경남 농업 • 330

이주영 연보 • 339

제1장

〈가고파〉 내 고향

1 어머니의 아픈 손가락으로 | 2 아버지의 고향은 의령 | 3 마산이 일어나면 나라가 바뀐다 | 4 초등생 유랑자와 동무들 | 5 퍼도퍼도 마르지 않는 샘물 | 6 고향의 봄과 아버지, 그리고 김종영

1

어머니의 아픈 손가락으로

내 고향 남쪽 바다, 그 파란 물 눈에 보이네.
꿈엔들 잊으리오, 그 잔잔한 고향 바다.
지금도 그 물새들 날으리, 가고파라 가고파…

마산.

새로운 도약을 위해 지금은 최첨단의 공업도시 창원시로 발전했지만 100년 이상 마산이라는 이름으로 불렸던 내 고향 마산을 어떻게 표현하랴. 단 이 한곡의 노래로 나의 마산은 온 국민의 남쪽 바다가 되었고, 한민족 모두의 아련한 고향으로 각인되었다. 이렇게 아름다운 마산이 내 고향이라는 것, 그것은 축복이요, 자랑이다.

역시 마산이 고향인 노산 이은상 시인께서 쓴 이 곡은 1933년 김동진 선생이 작곡하였다. 4분의 3박자의 사장조로 된 곡으로 보통 빠르기로 부른다. 현재 우리나라 가곡 중에 가장 많이 애창되는 노래 중의 하나다. 처음에는 시 전체가 포함되지 않았으나, 1970년에 나머지 부분을 연가곡으로 작곡하였다. 광복 후 교과서에 실리게 되었고, 수 년 만에 국민가곡이 되었다.

조금 멀리로는 3·15의거의 본향, 가까이로는 부마민주화 운동의 시발점이 된 곳이 마산이다. 20대 국회를 마감하고 경남 전역을 다니며 많은 분들을 만나고 지역을 다시 공부하며 여전히 바쁜 시간 보낸 지 벌써 1년 반이 넘었다. 2022년 임인년이 밝은 날 나도 모르게 입속에 맴도는 〈가고파〉를 되뇌며 어린 시절 추억이 서린 곳을 찾았다.

나의 출생지는 창원시 마산합포구(당시 마산시) 완월동 282번지. 마산여자고등학교 바로 옆이다. 마산 출신이면 추억이 묻어나는 무학산 자락 완월동 계곡에서 흘러내리는 장군천을 끼고 있다. 예전엔 시가지에서 제법 떨어진 산동네다. 성지여자중·고등학교 앞을 지나 옛 산복도로로 내려오는 길 주변이다. 지금은 교통을 원활하게 하기 위해 하천을 복개한 도로와 옛 도로 그리고 옛 산복도로 중간에 조그맣게 형성된 삼각형 모양의 동네로 변했다.

은행원인 아버지와 오직 가족과 자식을 위해 평생을 헌신하신 어머니께서 결혼해 자리 잡으시면서 나는 이곳에서 태어났다. 그리곤 인근 성지여중·고 뒤편 202번지로 이사를 가서 어린 시절을 보냈다.

이즈음 가끔 성지여중·고 안에 있는 성당에 간 기억이 있다. 가톨릭 재단 학교라 교내에 성당이 있다. 어머니께서 교회에 다니셨지만 자식들에게 교회에 가자고 강요하시진 않았다. 크리스마스 때 교회에 가면 과자를 선물로 받은 기억이 남아있다.

친구들과 산과 들을 어울려 다니며 놀았던 기억도 아련하다. 주변이 모두 계단식 논밭이어서 메뚜기를 잡던 추억, 정월대보름이면 무학산 학봉에 올라가 달맞이와 쥐불놀이하던 일 등이 스쳐 지나간다. 지금은 산불 때문에 상상하기 어려운 일이지만, 당시엔 어른들이 산꼭대기에 달집을 짓고 태우며 달맞이를 했다.

그 때 나는 학봉이 그냥 무학산인 줄 알았다. 나중에 알고 보니 무학산 정상은 그보다 훨씬 높은 곳에 있고, 그 줄기가 마산시내로 뻗어 내리다 솟은 봉우리다. 고운대라 불리는 학봉은 신라시대 문장가이자 대사상가인 최치원 선생이 수양한 곳으로 알려져 있다.

부산 해운대도 최치원 선생 관련 지명이지만, 함양 상림숲과 합천 가야산 홍류동 계곡 등 선생의 행적과 관련된 곳이 유난히 많다. 내가 어린 시절 놀았던 마산의 고운대를 비롯해 월영대와 돝섬도 그런 곳이다. 경남은 이렇게 넓고 수려한 곳이다. 그것은 결코 땅의 넓이로가 아니다. 한민족 대사상가와 대문호들의 뜨거운 발자취가 서린 곳이다. 그들의 이름을 헤아리자면 끝이 없을 정도다.

당시 나의 생가 완월동은 마산 시가지와 앞바다가 훤히 내려다보이는 산동네다. 집에서 솔밭 길과 비탈을 따라 오르내리며 완월초등학교를 2학년까지 다녔다. 그때 완월초등학교에서 보는 돝섬은 영락없이 바다 위로 몸을 내민 큰 고래 모양이었다.

미술시간이면 운동장 가장자리에 나와 그림을 그리기도 했다. 고래를 그렸다. 그 때 왜 내가 유독 고래를 그렸을까? 돝섬이라는 지명과 바다를 연결 지어 돛단배를 그리는 아이들도 있었다. 돝섬의 '돝'이 돼지의 옛말이고, 섬의 형상이 돼지가 누워있는 모습이라 아주 오랜 옛날부터 '돝섬'으로 이름 붙여졌나는 것은 세월이 한참 지난 후에 알게 됐다.

바다 건너 멀리 보이는 곳은 동경의 대상이었다. 어떤 곳인지, 어떤 사람이 사는지 가보고 싶었지만 생각으로만 머물렀다. 그곳의 지명이 '귀산'이라는 건 먼 훗날 알았다. 지금은 두산중공업으로 바뀌었지만, 창원공단 건설과 함께 들어선 우리나라 중공업의 대명사 한국중공업이 터를 닦은 곳이다.

가끔 학교 친구들과 지금은 마산합포구청인 당시 마산시청 바로 밑 바닷가에 가서 물고기를 잡으면서 놀았다. 바닷물이 맑고 물고기도 많았다는 기억을 갖고 있다. 산업화 과정에서 바닷물이 오염돼 한때 죽음의 바다로 불렸으나 정부와 지자체, 시민들이 '마산만 살리기'에 노력한 결과 지금은 수질이 많이 개선됐다. 사라졌던 물고기도 되돌아와 낚시하는 시민들을 볼 수 있을 정도다.

여름이면 선창에서 나룻배를 타고 돝섬을 거쳐 가포해수욕장에 가기도 했다. 어릴 적 물놀이와 낚시하며 놀던 곳은 오랜 전 매립돼 부두배후부지 등으로 활용되다 지금은 수변공원이 조성돼 시민들의 건강과 휴식공간으로 거듭났다. 내가 국회예결위원장과 해양수산부장관 당시 마산항 기능 재배치를 통한 마산해안도로변 해양문화공원 조성을 추진한 결실이다.

어릴 때 나는 흔히 말하는 약골이었다. 학교에 결석할 때도 많았다. 하지만 우등상을 탈만큼 공부는 곧잘 했다. 부모님께 걱정과 기대를 같이 안겨드리는 자식이었다. 깨물어서 안 아픈 손가락이 있겠냐마는 어머니께서 유난히 약골인 자식에 가슴 아파하시고 마음 졸이셨다. 나를 데리고 병원에 다녀오실 때면 "이렇게 약해서 사람 구실 제대로 하겠나"라고 말씀하셨다.

모든 어머님들이 그렇듯 나의 어머니도 아픈 자식 챙기는 게 우선이셨다. 사랑과 정성으로 키워주신 어머니의 보살핌 덕분에 크면서 건강이 많이 좋아졌다. 커서는 잔병치레를 별로 하지 않았다. 지금 생각해보면 그건 모두 어머니의 정성 덕분이었다. 그 눈물 나는 염려로 격동의 세월을 견딜 수 있었다. 고달팠던 사법시험과 그 후로 이어진 판사와 국회의원 등 힘든 공직생활 중에도 건강에는 자신 있었다. 내가 결혼하고 첫딸을 낳았을 때 어머니는 "죽을 줄 알았던 애가 딸을 낳다니"하시면서 눈시울을 적시며 감격해 하셨다. 오로지 어머니의 자식사랑 덕분이다.

2

아버지의 고향은 의령

처녀야 총각아 내따라가자
자굴산 상봉에 꽃꺾어주마
꽃을 꺾으면 작기나 꺾었나
처녀 총각에 아름을 꺾었네

시조창 영남제의 본고장 의령.

내가 태어난 곳은 마산이지만, 아버지의 고향은 의령군 용덕면이다. 임진왜란 때 그 유명한 의병대장 곽재우 장군의 고장이다. 그가 붉은 옷을 입고 산봉우리를 날아다녀서 천강홍의장군(天降紅衣將軍)이라 불렸고, 왜병들은 홍의장군의 모습만 보고도 도망쳤다. 그래서 그의 이야기가 고스란히 남아 있는 곳.

곽재우 장군에 대한 설화 내용은, 용마소(龍馬沼)에서 나온 적마(赤馬)를 어른도 잡지 못했는데 열세 살의 어린 곽재우가 잡아서 탔을 정도로 비범했다는 이야기가 있다. 그는 강을 뛰어 넘을 정도로 비범했는데, 낙동강과 남강이 합쳐지는 기강나루에서 왜병과 대적할 때 밤에 허수아비를 만들어 옷을 입혀 놓고 줄에 매달아 불을 붙여 흔들어서 수백 명이 강을 막고 서 있는 것처럼 위장전술을 써서 승전했다.

아버지는 그 의령에서 초등학교를 졸업하고, 당시로는 큰 도회지인 마산으로 유학을 오셨다고 한다. 당시 중·고등학교 통합과정인 5년제 마산공립상업학교(마산상고 전신·현 용마고등학교)를 다니셨다. 아버지께서는 고교 졸업 후 은행원이 되셨지만, 집안 경제사정이 팍팍했던 것으로 기억한다. 6·25 전쟁 이후 우리네 아버지들 모두 일자리는 물론 돈벌이할 데가 별로 없었던 당시 은행원은 안정적인 직장이다. 하지만 월급은 그리 많지 않던 시절이다.

그즈음 시골에서 사시던 할아버지와 할머니가 마산으로 이사 오셨다. 마침 아버지가 마산에서 직장을 잡았고, 삼촌들 공부도 시켜야 하니 마산 성호초등학교를 졸업한 할아버지가 마산에서 일거리라도 찾아보시려고 합치신 것 같다. 그러면서 할아버지와 할머니, 삼촌 네 분과 고모 한 분, 2남2녀 우리 형제 등 자그마치 13명의 대가족이 함께 살게 됐다.

맏며느리인 어머니는 시부모님 모시랴, 시동생과 시누이 수발하랴, 자식 챙기랴 손에 물이 마를 날이 없으셨다. 할아버지는 특별한 직업이 없으셨던 것으로 기억한다. 자연스레 삼촌들 학비도 아버지 부담이었다. 그 시절엔 입학금만 내어주면 다들 자력으로 공부했다고 한다.

아버지 고향마을은 어릴 때 명절 때면 부모님 손잡고 갔던 추억이 기억의 저 민 곳에서 다가오는 곳이다. 우물 정(井)자 '정동'이지만 사람들은 '우무실'이라고 불렀다.

할아버지가 나를 데리고 호적등본 떼러 갔을 때 기억이 떠오른다. 완월초등학교 다닐 때다. 당시엔 학년 초 호적등본을 학교에 제출해야 했다. 호적등본을 발급받으려면 본적지 면사무소에 가야했다. 당시 마산시외버스터미널은 서성동에 있었다. 지금의 경남대학교 창업보육센터(옛 마산MBC 건물) 길 건너 맞은편이다. 완월동에서 버스터미널까지 걸어 내려와 버스를 타고 가 의령읍에서 내리면 우무실마을까지는 비포장도로를 걸어갔다. 도착하면 밤이었다. 친척집에서 하룻밤을 자고 다음날 면사무소에 가서 호적등본을 발급받아 집에 오면 다시 밤이다. 호적등본 한 통 떼고 오는데 꼬박 이틀이 걸린 셈이다.

대학 졸업 후 고시 공부하던 때 서울대병원 간호사로 일하던 아내를 만났다. 처가는 경남 고성군 마암면이다. 당연히 동향이라는 공통점 때문에 빨리 가까워졌다. 아내 선조께서 600년 전에 자리 잡았다는 마암면 장산리는 '장산숲'으로 유명한 동네다. 경상남도 기념물 제863호인 장산숲은 조선 태조 때 정절공(貞節公) 호은(湖隱) 허기(許麒) 선생께서 마을의 풍수지리상 결함을 보충하기 위하여 조성한 숲으로 전해온다. 숲 안에 연못을 만들고 그 한가운데 섬을 조성해 놓아 숲의 경관이 아름답다. 여름휴가 때면 아이들을 데리고 숲을 찾으면 스쳐지나가는 시원한 바람으로 더위를 식히기에 안성맞춤이다.

처가 동네 인근 개천면에는 천년고찰 옥천사, 회화면에는 이순신 장군이 두 번의 해전에서 크게 이긴 당항만과 당항포가 있다. 당항만 안쪽 끝자락에 '속싯개'라는 곳이 있다. 임진왜란이 발발하기 전 고성 기생 '월이'가 남해안을 염탐하러 온 왜적 첩자를 속여 이순신 장군이 임란 때 왜적선을 당항포로 유인해 섬멸할 수 있었다고 해서 붙은 지명이다.

고성엔 그 외에 정상에서 진해만의 거제와 고성 사이 바다를 한 눈에 바라보는 거류산, 고성 중·서부 일대와 자란만을 조망할 수 있는 무이산 등 명승지가 많다. 동양의 나폴리로 불리는 통영도 고성에서 지척이다. 처가 인근이라 지역 가톨릭계 큰 어르신 김석좌 신부님이 계신 마암면의 '천사의 마을'에도 자주 갔다.

처가를 오가며 경남 일대를 둘러볼 기회가 많았다. 심지어 제주도로 간 신혼여행에서 1박2일만 보냈다. 그리고는 곧바로 6·25전쟁 때 자유대한민국을 지켜준 영령들의 혼이 깃든 부산 UN군 묘지를 둘러보고 마산으로 왔다.

어릴 때 자랐던 완월동 동네와 초등학교를 아내와 함께 둘러봤다. 인근 진해시에도 새벽에 찾아갔다. 평소 보고 싶었던 이순신 장군 동상을 보기 위해서였다. 아이들이 어릴 때도 내가 자란 동네와 그 주변을 돌아보며 학봉을 배경으로 사진도 찍고, 아빠의 고향 이야기를 많이 해주었다.

이렇게 나의 경남은 내 삶의 원천이요, 에너지였다. 누가 날 바보라고 불러도 좋다. 나는 이 곳 어느 산자락 한 구비에서 굴러도 하나도 다치지 않을 것 같다.

어머니는 합천댁으로 불렸다. 어머니가 나고 자란 곳이 합천 해인사 부근이다. 할머니는 삼가댁으로 불렸다. 삼가는 합천의 옛 이름이다. 그러니 나의 외가와 진외가 모두 합천이다. 장모님은 산청댁으로 불렸으니 아내 외가는 산청이다. 아내의 진외가는 함안군 산인면 모곡리 담안이다. 그러니까 나를 둘러싼 모든 이들의 고향이 경남이다.

바다와 산, 그리고 물길이 이어진 천혜의 고장들, 세계인들의 휴양지로 이름 높은 유럽의 지중해 부근보다 몇 배나 아름다운 곳, 그러나 그곳에 살 때는 그것을 알지 못했다. 역시 고향은 떠나봐야지만 알 수 있다.

태어난 마산에서 초등학교 2학년까지 살다가 학창시절 아버지의 직장 따라 부산과 서울로, 판사로 일하면서 서울에서 청주로, 다시 서울로, 부산으로 옮겨 다닌 지 30여년 만인 1995년 2월 고향에 돌아왔다. 흔히 긴긴 타향살이 끝에 고향으로 돌아오는 것을 수구초심, 연어의 회귀에 비유한다. 젊은 시절, 나는 꼭 내 고향만이 아닌 분단된 이 나라의 통일과 안정적 발전에 일조하고자 매진했다. 일정 부분 분에 넘치는 직책을 수행했다. 변호사로, 경남도 정무부지사로, 국회의원으로, 해양수산부 장관, 국회부의장으로 활동했다. 모두 이곳 나의 고향 분들의 끝없는 성원 덕분이었다. 그들이 없었다면 어림도 없는 일이었다. 복 많은 인연을 많이 둔 탓도 있다. 그리고 이제 내 고향 경남을 변화시키고자 마음을 다잡는다. 가슴이 벅차다.

3

마산이 일어나면 나라가 바뀐다

"사람들이 우르르 몰려다니더라."

"총소리도 들었다."

초등학교 2학년 때다. 학교에 갔더니 집이 시내에 있는 반 친구들이 웅성거렸다. 나중에 알게 됐지만 자유당 정권의 부정선거에 항거한 1960년 마산 3·15 민주 의거 당시 이야기다. 그 땐 새 학기 시작이 4월이니 내가 초등학교 3학년 올라가기 직전이다. 3월 15일은 선거일이라 학교에 가지 않은 것으로 기억한다. 다음날 학교에 갔을 때 아이들끼리 주고받는 이런저런 이야기를 들었다.

"소똥을 밟아 미끄러지는 바람에 총알이 머리 위로 비켜갔다."

"핑핑 머리 위로 총알이 날아다니더라."

누군가 아찔한 무용담을 마치 자기가 경험한 것처럼 말했다. '소똥을 밟으면 재수가 좋다'는 옛말이 있는데, 그 말과 연결 지어 만들어낸 이야기인지도 모르겠다. 아무튼 분위기가 어수선하고 소문도 흉흉해 무슨 큰 일이 생겼다고 느꼈다. 어린 마음에 무서운 생각도 들었다.

며칠 뒤였을까.

무학초등학교 담벼락에서 총탄자국도 발견됐다는 이야기도 들었다. 무학초등학교는 마산시내 초등학교 중 내가 다닌 완월초등학교와 가장 가까이에 있다. 마산시청(현 마산합포구청)에서 가까우면서도 간선도로변에 있는 시내 중심가 학교다.

지금 도로명이 3·15대로로 명명된 이 간선도로는 당시 시위대가 부정선거 개표장이었던 시청으로 몰려가다 진압경찰에 밀려나면서 아수라장이 된 곳이다. 무학초등학교 옆 몽고정 바로 앞에 우뚝 서 있는 3·15 의거탑은 그런 역사적 장면을 상징한다.

그래서인지 아버지께서도 평소와 달리 좀 일찍 퇴근해 가족들을 챙기셨다. 할아버지·할머니와 부모님의 걱정하시던 모습이 지금도 떠오른다. 하지만 궁금한 상황에 대해 별 말씀은 없으셨다. 어린데다 집이 시내에서 떨어진 무학산 자락에 있고, 요즘처럼 뉴스를 쉽게 접할 수 없을 때라 어떤 상황인지 도무지 알 수가 없었다.

내가 경험하고 느낀 1960년 3월 '마산의 봄'은 이렇게 지나갔다. 이런 가운데 우리 가족은 이사를 준비했다. 아버지의 근무지가 바뀌었기 때문이다. 나도 4월 새 학기 시작과 함께 정든 고향과 학교를 떠나 '마산의 봄'을 뒤로하고 부산으로 옮겼다.

어릴 때라 부산으로 이사 간 후에도 당시 상황을 잘 알지 못했다. 하지만 시위가 확산되고 온 나라가 혼란스럽다는 건 느꼈다. 그리고 철이 들고, 공부하고, 사회를 알아가면서 한국 현대사 최초의 민주화 투쟁 현장에서 어린 시절을 보냈다는 것을 새삼 실감하게 되었다. 김주열 열사의 시신이 4월 11일 마산 앞바다에서 최루탄이 박힌 채 발견됐으니 당시 반 아이들의 '총소리' '총알' 이야기는 사실이었다.

그 때의 끔찍한 상황. 3월 15일 벌어진 시위는 그날 밤 경찰의 발포로 일단락됐으나 김주열 열사의 시신이 발견되면서 격분한 시민들이 항의시위를 벌였다. 2차 마산 시위다. 2차 시위는 마산시청과 무학초등학교 중간에 위치한 도립 마산의료원 앞에서 벌어졌다. 김주열 열사의 시신이 마산의료원에 안치됐다는 소문을 들은 시민들이 몰려든 것이다.

2차 마산 시위를 기점으로 부정선거를 규탄하고 독재정권의 퇴진

동 아 일 보

檀紀四千二百九十三年三月十七日 木曜日

아직도 찬바람 감도는 馬山

마치 市街戰을 치른 都市같이

아들·딸 찾아 헤매고

胸部등貫通으로 五·六名은 危篤

16日아침現在

大部分이 年少學生

死傷者身元把握힘들어

세派出所全半破

放火한 三名은 正式으로 拘束

一九一名連行問招 檢察發表

3·15의거 당시 신문 기사

을 요구하는 시위가 전국으로 들불처럼 번졌다. 자유당 정부는 강경 진압에 나섰지만, 분노한 시위대를 지지하기엔 역부족이었다. 4월 18일 서울에선 시위를 마치고 학교로 돌아가던 고려대 학생들을 정치폭력배들이 습격하는 사건이 발생했다. 다음날 분노한 대학생들이 시위대를 형성하고 경무대를 향해 나아가자 경찰이 발포했다. 전 국민적 저항을 불러일으켰고, 4·19 민주혁명은 그렇게 이루어졌다.

4·19민주혁명의 도화선이자 한국 현대사 최초의 시민에 의한 민주화 투쟁인 마산 3·15 의거는 이후 이어진 10·18 부마 민주항쟁, 5·18 민주화운동, 6월 항쟁 등 우리나라 민주화 운동의 출발점으로 평가받는다. 그래서 3·15 의거는 대한민국 민주화의 성지 마산, 나아가 경남의 소중한 역사 자산이다. 하지만 역사적·국가적 의미를 제대로 부여받지 못하고 있었다.

당시 시위 참여자와 지역민들이 오래 전 3·15기념사업회를 결성해 자체적으로 기념사업을 해오고 있지만, 유족회와 부상자회도 4·19에 묻혀가고 있다. '마산이 일어나면 나라가 바뀐다'는 자부심을 가진 지역민들로서는 심히 자존심 상하는 일이다.

3·15 의거는 단순히 지역의 자존심 문제만은 아니다. 경남의 자부심이자 대한민국의 자부심이다. 자유·민주·정의로 대표되는 3·15 의거 정신은 끊임없이 되새기고 후세대에도 면면히 이어가야 할 자유민주국가의 기본 정신이다. 올곧은 덕목이다. 이를 위해서는 헌신·희생하신 분들을 기리고, 기념사업을 통한 참여와 인식의 공유가 요구된다. 어릴 적 기억 한편에 남아있는 3·15 의거가 발발한 마산합포 지

역구 출신 국회의원이 된 내게 주어진 과제이기도 했다.

나는 제18대 국회 당시 의거 50주년을 1년 앞둔 2009년 '3·15 의거 국가기념일 제정 촉구 결의안'을 대표 발의해 통과시켰다. 헌정사상 최초로 국회의원 전원의 서명을 받아 통과시킨 국회결의안이다. 당시 나는 수감 중이던 의원과 투병으로 깊은 산에서 요양 중이던 의원까지 찾아가 국회의원 전원 서명이라는 기록을 세웠다. 그럴 만큼 마산 3·15 민주의거는 역사적·국가적 의미를 갖는다. 이후 50주년인 2010년부터 국가기념일로 행사를 치르고 있다.

이어 60주년을 1년 앞둔 2019년 '3·15 의거 관련자의 명예회복 및 보상 등에 관한 법률안'을 대표 발의했다. 마산의거의 역사적 의미와 지위를 혁명의 수준으로 격상시키고, 4·19에 묻혀가는 3·15를 독자적인 국가기념사업으로 독립시키기 위해서다.

제20대 국회 후반기 문재인 정권이 일방적으로 밀어붙인 패스트트랙과 제21대 총선 등 정치적 격랑을 거치며 제20대 국회 종료와 함께 자동 폐기돼 아쉬움으로 남아있다. 내가 주창했던 민주성지 마산에 민주주의전당을 유치하는 것도 과제다. 해양수산부 장관 때 결실을 맺은 마산해안도로변 해양문화공원에 이를 건립하자고 제안해 이제 가시권에 들어왔다.

3·15특별법은 제21대 국회 들어 내가 제20대 국회에 발의했던 것과 거의 같은 내용의 '3·15의거 참여자의 명예회복 등에 관한 법률안'이 최형두 의원의 대표발의로 제안되고, 지난 2021년 6월 본회의까지 최종 통과됐다. 숙원으로 남아있던 3·15의거 특별법이 제정된 것을 유족과 부상자, 기념사업회 그리고 지역민들과 함께 환영한다.

4

초등생 유랑자와 동무들

완월초등학교 2학년을 마치고 부산으로 전학 간 나는 아버지 직장 따라 학교를 옮겨 다녀야 하는 '초등생 유랑자'였다. 부산에서 두 곳, 서울에서 세 곳 등 초등 6년간 여섯 곳을 다녔다. 그러다 보니 초등학교 동기 중 친한 친구가 별로 없다.

그런 가운데 조성철 사회복지법인 인애복지재단 이사장과 하성식 한국제강그룹 회장, 이선길 전 경남체육고등학교 교장은 좀 각별한 친구다. 모두 완월초등학교 동기다. 초등학교 다닐 때는 서로 잘 알지 못했다. 내가 고향에 돌아와 사회활동과 정치를 하면서 자연스럽게 친해졌다. 그러면서 서로 도우며 지역과 사회 발전에 기여할 수 있어서 고마운 친구들이자 자랑스러운 친구들이다.

친구 조성철 이야기에는 고 조수옥 여사(1914~2002)를 빼놓을 수 없다. 하동군 출신인 혜승당 조수옥 여사는 1938년 진주 성경학교를 졸업한 후 삼천포교회와 부산 초량교회에서 전도사로 활동했다. 1939년부터 신사참배 거부운동을 활발히 전개하다 1940년 9월 부산에서 일

제 경찰에 검거돼 평양 형무소에서 5년여 간 옥살이를 했다.

일제는 평양 형무소에 수감되어 있던 조 여사를 8월 17일 사형 집행하기로 계획하고 있었다. 천운, 이틀 전 해방되면서 목숨을 건졌다. 조 여사는 투옥생활 중 많은 청소년들이 범죄로 수감되어 오는 것을 목격했다. 그리고 살아서 나간다면 부모 잃은 고아들을 위해 일생을 바칠 것을 결심했다.

1945년 8월 17일 해방과 함께 출옥한 조 여사는 그해 12월 마산에서 인애원을 설립해 고아들을 돌보기 시작했다. 이후 경남종합사회복지관, 청소년복지관, 노인보호소 등을 설립해 아동·청소년·노인 등을 위한 각종 복지사업을 펼쳐왔다. 해방과 6·25 전쟁 등 혼란기에 고아들을 돌봐 '고아의 대모'로 불렸다. '복지사업의 대모'로도 불린다.

조 여사는 교회의 여성 지도자로서도 활발한 활동을 벌였다. 전국여전도회 연합회의 발전과 창녕의 전국여전도회관 건립 추진위원장으로 활동했다. 일본 도쿄와 요코하마 등지의 교회를 순회하며 일제 당시 신사참배의 부당성을 역설하기도 했다. 1986년 국민훈장 동백장, 2002년 제1회 유관순상을 받았다.

내가 다닌 완월초등학교에는 인근 고아원 원생들이 여럿 다녔다. 나중에 알게 됐지만 조수옥 여사가 설립한 인애원에서 생활하는 아이들이었다. 친구 조성철은 그 중 한 명이다. 조성철은 마산인애원 출신 2000여명의 다른 아이들과 마찬가지로 조 여사를 어머니로 모셨다. 하지만 고교를 졸업하면서 규정에 따라 인애원을 나왔다.

그리고 몇 년 뒤 조 여사의 부름을 받았다. 사회복지 관련 일을 하라고 불렀다. 조성철은 당시 어머니의 말씀에 순종하는 것을 당연하게 생각했다고 한다. 그리고는 조 여사의 뜻을 받들어 복지시설을 운영하고, 동시에 여러 복지관련 기관·단체를 이끌며 사회복지 지도자로 우뚝 섰다.

제18대 국회 당시다.

지역구에 내려와 있을 때 친구 조성철로부터 전화를 받았다. 의논할 일이 있다는 것이었다. 지역사회에서 신망을 받고 있는데다 개인적인 부탁을 하지 않아 항상 편하게 만나는 친구였다. 당시 지역에서 경남 종합사회복지관 관장을 맡고 있으면서 한국사회복지사협회 회장과 국무총리실 사회보장심의위원회 위원으로 활동하고 있던 친구는 사회복지 종사자들의 처우와 지위 향상의 필요성을 역설했다.

사회복지 종사자들은 우리사회의 취약한 계층을 돕는 분들이다. 국

제18대 국회 당시 조성철 한국사회복지사협회 회장이 '사회복지사법' 제정 공로로 필자에게 감사패 전달

가와 지방자치단체 복지업무의 상당 부분을 대신 수행하는 분들이기도 하다. 하지만 정작 그들의 근무환경과 처우는 열악하다. 기존의 사회복지 기본법인 사회복지사업법을 비롯해 생활보호법, 아동복지법, 노인복지법 등 여러 관련 특별법이 있지만 복지 수요자들을 위한 법률이다. 민주화 이후 대통령 선거 때마다 후보들이 사회복지 종사자의 처우개선을 공약으로 내세웠으나 잘 지켜지지 않는다는 것이다.

충분히 공감 가는 이야기였다. 복지 종사자의 처우개선을 위해 제도적 뒷받침이 필요했다. 마침 한국사회복지사협회를 비롯한 사회복지계에서는 사회복지사공제회 추진위원회를 출범시켜 입법 활동을 벌이고 있었다. 나는 친구와 함께 사회복지계와 협의하고 국회에서 심부름을 하면서 특별법 제정에 힘썼다.

「사회복지사 등의 처우 및 지위 향상을 위한 법률」(약칭 사회복지사법)은 그렇게 탄생했다. 이 법은 사회복지 종사자의 처우개선과 지위향상을 위해 국가와 지방자치단체가 노력하도록 하는 것을 골자로 한다. 법률에 따라 2012년 3월 한국사회복지공제회가 출범했다. 공제회는 복지시설의 종합안전 및 화재공제, 전문 직업배상책임공제, 신원(재정)보장공제, 회원자금대여 등의 사업을 담당한다. 출범 10년을 맞은 공제회는 사회복지사와 보육교직원, 요양보호사 등 사회복지시설 및 관련기관 근무자들의 위험 분산과 생활안정에 기여하고 있다. 당시 국회 보건복지위원회 한나라당 간사였던 신상진 전 의원이 법안 통과에 크게 도움을 줬다. 이 기회를 빌려 신 전 의원에게 감사드린다.

조성철 이사장이 사회복지 지도자로서 나에게 영향을 준 친구라면 하성식 회장은 기업인으로서 지역과 국가경제 관련 의견을 수시로

교환하며 자문을 받는 친구다. 대학에서 기계공학을 전공한 하 회장은 아버지로부터 물려받은 회사를 국내 굴지의 기업으로 키웠다. 함안군수와 함안상공회의소 회장을 지내며 지역사회에 기여하기도 했다. 하 회장이 완월초등학교 총동창회장을 맡았을 때 모교 강당건립과 배드민턴부 지원 등에 같이 힘을 보탠 것도 하나의 보람으로 남아 있다.

작은 일까지 나를 꼼꼼히 챙겨주는 이선길 전 경남체고 교장은 경남 체육계의 거목이다. 이 전 교장은 15살 때부터 권투를 시작해 학교 다닐 때 전국학생복싱선수권 대회를 휩쓸었다. 지도자의 길을 걸으며 금메달 제조기라는 별명을 얻을 만큼 수많은 메달리스트를 길러냈다. 경남체고에 20년간 봉직하면서 교감과 교장을 거쳤다. 통영중학교와 구암중학교, 창녕중학교 교장을 지내는 등 교육자로서도 큰 족적을 남겼다. 내 고향에 조성철, 하성식, 이선길, 그들이 있었기에 든든했다. 자랑스럽다.

5

퍼도퍼도 마르지 않는 샘물

자세히는 모르지만 어릴 때 어른들의 이야기와 최근 이모님의 말씀에 따르면 외갓집은 잘살았다. 어머니의 고향 합천에서부터 부자였다. 외할아버지가 부산으로 이주해서도 남들에게 자수성가했다는 말을 들을 정도로 재산을 크게 일구었다.

하지만 어머니는 초등학교만 나왔다.

가슴 아프게도 우리 부모님 세대 대부분이 그렇듯이 딸자식을 공부시키지 않은 것이다. 한학자였던 외할아버지는 젊은 시절 합천에서 서당을 운영하며 후학을 가르쳤지만 고루하셨던 것 같다. 온 집안 친척 남자들을 모아 공부시키고 어머니와 같은 여자들을 학교에 보내지 않았다고 한다.

일제 말기와 해방정국 등 혼란기에 고교를 다닌 아버지는 은행원답게 매사에 신중하고, 평소 조용하면서 반듯했다. 내가 좀 더 일찍 판사를 그만 두고자 했을 때도 '판사가 됐으면 부장판사까지는 해야지'라는 말로 탐탁지 않은 반응을 보이셨다. 아버지의 그런 성격은 6·25

이후 전쟁폐허 복구와 국가재건 등 우리사회가 어려웠던 시기 가정의 든든한 버팀목이었다. 나의 평소 생활습관은 아버지의 영향인 듯하다.

반면 어머니는 선이 굵고 좀 활발했다. 내가 어떤 결정을 하든지 적극 밀어주는 편이었다. 빠듯한 살림에 힘든 시집살이와 2남 2녀를 키우면서 가족을 챙기고 가정을 무리 없이 이끌어간 건 어머니의 이런 성격에서 비롯된 것으로 보인다.

내 어릴 적 어머니에 대한 기억에 책을 유난히 가까이 한 게 남아 있다. 자식들에게 세계문학선집과 위인전집, 역사 관련 책을 주로 사 주셨다. 당신께서도 틈틈이 그 책들을 읽고는 내용을 이야기하시며 나에게 생각을 말하게 했다. 때로는 동화 구연 같았고, 때로는 독서토론처럼 재미있었다.

어머니의 이 같은 교육방식은 어쩌면 생활 속 교육이자 자식들에게 스스로 생각하고 공부하게 하는 방법이었던 것 같다. 자식들이 자연스럽게 지식을 습득하고 교양을 형성하는 데 크게 도움을 줬다. 책 읽는 좋은 버릇도 갖게 했다. 내가 살아가면서 해결하기 어려운 문제에 부닥쳤을 때 이를 헤쳐 가는 두 가지 지표도 어릴 때의 독서와 어머니의 가르침에서 비롯됐다. '고르디우스의 매듭'과 '콜럼버스의 달걀'이다.

어릴 적 어머니의 가르침을 새삼 되새긴다.

고르디우스의 매듭은 마케도니아 왕 알렉산드로스가 매듭을 칼로 잘랐다는데서 전해오는 말이다. 이야기의 유래는 이렇다. 지금의 터키가 자리한 아나톨리아반도에는 고르디움을 수도로 한 고대국가 프리지아가 있었다. 동방원정에 나선 알렉산드로스가 고르디움을 지나다가 신전 기둥에 전차 한 대가 매우 복잡한 매듭으로 묶여 있는 것을 발견했다.

옛날 미다스 왕국의 고르디우스가 '이 매듭을 푸는 자가 이 전차를 타고 세계의 왕이 될 것이다.'라고 하면서 매어 놓은 것이라고 한다. 이에 수많은 사람들이 도전했으나 매듭을 풀지 못했다. 이를 들은 알렉산드로스는 한참을 생각하다가 칼을 뽑아 매듭을 잘라 버렸다고 한다.

이런 유래로 고르디우스의 매듭은 복잡하게 얽인 상황이나 문제에 부닥쳤을 대담하게 행동하는 것을 흔히 비유한다. 기존 사고에 얽매이지 않고 새로운 생각으로 문제를 해결하는 것을 뜻하는 말이기도 하다.

컬럼버스의 달걀은 발상의 전환을 말할 때 흔히 예로 드는 옛말이다. 알고 보면 단순하고 쉬워 보이지만 그 전엔 쉽게 떠올릴 수 없는 아이디어나 발견을 의미한다. 이 이야기는 역사학자 벤조니의 '신세계의 역사'에 나오는 탐험가 콜럼버스의 일화에서 유래한다.

신대륙 항해를 마치고 돌아온 콜럼버스를 축하하기 위한 파티가 열렸다. 축하하는 자리였지만, 일부 참석자는 콜럼버스를 시기한 나머지 '누구나 할 수 있는 일'이라며 그의 업적을 폄하했다. 이에 콜럼버스는 탁자 위에 달걀을 놓고 세울 수 있는 사람 있으면 나와 보라고 했다. 몇 사람이 세우려고 시도했지만 실패했다. 콜럼버스는 달걀을 살짝 깨뜨려 탁자 위에 세웠다

그러자 이제는 누구나 할 수 있는 일이라며 비아냥거리는 말이 나왔다. 콜럼버스는 '누구든 따라하는 것은 쉽지만, 무슨 일이든 처음 하는 것은 결코 쉽지 않다.'고 반박했나. 누구나 알고 있는 이 쉬운 이야기가 지금 나에게 절절하게 다가오는 것은 복잡한 매듭을 단번에 풀

수 있는 기개와 둥근 달걀을 똑바로 탁자 위에 세우는 새로운 발상 때문이다. 나는 알렉산드로스의 웅혼함과 콜럼버스의 지혜를 갖고 싶다. 어머니가 왜 내게 그런 책을 읽어주셨는지 이제야 깨닫는다. 나는 초등학생 때 웅변대회에 나가 입상하기도 했다. 어머니와 함께 웅변 원고를 쓸 때 고르디우스의 매듭과 콜럼버스의 달걀을 비롯한 역사나 위인들의 이야기는 너무나 좋은 소재였다. 웅변 연습 때 강약 조절을 꼼꼼하게 지적하시던 어머니의 모습이 지금도 눈에 선하다. 어머니는 이렇게 고전을 통해 나의 삶에 중요한 지표를 제시해 주셨다.

웅변지도의 모전자전이랄까? 나 또한 딸의 웅변 원고 작성 때 '감추어진 세 손가락의 비밀'을 주제로 하도록 지도한 적이 있다. 검지로 상대의 허물을 가리킬 때 그 밑에 감추어진 세 손가락은 자신을 향하고 있어 자신의 허물이 세 배라는 것을 깨달아야 한다는 교훈이다. 성자의 샘물처럼 퍼도퍼도 결코 마르지 않는 샘물이 어머니의 가르침이다.

6

고향의 봄과 아버지, 그리고 김종영

나의 살던 고향은 꽃피는 산골
복숭아꽃 살구꽃 아기 진달래
울긋불긋 꽃대궐 차리인 동네
그 속에서 놀던 때가 그립습니다.

이원수 작사 홍난파 작곡의 이 명곡은 듣는 것만으로도 고향마을이 그려진다. 이 명곡은 가곡 가고파와 함께 남북 모두의 노래가 되었다. 공교롭게도 모두 마산이 그 무대다. 그런데 이 고향의 봄이 나의 아버지와 깊은 연관이 있다.

앞서 언급하였다시피 나의 아버지는 한 시중은행 지점장과 본점 부장까지 지내고 정년퇴직하셨다. 아버지의 은행 인사서류에는 좀 특별한 우리 가족사가 담겨있다. 입행 당시 신원보증인으로 내 아내의 할아버지와 한국 근대조각의 선구자로 불리는 고 우성 김종영(金鍾瑛, 1915~1982) 선생 등 두 분의 이름이 나란히 올라있다. 은행이 자료를 보존하고 있어서 확인할 수 있었다. 이상한 일이 아닐 수 없었다.

내가 태어나기도 전에 아내의 할아버지가 어떻게 내 아버지의 신원보증을 섰을까? 나의 고조 할머니가 아내의 집안에서 시집 온 김해 허씨다. 그런 인척관계로 아내의 할아버지가 신원보증을 서게 된 것이라고 한다.

고교 절친이자 대학교수를 지낸 이좌용, 김찬영, 최영규의 소개로 아내를 처음 만났다. 마산과 가고파로 더 가까워졌다. 그 땐 윗대에 집안끼리 연결된 사실을 당연히 몰랐다. 아버지도 내가 결혼하려할 때 사돈 집안 어른들을 만나게 되면서 비로소 당신의 은행 입행 때 신원보증 선 분이 바로 며느리의 할아버지였다는 사실을 알게 됐다. 내 할아버지와 아내의 할아버지께서도 서로 친했다고 한다. 인연도 참 깊은 인연이다.

의령 용덕 초등학교를 졸업하고 마산 공립상업학교에 입학한 아버지는 한동안 지금의 창원시 의창구 소답동에서 학교를 오갔다고 한다. 그곳의 한 친척집에서 기숙했기 때문이다. 초등학교를 갓 졸업해서 아직 어린데다 마산에는 연고나 친척집이 없으니 할아버지·할머니께서 아들을 창원의 친척집에 맡긴 것이다.

당시 아버지가 기숙한 집이 조각가 김종영 선생의 생가다. 김종영 선생의 어머니가 내 할아버지의 고모다. 그러니 할아버지와 김종영 선생은 내외종간(고종사촌과 외사촌간)인 셈이다.

그런 연유로 아버지는 소답동 가까이의 창원역에서 당시 학교가 있었던 지금의 창원시 마산합포구 상남동의 옛 북마산역까지 기차 통학을 했다. 소답동 일대는 조선시대 창원대도호부의 읍성지여서 당시 큰 기와집이 많았다고 한다.

바로 그 김종영 선생의 생가가 「고향의 봄」과 관련 있는 건축물이다. 「고향의 봄」은 고 이원수(1912~1981) 선생이 15살 때인 1926년 발표한 같은 제목의 동시를 노랫말로 썼다. 양산에서 태어난 이원수 선생은 첫돌을 맞기도 전에 창원으로 옮겨와 유년 시절을 보냈다. 이어 진영에 잠깐 살다가 다시 마산으로 이사했고, 고향의 봄 발표 시기가 이 때다.

하여 「고향의 봄」에 나오는 꽃대궐의 배경을 두고 한 때 양산과 창원, 진영, 마산 등으로 의견이 분분했다. 하지만 이원수 선생의 회상 기록으로 창원이라는 게 정설로 자리 잡았다.

선생은 생전 자전 회고록에서 다음과 같이 술회했다.

"창원읍에서 자라며 나는 동문 밖에서 좀 떨어져 있는 소답리라는 마을의 서당에 다녔다. 소답리는 작은 마을이었지만 읍내에서도 볼 수 없는 오래되고 큰 기와집의 부잣집들이 있었다. 큰 고목의 정자나무와 봄이면 뒷산의 진달래와 철쭉꽃이 어우러져 피고, 마을 집 돌담 너머로 보이는 복숭아꽃 살구꽃도 아름다웠다."

김종영 선생의 생가는 지역에서 흔히 볼 수 없는 전통 가옥으로 보존가치가 높아 2005년 등록문화재 제200호로 지정됐다. 그 〈고향의 봄〉 안에 아버지는 거처하신 것이다. 아버지는 집안끼리 연고가 있던 김종영 생가에 한동안 의탁하며 마산의 학교를 다녔다.

선생의 생가와 함께 김종영 선생도 창원과 경남의 소중한 역사문화 사산이다. 선생은 동경미술학교에 유학하고, 1946년 서울대학교 예술대학 미술학부가 창설될 때 조소과 교수로 부임해 서울대 미대 학장을 역임하는 등 정년퇴임할 때까지 봉직했다. 1963년 서울 파고다공원의 '3·1운동 기념상'을 제작하고, 정부문화재보존위원(1959)과 한국디자인센터 이사장(1968) 등 예술관련 여러 기관·단체의 주요 직책을 역임하기도 했다.

선생은 한국 현대 조각미술계의 1세대이면서 추상조각의 선구자라 불린다. 조각미술의 거장 마산 출신 고 문신 선생(1923~1995)과 함께 같은 지역에서 태어나 같은 시대를 살아 우리나라 조각미술계의 쌍두마차로 불리기도 한다. 서울 광화문 세종대왕상을 제작한 조각가 김영원(1947) 선생도 창원 출신이다.

이렇게 창원은 걸출한 조각가를 배출한 도시다. 창원시는 이를 살려 매년 조각비엔날레를 개최하고 있다. 국립현대미술관 창원관과 가칭 '이건희미술관' 경남 유치에 활용해야 할 중요한 지역 자산이다.

나는 2008년 마산에서 문신 조각가를 기념하는 조각축제 개최 예산을 국회 심의과정에서 신설예산으로 증액 반영하도록 한 적이 있다. 창원조각비엔날레는 여기에서 시작됐다.

서울 종로구 평창동에 김종영 선생의 타계 20주년을 기념해 건립한 '김종영미술관'이 있다. 미술관은 김종영 선생의 작품을 상설 전시하면서 다양한 기획전시를 하고 있다. 젊은 작가들을 발굴하는 '우성 김종영 조각상'을 서울대 미대와 함께 시상한다. 나는 제20대 국회 당시인 2016년 우성 김종영 기념사업회의 초청을 받아 미술상 시상식 축사에서 아버지와 김종영 생가에 얽힌 스토리를 이야기하자 모두 흥미롭게 여겼다. 아버지와 김종영 생가를 연결고리로 할아버지와 아버지 세대를 짚어보면서 우리 세대 지역의 살아있는 역사를 새삼 생각한다. 인생 필연은 결코 먼 곳에 있지 않다. 그런데도 우리는 항상 필생의 인연을 멀리에서 구한다. 로버트 프로스트의 시구처럼 아직도 할 일이 많고, 가야할 길이 먼 나로서는 두고두고 참고할 일이다.

제2장

궁핍으로부터의 자유

1 MRA대회 대회장으로 | 2 3선 개헌과 동석회 친구들 | 3 나는 공부벌레가 될 수 없었다 | 4 궁핍으로부터 자유 | 5 그래서 정치가 필요하다

1

MRA대회 대회장으로

고교도덕재무장대회가 3일 하오 서울장충체육관에서 1만여 명의 고교생이 참석한 가운데 열렸다. 이 대회는 '위대한 학생생활을 창조하자'는 주제로 열렸는데 학생들은 ① 모든 거짓을 버리고 절대 정직할 것 ② 우리는 모든 불순결을 일소하고 절대 순결할 것 ③ 우리는 모든 이기심을 버리고 절대 무사로울 것 ④ 우리는 모든 증오심을 버리고 절대 사랑할 것 등 4개항의 선언문을 채택했다. (1968년 7월 3일 경향신문 기사)

박정희 대통령은 8일 서울지구 고등학생 도덕재무장대회(MRA)가 보낸 '대통령에게 보내는 메시지'에 대한 회신 메시지에서 "우리가 태어난 이 조국, 우리가 일원인 이 민족을 위해 가장 성실하게 땀 흘릴 줄 알고 가장 보람 있게 희생할 줄 아는 높은 뜻을 키워나가도록 당부한다."고 말했다. 박 대통령은 "도덕재무장운동의 불빛은 비록 오늘에서는 조그마한 것이라 할지라도 그 힘과 바탕이 그대로 성

8日 甲戌) 경향

접거토록 경찰에지시했다. 경찰에의하면 서울시내에만도 40여개의 연예인단체가 있는데 그중20여개는 영화배우등 연예인들로부터 금

朴炳培의원에 징역10月求刑

【大田】2일하오 대전지법 대법정에서열린 朴炳培의원 박의원은 6·8선거때大田시대사제1투표구선거위원을 구타한혐의로 입건 송청됐었다.

絶對正直등宣言

萬餘高校生 道德재무장 대회

고교도덕재무장대회가 3일하오 서울장충체육관에서 1만여명의고교생이 참석한 가운데 열렸다.

이대회는「위대한 학생생활을 창조하자」는 주제로 열렸는데 학생들은 ①모든거짓을 버리고 절대정직한것 ②우리는 모든불순결을 일소하고 절대순결할것 ③우리는 모든이기심을버리고절대무사로울것 ④우리는모든증오심을버리고 절대사랑할것등 4개항목의 선언문을 채택했다.

장마前線후퇴 2·3日후나 上陸

3일상오2시부터 서울中部지방을비롯, 전국에 산발

소했다고 社會黨소식통이七日말했다.

民族위해 誠實하게일해야

朴大統領、MRA메세지에回信

朴正熙대통령은 八日 서울지구高等學生道德再武裝大會(MRA)가 보낸「大統領에 보내는메세지」에대한回答메세지에서『우리가 태어난 이祖國、우리가一員인 이民族을위해 가장 성실하게 땀흘릴줄 알고 가장보람있게회생할 줄아는 높은뜻을키워나가도록당부한다』고말했다.

朴대통령은『道德再武裝운동의불빛은 비록 오늘에서는 조그마한것이라할지라도 그힘과바탕이 그대로 성장하여 장차여러분이 이나라 중추가됐을때는 오늘의 이조그마한 불빛은 거창한 횃불을이루어 전民族의가슴속을비추어줄것』이라고말했다.

동아일보 1968.08.08. 기사

고교생 MRA대회 행사와 빅장희 대통령의 회신 메시지 신문 기사

장하여 장차 여러분이 이 나라 중추가 됐을 때는 오늘의 이 조그마한 불빛은 거창한 횃불을 이루어 전 민족의 가슴속을 비추어 줄 것" 이라고 말했다. (1968년 8월 8일 동아일보 기사)

두 신문 기사는 1968년 7월 열린 '서울지구 고교생 도덕재무장대회' 관련 내용이다. 나는 그 때 대회조직 준비위원장을 거쳐 대회장을 맡고 있었다.

당시 대회 취지는 '도덕재무장을 통해 우리 사회와 나라를 깨끗하고 밝게 만들자'는 것이었다. 이와 함께 대회에서는 '우리부터 변하겠다'는 결의를 다지고 4개항의 선언문과 함께 각계에 보내는 메시지를

채택했다. 선생님, 학부모, 동료 학생 등에게 보내는 메시지는 대회장에서 낭독하는 것으로 대신했다.

우리는 UN사무총장에게 보내는 메시지는 우편으로 발송하고, 대통령에게는 직접 전달하기로 했다. 메시지 전달을 위해 대표단이 청와대를 방문했다. 비서실에서는 정중하게 말했다.

"지금 대통령께서 바쁘셔서 면담은 어렵다. 놓고 가면 꼭 전달하겠다."

그리고 한 달 쯤 뒤 박정희 대통령의 회신 메시지가 대회 본부로 왔다. 언론에도 보도가 되었다.

마산 완월초등학교 입학 후 초등학교 6곳을 옮겨 다닌 끝에 서울 혜화초등학교를 졸업하고 중앙중학교에 입학했다. 정몽준 전 한나라당 대표와 개그맨 고영수가 중학교 동기다.

경기고등학교 입학 후 나는 도덕재무장(MRA) 활동을 통해 인간관계, 조직, 리더십 등에 대한 좀 특별한 경험을 하게 된다. 고교 1학년 때 청소년적십자(RCY) 특활반에 가입해 활동했다. 그러다 우연한 기회에 MRA를 접하고 창시자 부크맨(Buchman, F.)의 기독교 정신에 근본을 둔 윤리적 평화운동에 감명 받아 참여하게 됐다.

당시 서울역 앞 옛 세브란스병원 건물에 있는 MRA 한국본부에서 매주 고교생 집회를 했는데, 그 집회에 참여하면서다. 그때 경기고에는 MRA 특활반이 없어 개인적으로 참여했다. MRA 한국본부는 방학 때 고교생 훈련프로그램을 운영했다. 1학년 봄방학 때 참여해 MRA 정신과 운동에 감명 받아 2학년이 되면서 경기고에 MRA반을 만들어야겠다는 생각을 하게 됐다. 그리고 친구들과 함께 하기로 결의했나. 우리는 2학년 새 학기가 시작되자 교장 선생님을 찾아가 건의했다.

교장 선생님은 좋은 생각이라며 곧바로 지도교사를 배정해 주었다. 우리는 반마다 다니며 홍보하고, 참여지를 모집해 MRA반을 창설했다. 창설 당시 전교생 80여명이 참여해 특활반 중에서도 인원이 꽤 많은 편이었다.

MRA반 창설과 함께 반장을 맡은 나는 특활반 대표로 한국본부 고교생집회에 참석했다. 이때 고교생대회를 열기로 의기투합했다. 우리는 대회를 조직하는 한편, 대회 성공을 위해 대회요강을 들고 각 학교와 신문·방송사 등을 찾아 홍보활동을 벌였다.

나는 어릴 때 약골인데다 다소 작은 체격으로 열등감을 갖고 있었다. 중학교 때는 입시에 한 번 실패하면서 의기소침해지기도 했다. 그런 나에게 MRA운동은 적극적인 사고방식과 극복하는 자세를 갖게 했다. 다른 사람을 변화시키려면 먼저 자신이 변해야 한다는 것도 깨닫게 했다.

그러면서 나는 변화(Change)와 도전(Challenge)·자신감(Confidence), 즉 '3C 정신'을 인생의 지표로 확립했다. '발상의 전환'과 '대담한 행동'이 어릴 적 어머니와 함께 고전읽기를 하면서 배운 선인들의 지혜라면 MRA운동은 나에게 'Can Do(할 수 있다)'라는 자신감을 바탕으로 '변화와 도전' 정신을 갖게 했다.

절대정직·절대순결·절대무사·절대사랑.

이 도덕재무장 4대 정신은 살아오면서 스스로 다짐하고 실천하는 삶의 한 지표가 됐다. 청소년 시기의 MRA 활동과 체험은 정신적 성장과 인간관계에 대한 폭넓은 사고 형성에 큰 도움을 줬다.

'정대정직'과 '절대순결'은 공직자가 가져야 할 공직윤리와 청렴한 자세의 바탕이다. '절대무사'는 공직자의 선공후사(先公後私) 정신과 일맥상통한다. '절대사랑'은 공직자의 애민정신과 지도자의 한 쪽으로 치우치지 않는 통합적 리더십의 원천이라 할 수 있다.

'고교생 도덕재무장대회' 성공적 개최에는 당시 MRA 한국본부 정준(鄭濬, 1915~2004) 총재님의 지도와 후원에 크게 힘입었다. 정 총재님은 제헌국회의원이자 4선 국회의원을 지내신 분이다. 제헌국회에서 반민특위 특별재판관을 역임하기도 했다. 정 총재님은 당시 우리에게 애국·애민 등 이순신 정신을 특별히 강조하셨다. 고교생 1만여 명이 모인 집회. 당시는 물론 지금까지도 드문 일이다. 대회장으로서 행사를 준비하고, 진행하면서 쌓은 많은 경험은 큰 보람으로 남아있다. 그 보람이 내 공직생활의 밑거름이 되었고, 정치생활에는 하나의 지표가 되었다. 그래서 매번 결단이 필요한 때가 오면 그 당시의 푸르고 푸르른 소년이 되어 가슴에 되새긴다.

절대정직
절대순결
절대무사
절대사랑

2

3선 개헌과 동석회 친구들

300 경기고생 개헌반대 성토

경기고 학부모 불러 데모학생에 자퇴서

데모저지 충격 받아 경기고생 음독중태

1969년 9월 15일과 16일자 주요 일간지 기사 제목이다.

대학입시를 코앞에 둔 나의 고등학교 3학년 2학기는 이렇게 시작됐다. 1969년 9월 14일 일요일 새벽 민주공화당 국회의원만으로 대통령 3연임을 허용하는 '3선 개헌안'을 기습 통과시키면서다.

1967년 제6대 대통령선거에서 재선된 박정희 대통령은 곧바로 3선 개헌을 꾀하게 된다. 1969년 들어 개헌논의가 공론화되기 시작하면서 6월부터 신민당을 중심으로 한 야당이 개헌 반대 대오를 갖춰갔다. 이와 함께 서울대에서 시작한 개헌반대 시위가 전국으로 확산됐다. 이에 정부 당국은 서울 14개 대학과 지방 15개 대학 등 전국 29개 대학에 대해 휴강 또는 조기방학에 들어가도록 했다. 이와 함께 시위를 막기 위해 방학 중 학교장의 사전승인 없이는 학생집회를 금지하도록 조치했다.

8월에는 여당이 일방적으로 개헌안을 발의하자 야당이 극렬하게 반대에 나섰다. 9월 정기국회가 개회되고 방학 중이던 각급 학교가 개학하면서 서울대를 시작으로 다시 시위가 벌어졌다. 그러면서 전국 대학은 물론 일부 고교에도 휴업사태가 빚어졌다. 3선 개헌안은 그런 가운데 국회를 통과했다.

「경기고 이틀째 가두데모 감행」

15일 오후 2시 30분경 경기고교생 200여명은 스크럼을 짜고 애국가를 부르며 풍문여고 앞까지 나왔다가 경찰 제지로 해산했다. 또한 이날 오후 3시 30분 학교에 남아있던 3년생 150여명은 두 개의 교실에 책상과 의자로 바리게이트 치고 삼선개헌 반대농성 벌이다 교사들의 만류로 약 30분 만에 해산했다. (1969년 9월 16일자 동아일보 기사 제목과 내용)

이 기사에 나온 당시 경기고 3학년의 '3선 개헌 반대 교실 농성'은 나와 동기 10여 명이 '모의'해 시작했다. 경기고 학생들의 가두시위가 경찰의 제지로 무산되자 우리는 학교 동산에 모여 '농성을 벌이자'고 결의를 다졌다.

그리고 곧바로 동기생들에게 전파하는 것과 함께 교실에 들어가 문을 막고 농성에 들어갔다. 교실 농성은 선생님들의 설득과 만류로 얼마 못 가서 해산했지만, 경기고 학생들의 시위와 농성 등으로 학교가 일시 휴업하고 교장선생님이 좌천되는 파장을 겪었다. 우리는 이렇게 대학입시를 앞둔 고3 2학기에 정치·사회적 혼란에 맞부딪히고 직접 뛰어들기도 했다. 그러면서도 대부분 원하는 대학에 합격해 각자 영역에서 자리를 잡게 된다.

그 중 가장 자랑스러운 친구는 임지순 포스텍(POSTECH) 석학교수다. 3학년 때 학생회장을 지내 당시 시위와 농성을 주도하면서도 항상 1등을 놓치지 않은 대단한 친구다. 경기고 수석입학에 3년 간 수석을 이어갔다. 3학년 때 서울대 입시 모의고사에서도 1등을 빼놓지 않더니 대입 예비고사 전국 수석과 서울대 입학시험에서 수석을 차지할 정도로 수재였다.

내가 고3 때 지켜본 임지순은 자신의 진로와 역할에 대한 의식이 뚜렷했다. '나라를 잘살게 하려면 과학자가 되어야 한다'면서 서울대 물리학과에 진학했다. 미국 UC버클리에서 물리학 석·박사 학위를 취득한 친구는 1986년부터 서울대 물리학과 교수로 30년 간 봉직했다. 계산재료물리학이라는 새로운 학문 분야를 개척한 공로로 한국 물리학자로는 최초로 2011년 미국과학학술원(NAS) 외국인 종신회원으로 추대될 정도의 세계적인 석학이다. 2000년 탄소나노소자를 최초 개발했으며, 그가 2006년 발견한 수소저장물질구조는 수소에너지 상용화의 핵심기술로 평가받고 있다.

일찍부터 한국인으로서 '노벨상에 가장 근접한 물리학자'로 꼽히는 그에게 서울대는 2009년 유일하게 석좌교수직을 부여했다. 정부는 '국가 석학(Star Faculty)'에 선정했다. 국내외 최고 권위의 과학자상 수상 이력은 헤아릴 수 없을 정도다. 2016년 포스텍으로 옮겨 과학자의 길을 계속 가고 있다.

임지순 교수가 과학자의 길을 걸었다면, 오연천 울산대 총장은 행정학자로서 자기분야를 개척한 친구다. 서울대 정치학과를 졸업하고 행정고시에 합격한 오연천은 미국 뉴욕대학교에서 재정관리학 석·박사학위를 취득, 한국경제연구원 수석연구원을 지냈다.

1983년 서울대 행정대학원 교수로 부임해 30여 년 간 교수직을 맡으면서 행정대학원장, 총장과 이사장을 역임했다. 2015년 울산대학교 총장에 취임해 현재 재직 중이다. 학자의 길을 걸으면서도 세계은행 민영화 담당 자문관, 한국공기업학회 회장, 기획재정부 공기업선진화특위 위원장, 한국 백혈병 어린이재단 이사장, 보다나은 미래를 위한 반기문 재단 운영위원 등 국내외 기관·단체에서 활발한 활동을 펼치고 있다.

이외에 강용현 법무법인 태평양 대표 변호사는 나와 같은 법조인의 길을 걷는 친구다. 판사를 지낸 후 소속 법무법인의 공익 활동위원회를 통해 사회공헌활동을 열심히 펼치는 것으로 유명하다. 최근에는 공익재단법인 동천의 이사장을 맡아 법무법인 태평양과 함께 청년과 경력단절 여성, 고령자 일자리를 창출하는 스타트업 업체에 무료 법률지원 활동을 벌이고 있다.

당시 시위와 농성을 주도한 고교 동기들은 대학 졸업과 사회 진출 후 모임을 시작해 두 달에 한 번 정도씩 만나고 있다. 임지순·오연천·강용현 외에도 김태환 멘탈케이블 사장, 박동창 전 KB금융지주 최고전략책임자(CSO), 박홍우 법무법인 미래 대표변호사, 서동원 전 국가규제개혁위원회 위원장, 손웅봉 기업인, 안중호 전 서울대 경영학과 교수, 이도성 전 동아일보 편집부국장, 이충구 중국 현대차 사장, 장낙인 우석대 경영행정문화대학원 언론홍보학과 교수, 채경호 기업인, 최일송 전 루마니아 대사 등이 모임의 일원이다. 모임의 명칭도 임지순 당시 학생회장의 아호를 딴 '동석회'다. 시위와 농성 때 임지순 회장을 중심으로 의기투합하면서 다졌던 의리가 지금까지 이어진다.

얼굴만 봐도 눈물이 나도록 고마운 친구들, 언제까지나 그들 곁에 있고 싶다. 그들과 함께 아직 할 일이 많이 남았다. 그 오랜 옛날처럼.

3

나는 공부벌레가 될 수 없었다

고교 3학년 2학기를 혼란기에 보냈으나 우여곡절 끝에 서울대 법학과에 합격했다. 새 학기와 함께 시작된 캠퍼스 생활도 재미있었던 것으로 기억한다. 당시 서울대는 단과대별로 동숭동, 공릉동, 수원, 종암동, 남산동 등으로 캠퍼스가 분산돼 있었다. 입학과 함께 우리는 공대가 있는 공릉동 캠퍼스 교양과정부 건물에서 대학생활을 시작했다. 법대는 동숭동 캠퍼스에 있었으나 1학년 전원이 소속된 교양과정부가 하나의 단과대 형태로 운영됐기 때문이다.

교양과정부는 교지도 별도로 발행했다. 교양과정부의 교지 「향연」에서 편집위원을 모집하는 공고를 보게 됐다. 평소 사회문제에 관심과 비판적 시각을 갖고 있던 터라 바로 응모해 선정됐다.

전년도에 3선 개헌안이 통과되고 집권세력이 정국의 구심력을 확보한 때문인지 내가 입학한 70년에는 정국이 다소 소강상태였다. 하지만 교지 편집위원으로 여러 이슈를 다루면서 현실의 벽에 부딪히게 된다. 대학 당국의 제지로 당초 기획한 기사를 제대로 싣지 못한 것이다.

당시 「향연」이 '대학생의식구조 실태조사'를 실시한 적이 있다. 나는 조사를 분석해 원고를 작성했는데, 대학신문 기사를 겸하고 있던 최영규 편집위원(후에 경남대 교수와 부총장 역임)이 이를 대학신문에 일부 보도해 문제가 불거졌다. 기사의 방향을 평화통일을 부각하는 쪽으로 잡았고, 단과대 학장격인 교양과정부장 교수님이 실태조사 분석 내용 전체를 교지에는 게재하지 못하도록 막고 나섰다. 실랑이 끝에 통일문제만 빼고 게재하는 것으로 타협했지만, 당시 우리 정치와 사회상을 보여주는 대목이다.

교지 편집위원 활동과 함께 나는 1학년 때부터 사회법학회에 가입해 활동했다. 당시 서울법대는 공법학회, 형사법학회, 민사법학회, 상사법학회, 경제법학회 등 학회활동이 활발했다. 그 중 사회법학회는 노동 및 사회보장 관련 사회이슈와 관련 법을 주로 다루는 학회다.

여야에서 이름을 떨친 주요 정치인이자 국회의원들 중 사회법학회 출신들이 많다. 고 조영래 변호사, 이협(13·14·15·16대), 이인제(17·18·19대, 전 경기지사), 오제세(17·18·19·20대), 이신범(15대) 전 국회의원 등이 사회법학회 출신 선배님들이다. 군 복무 후 복학한 장기표 선배님은 같은 시기 활동했다. 내가 1학년 때 사회법학회 회장이 오제세 선배였다. 학회 막내로 이신범 선배와 한 조를 이뤄 '부산지역 노동자 실태조사'를 실시하고 보고서를 작성한 게 뜻 깊은 기억으로 남아있다.

사회법은 보수 학문인 법학 중에서도 진보성을 띤 분야다. 사회법학회 활동은 대학원에 진학해 사회법을 전공하는 데도 이어졌다. 대학원 석사학위 논문 제목이 「여성복지법제의 개선방향에 관한 연구」다. 이외에 판사 재직 중 '민중소송과 기관소송'(대법원 재판자료 제68집), '영

서울法大 社會法學會

서클巡禮

응달진 現實探査… 鑛夫實態등 10여 報告書낸實績

街頭데모敢行 京畿高이틀째

3선 개헌 반대 농성과 서울법대 사회법학회 활동 신문 기사

국의 사법제도 현황과 법관인사제도'(대법원 재판자료 제66집), '가사심판법상의 이행확보제도'(대법원 재판자료 제 18집), '최근의 특허심판제도 논쟁에 대한 관견'(법조 94/6월호) 등 당시로서는 진보적 관점의 연구논문을 다수 발표했다. 동숭동캠퍼스로 옮겨 법대 생활을 본격 시작한 2학년 때 나는 사회법학회 부회장을 맡았다. 1971년 당시 동아일보가 학회 활동을 잘 소개하고 있어 그대로 옮긴다.

〈서클순례〉 서울법대 사회법학회

응달진 현실 담사… 광부 실태 등 10여 보고서 낸 실적

"빈민촌이나 탄광, 부두노동자 등 응달에서 생활하는 노동자들 속에 직접 파고 들어가 실태를 파악하고 문제점을 찾아봄으로써 그들의 문제를 우리의 문제로 인식하고 대학과 사회를 일깨우는 데 앞장서 왔습니다."

근대화 과정에 따라 파생된 이농(離農), 빈민촌, 근로자 문제 등이 사회적 이슈로 클로즈업되기 전부터 이에 관심을 갖고 연구해 온 서울대 법대의 '사회법학회' 현 회장인 최형무군(법3)의 자부에 찬 말은 그들의 13년 이력을 보면 이해가 간다.

서클이 맨 처음 생긴 것은 1958년. 58년 부산·인천 두 곳의 부두노동자의 실태를 차례로 조사한 뒤를 이어 59년엔 영월 탄광의 광부 실태조사…. 이렇게 연륜을 쌓아 나타난 보고서만도 10여 개가 넘고, 또 그때마다 보고회도 가졌다. 그 외 어민, 버스차장, 미군부대 노무자 실태조사에서 노동관계법 공청회에 이르기까지 그들의 활동은 활기에 찼다. 한때는 한국노동사 연구에도 몰두했던 이 서클은 '양심적 지성, 진보적 실천적 지성, 실력 있는 지성'을 앞세워 사회현실의 정확한 파악 분석을 통해 사회정의 실현에 기여하기 위해 오늘도 캠퍼스의 한 구석에서 현실사회의 응달진 곳을 지켜보고 있다.

이곳을 거쳐 간 많은 동인(同人)들이 이제는 언론계·학계·법조계 등 사회의 중견이 되었다. 지금 회원은 교양과정부 회원까지 합쳐 60여명. 회원들은 방학동안의 실태조사 등을 바탕으로 노동문제 세미나를 개최하며, 그밖에 모의중재·모의재판·모의국회 또 매주 마

다 있는 정기세미나 등에서 노동자의 부당한 처우를 밝히고, 개선방안을 찾아보기도 한다. 또한 월 1회 연구교재를 내 회원 상호간의 교양에 보태기도.

"대학 본연의 기능과 목적을 살리는 것을 제지하거나 간섭, 방해하지 말고 적극적인 학회활동을 육성해 주도록 바라고 싶습니다."

학생들은 학교 당국의 도움은 없더라도 간섭 없는 서클 활동의 보장을 아쉬워했다. (동아일보 1971년 6월 3일자)

4

궁핍으로부터의 자유

1971년 대학가는 또다시 혼란의 연속이었다. 2년 전 이루어진 3선 개헌에 따른 대통령 선거, 여당인 공화당의 독주와 장기집권에 대한 야당의 강력 반발 등 정치적 격변기였다. 4월 제7대 대통령 선거와 5월 제8대 국회의원선거 등 굵직한 정치행사를 앞두고 대학가는 학기 초부터 소용돌이에 휘말렸다.

교련수업 거부 데모까지 겹쳐 시위가 이어졌다. 정부가 2월 23일 교련수업을 필수과목으로 확정 발표하자 3월 개학과 함께 서울대 문리대에서부터 교련철폐 요구시위가 시작됐다. 4월 2일 연대생들이 교련반대 가두시위를 벌이면서 전국 대학으로 시위가 확산됐다. 4월 12일 11개 대학 학생 대표들이 '민주수호 학생청년연맹'을 결성하면서 점차 조직화했다.

1학년 때 교양과정부 교지 「향연」의 편집위원과 사회법학회 활동을 통해 사회이슈를 접하고, 비판적 시각에 눈을 뜬 나도 공부는 뒷전이었다. 2학년 새 학기 시작과 함께 법대 사회법학회 부회장을 맡으면서 시위대열에 합류하는 게 오히려 자연스러웠다.

4월 27일 실시된 제7대 대통령 선거는 전 국민적 관심을 불러일으켰다. 김영삼 의원, 이철승 전 의원 등과 함께 40대 기수론을 주창한 김대중 의원이 전 해인 70년 9월 야당인 신민당 대통령 후보에 지명되면서 대선 분위기는 점차 가열되고 있었다.

3선에 나선 공화당 박정희 후보의 주요 공약은 공산주의 추방, 가난과 빈곤 추방, 부정부패 추방 등 3대 추방이었다. 신민당 김대중 후보는 향토예비군 폐지, 대통령 3선 금지 조항 환원, 대중경제 구현을 위한 노사공동위원회 설치, 미·일·중·소 등 4개 국에 의한 전쟁억제 요구 등을 주요 정책으로 제시했다.

공화당은 풍부한 조직과 자금으로 선거전에 나섰다. 신민당은 전국적인 유세를 통해 이에 맞섰다. 유세 대결의 백미는 서울 장충단공원 유세전이었다. 선거 9일 전인 4월 18일 열린 장충단 유세에 직접 가서 연설을 들었는데, 지금도 기억에 남아있다. 흔히 '100만 인파 장충단 유세'로 불린다. 일본 신문은 70만 명, 미국의 신문에서는 90만 명이라고 보도한 것으로 기억한다.

선거 결과 박정희 후보가 김대중 후보를 94만여 표 차로 이겨 당선됐다. 제7대 대통령 선거는 이후 선거와 한국 정치를 가름하는 특징적 현상을 보였다. 바로 표의 동서 현상, 여촌야도, 군소정당의 철저한 몰락 등이다. 특히 영남에서 박정희 후보가 72대28로 압도적으로 승리한 반면, 호남에서는 김대중 후보가 65대35로 크게 이겨 지역색이 뚜렷하게 나타났다. 이는 이후 지역감정의 골을 깊게 만드는 요인이 됐다. 그것은 지금까지도 우리 현대 정치사나 역사에 가장 아픈 대목이다.

대선이 끝났지만, 국회의원 선거를 한 달 앞두고 야당은 부정선거 의혹과 장기집권 음모를 제기하며 정치공세를 강화했다. 정국 또한 더욱 뜨겁게 달아올랐다. 대학가에도 선거정국의 소용돌이가 휘몰아쳤다. 재야단체를 중심으로 총선 보이콧 운동이 벌어졌다. 신민·국민·대중·통일사회·민중당 등 야당들은 박정희 대통령의 선거개입에 항의하면서 소속 후보자들을 총사퇴시킨다는 공동결의안까지 마련했다. 하지만 막판에 신민당이 대열에서 이탈하면서 정치권의 총선거부운동은 흐지부지됐다.

그런 가운데 대학가의 총선거부운동은 오히려 확산됐다. 5월 17일에는 일부 서울대생들이 신민당사를 점거해 '5·25 총선 보이콧' 요구 농성을 벌이다 당사에 들어갔던 전원이 체포, 구속됐다. 20일에는 서울대·고대·연대·서강대생들이 총선보이콧 시위를 시작해 선거날인 25일 제외하고 26일까지 계속했다.

이 와중에 나는 대학생활에서 아주 소중한 경험을 하게 된다. 연세대 총학생회가 주최하는 '대학생토론대회'에 서울법대 대표로 출전해 최우수상을 수상한 것이다. 당초 나는 대회에 나갈 대표가 아니었다. 그런데 출전하기로 되어있던 대표 2명이 대회 이틀 전 구속되면서 서울법대 대표를 내보낼 수 없는 상황에 처했다.

토론회 당일 논의 끝에 나를 대신 내보기로 했다. 급작스럽게 결정됐으니 준비된 게 아무것도 없었다. 원고 작성도 없이 대회에 나갔다. 1학년 때 정치학 강의를 들었던 이홍구 교수의 잡지 기고 글이 떠올랐다. '자유주의론'이란 제목의 이 글의 요지는 언론(표현)의 자유, 궁핍으로부터의 자유, 공포로부터의 자유가 보장돼야 진정한 자유를 갖는다는 내용이다.

나는 이홍구 교수의 글을 인용하면서 '김종필·이후락 등 당시 정권 실력자들의 부정부패를 일소해야만 진정한 자유를 쟁취할 수 있다'고 역설했다. 나중에 지도교수님으로부터 들었지만, 심사위원들이 아주 공감했다고 한다.

이홍구 교수는 후에 김영삼 정부에서 국무총리와 신한국당 대표를 지내고, 김대중 정부에서 주미대사를 역임했다. 당시 이홍구 교수의 글은 2차 세계대전과 대공황 시기의 미국 대통령 프랭클린 루즈벨트가 의회 연두교서에서 인간의 본질적인 네 가지 자유로 언론(표현)의 자유, 신앙의 자유, 궁핍으로부터의 자유, 공포로부터의 자유를 제시한데서 비롯됐다는 것을 나중에 알게 됐다.

루즈벨트 대통령이 주창한 인간의 본질적인 네 가지 자유는 21세기에 들어선 지금도 여전히 유효하다. 특히 '궁핍으로부터의 자유(Freedom From Want)'는 '최소한의 인간다운 삶'과 '실질적 자유' 등으로 발전하면서 빈곤층 등에 대한 사회안전망 구축과 복지정책의 이론적 바탕이 된다.

노벨 경제학상을 받은 인도의 석학 아마르티아 센은 빈곤을 '자유가 박탈된 조건'이라고 봤다. 그는 "악마는 항상 꼴찌부터 잡아먹는다"며 "어떤 경제위기가 닥쳐도 가난한 사람들이 최소한 인간답게 살 수 있어야 한다"고도 했다. 김종인 전 국민의힘 비상대책위원장도 비대위원장을 맡은 후 복지와 재정 확대를 언급하면서 "궁핍으로부터 자유를 찾아야 한다"고 주장한 바 있다. 이렇게 '궁핍으로부터의 자유'는 빈부

격차가 점차 심화되고 코로나19 팬데믹 상황에 처한 우리사회가 가장 주목해야 할 대목이다. 굶주림 앞에서 자유로울 수 있는 인간은 아무도 없기 때문이다. 그래서 '궁핍으로부터의 자유'는 국가가 국민에게 지켜야 할 최소한 도리다.

5

그래서 정치가 필요하다

1971년 4·27 대선과 5·25 총선 이후 정치권은 여야 공방을 벌이면서도 정치 일정을 착착 진행했다. 하지만 대학가는 여전히 혼란이 계속됐다. 6월 25일 문교부가 교련 교육제도 대폭 개선을 발표했지만, 대학생들의 교련수업 거부와 시위는 이어졌다. 급기야 정부는 10월 15일 '더 이상 학원무질서를 방치할 수 없다'며 「학원질서 확립을 위한 대통령 특별명령」과 함께 서울 일원에 위수령을 발동했다. 다음과 같은 1971년 10월 15일자 주요 일간지의 기사 제목을 보면 당시 상황을 짐작케 한다.

▲ 6·3비상계엄령 발동 후 가장 강경한 조치 ▲ 무장군인 각 대학에 투입 ▲ 무장 군·경 출동으로 삼엄 대학가 긴장 ▲ 서울대 문리대·법대 개교기념식 하던 날 운동장 북쪽에 진쳐 ▲ 경찰투입 주모자 색출 ▲ 출입통제 학생연행 ▲ 대학가, 군인난입 등 항의 성토데모 계속 ▲ 최루탄·투석 맞서 ▲ 6백여 학생 연행 ▲ 학교 측 "집

으로 돌아가라" ▲학술 외 서클 해산·지하간행물 못 낸다 ▲교련 거부 전원 입영

학술 외 서클 해산과 비인가 간행물 폐간에 대한 대통령 특별명령에 따라 문교부는 문제 서클 9개와 미등록 간행물 12개를 단속대상으로 발표했다. 문제 서클에는 서울대 법대 사회법학회가 포함됐다. 이에 따라 내가 부회장을 맡아 애착을 갖고 있던 사회법학회는 해산됐다.

미등록 간행물에 서울대 법대 학생신문 '자유의 종'과 내가 1학년 때 활동했던 서울대 교양과정부 사회법학회가 발행하는 '새벽'이 포함됐다. '자유의 종' 편집장은 이신범 선배가 맡고 있었다.

학원정상화 특별명령 1일주일 정도 지난 10월 23일 대학에 주둔했던 위수군이 철수했지만 대학가는 일시에 얼어붙었다. 평소 가까이 있던 동기와 선·후배들이 연행되고 나를 비롯해 징집 신검들을 받으면서 대학생활에 회의감이 들기도 했다.

이렇게 어수선한 가운데 대학 2학년 2학기를 보냈다. 겨울방학에 들어갈 즈음 정부는 국가비상사태를 선포해 사회 분위기는 겨울날씨와 함께 더욱 스산했다. 비상사태 선포 명분은 '북괴의 남침 위협'이었다.

4~5월 실시된 대통령 선거와 국회의원 선거 결과 야당의 약진으로 집권세력이 위협을 받으면서 정국도 긴장상태가 이어졌다. 대통령선거에서 김대중 후보가 주장한 향토예비군 폐지, 미·일·중·소에 의한 전쟁억제 요구 등은 당시로서는 파격적이어서 큰 파장을 불러왔다. 연초부터 지속적으로 발생한 무장공비 침투 등 북한의 도발이 겹치면서 국민들의 불안감도 높아졌다.

실제로 3월 4일 제주도 및 전남 완도군 금당도 등 도서지역 침투를 시작해 11월까지 1971년 한 해 동안 무장공비 및 무장 간첩선 침투사건이 20차례 발생했다. 3월 4일 도서지역에 침투한 무장공비 소탕작전은 5월 5일이 되어서야 종료됐다.

어떤 때에는 2~3일 사이에 연이어 무장공비·무장간첩선 침투사건이 발생했다. 심지어 제7대 대통령 취임식이 열린 7월 1일에도 중부전선 철원 북방에 침투한 무장공비 2명이 사살됐다. 실미도에서 탈출한 특수부대원들이 서울로 진입하다 군·경에 저지되면서 자폭한 일명 '실미도 사건'도 8월 23일 발생했다.

그런 가운데 3월 27일 주한 미 7사단 완전 철수에 이어 6월 6일 한·미 주한미군 감축과 한국군 현대화 합의 등 한반도를 둘러싼 안보상황도 급변하고 있었다. 이와 함께 8월 12일 박정희 대통령의 남북적십자회담 지시, 8월 14일 북한 남북적십자회담 수락, 8월 20일 남북적십자 관계자 판문점에서 첫 대면, 9월 20일 남북적십자회담 예비회담에서 직통전화 개설 등 합의, 9월 22일 1945년 이후 최초 남북직통전화 개통 등 한편으론 해빙무드가 조성되기도 했다.

이런 가운데 공화당은 '국가보위특별조치법안'을 12월 21일 신민당이 격렬하게 반대하며 점거농성을 벌이는 가운데 국회에 상정했다. 이어 12월 27일 공화당과 무소속 의원만 참석해 법안을 일방 통과시켰다.

돌이켜보면 당시 야당과 대학생들의 대정부·대여당 투쟁은 이후 70~80년대 민주화운동의 기반이 됐다. 대통령의 국가비상사태 선포와 여당의 '국가보위특별조치법안' 강행은 당시 북한의 도발과 한반도

안보환경 변화 등 시대상황으로 보아 불가피한 측면도 있다. 동전에도 양면이 있듯이 역사에도 얼음이나 무를 자르듯 어느 한쪽만이 최선이 아닌 양면이 있다. 그래서 오히려 정치가 필요한 것이 아닐까?

어쨌든 그 때 나는 국가 상황과 정국, 침체된 학내 분위기 등이 겹쳐 무기력에 빠지기도 했다. 그래서 그 귀한 겨울방학 동안 하릴없이 시간을 보냈다. 그리고 어렴풋이 3학년에 올라가면서 막연하게 사법시험을 준비해야겠다는 생각을 하게 되었지만 공부에 집중을 잘 못했다.

그 시절 서로 의지하며 힘이 되어 주었던 소순무(법무법인 율촌 대표), 부구욱(영산대 총장) 등 동창 친구들과 비슷한 시기 시험에 합격하고 오늘날까지도 인생 동반자로 함께 가고 있다. 여상규 의원(전 국회법사위원장)은 사법시험 동기로서 정치 여정까지 같이 하고 있다.

제3장

나, 이제 고향으로 돌아가리

1 민사는 수학이고, 형사는 철학이다 | 2 홍판표와 홍준표 | 3 참으로 우스운 문재인 정권의 검수완박 | 4 제발 진관이를 선처해주세요 | 5 맹장염도 전염된다 | 6 창원을 국제발명도시로 | 7 나, 이제 고향으로 돌아가리

1

민사는 수학이고, 형사는 철학이다

1978년 제20회 사법시험(사법연수원 10기)에 합격한 나는 1980년 8월 드디어 서울지방법원 동부지원에 발령을 받았다. 그런데 운이 좋게도 이곳에서 판사로서 귀감이 되는 분을 만났다. 후에 대법관까지 오른 김형선 부장판사다. 판사 첫 임지에서 김 부장판사님을 만난 걸 지금도 행운이라 생각한다.

어느 날 당직판사로 구속영장 발부를 담당하고 있을 때였다. 제11대 국회의원선거가 1981년 3월 25일 실시됐으니 이 때쯤이다. 선거사범 구속영장 청구사건이 나에게 배당됐다. 성동구에 출마한 한국국민당 조덕현 후보 측에서 민주한국당 김도현 후보의 선거사무장을 돈으로 매수한 사건이다.

선거결과 민주정의당 이세기 후보와 한국국민당 조덕현 후보가 당선됐다. 당시는 1개 선거구에서 2명을 선출하는 중선거구제였다. 28명을 선출한 서울에서 민정당 14명과 민주당 11명이 당선된 것에서 알 수 있듯이 양당이 휩쓴 선거였다.

서울에서 국민당 당선자로는 조덕현 후보가 유일했으니 그 영향력을 짐작할 수 있다. 더욱이 버스회사 사장인 조덕현 후보는 법원 조정위원협의회 회장을 맡고 있어 지역 유지이자 법원과 특별한 관계를 갖고 있었다.

영장청구 검사는 훗날 국회의장을 지낸 박희태 서울지방검찰청 동부지청 공안부장이었다. 박 부장검사는 판사실로 나를 직접 찾아와 영장청구 사유를 설명하며 영장발부를 역설했다. 지금은 검사가 사건과 관련해 판사에게 개인적으로 의견을 밝히는 것조차 상상할 수 없지만, 당시에는 판사실까지 찾아오는 경우도 있었다.

박 부장검사가 다녀간 후 지원장이 나를 찾았다. 당시 동부지원장은 조진만 전 대법원장의 장남인 조언 판사였다. 지원장실에 가니 영장기각을 부탁했다. 자리에 돌아와 기록을 뒤적이고 있을 때 같은 방에 있던 김형선 부장이 지나가는 말씀을 하셨다.

“이 판사 영장은 기록이 생긴 꼴대로 결정하면 돼.”

나는 화들짝 놀랐다. 그 단 한 번의 말씀, 전후 상황을 지켜본 김 부장판사가 고민에 빠져있을 신참 후배판사에게 슬쩍 가르침을 준 것이었다. 기록 검토 결과 ‘혐의가 인정되고, 도주와 증거인멸의 우려가 있다’로 판단됐다. 그래서 김 부장판사의 말대로 ‘기록이 생긴 꼴’대로 영장을 발부했다. 서슬 퍼런 5공화국 초기 공안부장 검사의 직접 설명과 법원조정위원협의회 회장에 대한 소속 법원 수장의 직접 부탁, 양쪽 모두 무시할 수 없는 사실상 압박이다. 하지만, 압박으로 여기지 않고 의견으로만 참고했다. 물론 고등학교 시절의 나, MRA의 ‘절대덕목’들이 떠올랐음은 물론이다.

민사는 수학이고
형사는 철학이다

김형선 부장판사의 귀감이 되는 또 하나의 어록이다.

내가 민사와 형사를 같이 맡는 합의부 재판의 배석판사를 맡고 있을 때다. 폭행치사 사건 피고인의 구속기소 재판에서 재판장인 부장판사와 형량 의견이 크게 엇갈렸다. 나는 주심판사로서 징역 2년 형량 의견을 냈다. 재판장은 "죽은 사람은 말이 없다. 가해자인 피고인의 말만 듣고 결정해서는 안된다"며 징역 10년 의견을 제시했다. 우배석 판사는 의견을 내지 않으려 했다.

형량 차이가 너무 큰 데다 의견 차이가 좁혀지지 않아 변론을 재개하기로 했다. 그리고 도중에 재판장이 김형선 부장판사로 바뀌었다. 새롭게 재판장이 된 김 부장판사는 재개된 변론을 진행한 뒤 나와 같은 징역 2년 형량 의견을 냈다.

김 부장판사는 이 때 전임 재판장의 '징역 10년 의견'을 접하고 나에게 '민사재판은 수학문제 풀듯이 접근해야 하고, 형사재판은 철학을 담아야 한다'는 걸 판사 15년 경험으로 터득했다고 말했다. 민사사건은 요건사실과 항변, 재항변, 재재항변 등을 정리해 채택된 증거를 자유심증에 따라 판단하고, 거기에 정리된 요건사실과 항변 등을 대입하면 답이 나온다는 설명이었다.

반면 형사사건의 유무죄 판단은 민사사건과 비슷한 구조이나 판사의 재량이 많이 작용하는 양형 결정은 근본적으로 다르다고 말했다. 양형 결정에는 범행 동기와 과정, 피해자와의 관계, 합의여부 등 여러

부산지방법원 부장판사 당시 배석판사와 함께 법정 앞에서

가지 요소를 고려해야 하기 때문에 판사의 인생관과 철학에 따라 그 결과가 크게 다를 수 있다는 것이다.

김 부장판사의 이때 가르침은 판사로 재직하는 동안 나에게 재판의 전범이 됐다. 내가 후배 판사들에게 전해주는 교범이기도 했다. 김 부장판사의 가르침을 떠올리면서 민주화가 이루지고도 한참 지난 지금, 민주화운동을 주도했다는 사람들이 정권을 잡은 지금, 판사들이 과연 그때만큼 독립된 위치에서 양심에 따라 판결하고 있는지 의문이다. 특히 문재인 정권 들어 정권 관련 재판의 이해할 수 없는 지연과 유독 현 정권에 유리한 판결 선고, 국제인권법연구회 소속 판사에 대한 유례없는 유임 인사, 대법원장의 법관탄핵 관련 거짓말 등을 보면서 사법부 독립과 사법개혁의 필요성을 다시 절감한다.

정권의 호불호에 따라 판결이 달라진다면 그게 과연 옳은 나라일 수 있을까? 민주 변호사라고 자임하며 대통령까지 오른 문재인 대통령이 정말 이것을 모를까? 만약 모른다면 그는 단 한 번도 참다운 민주를 생각해본 적이 없는 사람일 터다. 자신들을 민주 세력이라며 유독 강조하는 문재인 정권에 정말 이 나라 민주주의를 위해 목숨을 걸었던 사람이 몇이나 될까?

그들이 내거는 민주는 수십 번 당명을 바꾼 민주라는 이름의 허명에 지나지 않는다. 다음 번 선거의 중요성이 바로 여기에 있다. 이제 더 이상 행동하지 않았고, 말로만 민주를 떠벌이는 그런 얼치기 인사들, 그것도 모자라 대선국면에서 국민의 여론까지 호도한 사람들을 모두 솎아내야 한다. 10%의 자신들만 있으면 나머지 90%의 여론을 움직일 수 있다고 공공연히 내뱉고 다니는 자신들의 행동이 이 나라 민주주의에 가장 큰 죄악임을 아직도 모른다. 그저 선거에만 이기면 끝이다.

판사 첫 발령을 받아 2년간 근무한 동부지원 시절에 전체 15년 판사 생활 중 유난히 기억에 남는 분들을 많이 만났다. 김황식 판사도 그 중 한 분이다. 연차가 많이 높은 선배시지만 소박한 분이라 소통이 잘됐던 것으로 기억한다. 같이 근무하는 동안 테니스도 함께 치면서 친분이 두터웠다. 나중에 국무총리와 국회의원으로 만나 감회가 새로웠다.

2

홍판표와 홍준표

2018년 4월 13일 홍준표 당시 자유한국당 대표가 당내 중진 의원들에게 모욕적인 언동을 한 것에 대해 사과한 적이 있다. 당의 단합을 위해 마련된 중진의원들과 만찬 회동에서다. 당시 자유한국당은 6·13 지방선거를 앞두고 사당화, 사천, 막말 논란 등으로 시끄러웠다. 이에 나를 포함한 정우택, 나경원, 유기준 의원 등 중진 4인이 3월 22일 모임을 갖고 홍 대표에게 4가지를 공개적으로 요구했다. 민주적 당 운영, 지지율 제고 대책 제시, 진중한 언행, 인재영입 주력 등이다.

그런데 홍 대표가 SNS를 통해 '바퀴벌레' '연탄가스' '부역자 노릇' '반홍 세력의 준동' 등으로 표현하며 중진 의원들을 원색적으로 비난했다. 언론에서는 '반홍·비홍 중진'이라는 비유를 쓰면서 당내 갈등을 증폭시켰다. 이에 중진 의원 4인은 1주일 뒤 다시 우당(憂黨) 간담회를 열고 앞서 공개 요구한 4개항에 조기선대위 구성 등을 포함한 7가지 요구사항을 홍 대표에게 전달했다.

그러자 홍 대표 측에서 중진 의원들과 단합모임을 제안했다. 하지만 많은 중진 의원들이 홍 대표가 변하지 않았다며 불참의사를 밝혔다. 중진 의원들은 4월 12일 세 번째 모임을 갖고 홍 대표의 근본적 변화를 거듭 촉구했다.

모임을 주도한 나는 한편으론 홍 대표의 당 운영을 강하게 비판하면서 다른 한편으론 당의 결속을 강조했다. 우여곡절 끝에 4월 13일 저녁 서울 여의도 한 식당에서 열린 모임에는 나를 포함해 김무성·김정훈·나경원·심재철·원유철·이군현·정진석·조경태 의원 등 4선 이상 중진 의원들이 참석했다. 김성태 원내대표와 홍문표 사무총장 등 주요 당직자도 함께했다.

이 자리에서 홍 대표는 중진의원들에게 모욕적 언동을 한 것에 대해 사과했다. 그리고 중진들의 요구에 긍정적으로 답변하고 지방선거 승리를 위해 힘을 모으기로 했다. 당시 홍 전 대표가 SNS 게시글로 중진 의원들을 비난할 때 나를 지칭해 "한 중진 의원이 내 이름을 개명해줬다고 하는데, 개명해준 사람은 당시 청주지방법원장이다."라고 했다.

홍 대표의 개명 사실은 내가 예전에 말하면서 언론에 보도돼 처음 알려졌다. 내가 이를 말한 건 특별한 의도나 생각을 갖고 한 건 아니다. 홍 전 대표와의 인연을 말하면서 자연스럽게 언급돼 언론에 보도된 것이다. 그 후 하나의 에피소드로 지금까지 회자되고 있다. 그런데 홍 전 대표의 SNS 글이 언론에 보도되면서 의도치 않게 내가 거짓말한 것으로 오해를 받게 됐다. 그래서 당시 홍 전 대표에게 이를 지적하고, 사과를 받았다.

홍 전 대표의 개명에 얽힌 이야기는 이렇다.

내가 1984년 청주지방법원 판사로 부임해 2년간 근무할 때 홍 전 대표가 초임 검사로 청주지방검찰청에 발령받아 왔다. 형사단독 판사와 공판검사로 만나면서 인연이 시작됐다. 경남 출신으로 동향이라 더 빨리 친해졌다.

나는 그 전에 시중에 나와 있는 성명학 관련 책 6권을 모두 사서 읽어봤다. 아이들의 이름을 짓기 위해서였다. 그래서 일반인으로서는 남다르게 성명학과 작명법의 체계에 나름 조예를 갖고 있다고 생각했다.

그러니까 1985년으로 기억한다.

그 때 홍 전 대표의 이름이 홍판표였다. 하루는 홍판표 검사에게 "이름에서 파열음 '판'과 '표'가 이어지니까 발음상 안 좋다. 듣기에도 거북하다. 또 '判'은 칼 '刀' 변이라 성명학에서 이름에 들어가면 좋지 않다고 되어있다."라는 얘기를 해줬다.

그러면서 "'표'는 집안의 항렬이니까 그대로 쓰고, '판단할 判'을 비슷한 의미를 가진 '법 準'으로 바꾸는 게 좋겠다."고 했다. 그랬더니 홍 검사도 고개를 끄덕였다. 작명 전문가의 의견도 들은 것으로 안다.

그런데 당시 개명은 법원장 허가 사항이다. 요즘엔 개인의 행복추구권 차원에서 개명허가를 쉽게 해주지만, 그 때는 쉽지 않을 때다. 그래서 나는 머리를 좀 써서 법원장한테 부탁했다.

법원장에게 "우리 공판담당이 홍판표 검사인데 이름 좀 바꿔 주십시오."라고 했더니 법원장님이 "왜 바꾸려고 그래?"라고 물었다. 그래서 "검사 주제에 이름에 '판'자 들어간다고 얼마나 거들먹거리는지 우리 판사들이 기분 나빠합니다. '판'자 좀 없애 주십시오."라고 말씀드렸다.

작명법을 얘기하면 안 바꿔 줄 것 같아 지어낸 말이다. 얘기를 들은 법원장님이 껄껄껄 웃으시면서 "그래, 지가 검사면 '홍검표'라 하면

모를까 '판표' 그거 안 되겠네. 어떻게 바꿀 건가?"라고 물었다.

그래서 "'判'을 '準'으로 바꾸면 '준표'가 됩니다. 거꾸로 읽으면 '표준'이 되고요."라고 했더니, 법원장님이 "'홍준표' 그거 좋네. 내가 바꿔줄게."라고 했다. 이렇게 내락을 받고 홍 검사에게 개명을 신청하라고 전해 이름이 '판표'에서 '준표'로 바뀌게 됐다.

같은 지역 지법과 지검에 근무하면서 홍 검사와 나는 개명으로 인해 더 가까워졌다. 홍 검사 아이들이 다닐 유치원을 소개한 적도 있다. 당시 내 아내는 유치원 자모회장을, 홍 검사의 부인은 총무로 활동하면서 부부 간에도 가깝게 지냈다. 어느 때인가 낚시를 같이 가기도 할 정도로 두터운 정을 나눴다.

홍 전 대표는 자신의 개명과 관련 다른 이야기를 하는 것으로 안다. 그래서 혹시 내가 개명해 준 걸 밝히는 게 기분 상하는 일일까도 생각해본다. 하지만 나는 홍 전 대표의 개명 이야기를 그와의 인연에 얽힌 정치권의 에피소드로 여긴다. 정치인들의 싸움에 국민들이 눈살을 찌푸리는데, 홍 전 대표도 하나의 얘깃거리·흥밋거리라고 받아들이면 좋겠다.

정치권에 들어와 5선 국회의원에 경남도지사, 한 번의 원내대표, 두 번의 당 대표, 대선후보까지 지낸 홍 전 대표. 이름을 바꾼 덕분일 수 있다는 생각도 해본다. 그 이름 덕에 더 큰 꿈을 이루기 바란다.

3

참으로 우스운 문재인 정권의 검수완박

문재인 대통령은 자기편이라고 생각한 검사에게 살아있는 권력을 수사하라고 해놓고, 그렇게 하는 검사를 핍박하고 좌천시킨다. 반면에 정권에 부역하는 검사는 영전과 승진을 통해 반드시 보상한다. 자신들만의 리그 결속을 위해서다. 우리에게 충성하면 곧 영전이 보장된다는 메시지다. 어느 사회나 그렇듯 그 뜬구름 같은 영달을 찾아 몰려드는 사람들이 있다. 누구보다 정의로워야 할 법조계도 마찬가지다. 정권에 눈 먼 사람들은 동서고금을 가리지 않고 있어 왔다. 그런데 문재인 정권 들어서는 놀랍게도 이들은 민주와 국민을 팔아먹는다. 여론의 호도는 기본이다. 인사를 통한 검찰장악 의도를 노골적으로 드러낸다고 볼 수밖에 없다. 그러면서 검찰개혁을 떠벌리니 할 말을 잃을 지경이다.

민주당은 검경수사권조정을 내세우더니 '검수완박'(검찰의 수사권 완전 박탈)으로 검찰을 압박한다. 제20대 국회에서는 패스트트랙으로 고위공직자범죄수사처(공수처)를 일방적으로 밀어붙였다. 그렇게 출범한 공수처는 황제조사 논란에 휩싸이며 출발부터 신뢰가 땅에 떨어졌다.

문재인 정권은 사법적폐를 청산한다며 전 정권 때의 대법원장을 구속까지 시켰다. 그러면서 자신이 임명한 대법원장은 법관탄핵 관련 거짓말이 드러나고 정부·여당과 법관탄핵 거래 의혹이 제기됐는데도 자리를 그대로 유지하고 있다.

법원 내 특정 성향 판사들의 모임이 요직을 독차지하고, 정권 관련 재판을 지연시키거나 유리하게 판결한다는 지적이 끊임없이 제기된다. 그래서인지 '법원개혁'을 외치며 법관들을 압박하던 민주당 의원들이 조용하다.

문재인 정부의 사법개혁이 이렇게 법원과 검찰 장악으로 귀결되고 있다. 민주적 통제를 내세워 사법부 독립과 3권 분립의 근본마저 파괴하고 있다. 민주당 정권이 요란하게 부르짖는 사법개혁의 현주소다.

국회는 제18대 당시인 2010년 여야 합의로 사법제도개혁특별위원

10년 이상 법조경력자만 법관 선발

세계일보

2011년 06월 21일 화요일 004면 종합

'모든 수사' 檢 지휘 놓고 논란

수사권 합의안 사개특위 통과

검사 지휘 구체적 사항

법무부령 타당성 쟁점

이 법무·조 청장 신경전도

국회 사법제도개혁특위 위원장 당시 사법개혁 관련 신문 기사

회(사개특위)를 설치하고 사법개혁안을 만든 적이 있다. 검찰개혁까지 포함한 사법제도 전반에 대한 개혁안이다. 나는 3선 여당 의원으로서 사개특위 위원장을 맡았다.

당시 사개특위는 전관예우 방지, 법관임용제도 개선, 검찰총장 인사추천제, 대검중수부폐지 및 대검 직접수사권 제한, 검경수사권조정 등을 사법제도개혁 과제로 논의했다. 이 중 판·검사가 퇴임 후 변호사 개업을 할 경우 퇴직 전 근무지 사건 수임 금지를 주요 골자로 한 소위 '전관예우 방지법'은 2011년 변호사법 개정으로 법제화돼 시행되고 있다.

검찰의 정치적 중립을 위해 제안된 검찰총장 후보추천제도 또한 2011년 검찰청법 개정으로 곧바로 법제화됐다. 이 외에도 대검중수부 직접수사권 제한, 검경수사권조정 등 여야가 이견을 보인 여러 안들도 국회 논의를 통해 공론화함으로써 이후 검찰개혁의 토대가 됐다.

그 때 나온 사법제도개혁안 중 법관임용제도 개혁안은 내가 영국 법관연수 때 연구한 영·미 법관임용제도를 제안한 것이다. 법조경력 10년 이상을 판사로 임용하는 제도다.

서울고법 민사부 판사 당시 나는 1년 과정의 법관장기연수생에 선발됐다. 영국 대학 중 네 번째로 오래된 킹스 칼리지 런던(King's College London)에 법관연수를 다녀왔다. 런던대학교 킹스 칼리지라고도 불리는 이 대학은 법학, 정치학, 역사학, 고전학, 철학, 이베리아 언어학, 신학, 음악, 경영학, 치의학, 식품과학, 간호학 분야에서 세계적인 우수 대학으로 평가받고 있다. 노벨평화상 수상자 넬슨 만델라를 비롯해 노벨상 수상자 12명을 배출한 대학이다.

영·미에서는 법관에 대한 국민들의 신뢰와 존경심이 아주 높다. 문헌을 통해 알고 있었지만 영국 연수 때 실감했다. 오랫동안 형성돼 온 사법제도와 문화에서 비롯됐다. 그 핵심은 법관 인사제도라고 할 수 있다.

영국과 미국에서는 검사나 변호사로 10~15년 경력을 쌓아야 판사로 임용될 수 있다. 영국에서는 나이가 50세 정도 되어야 판사에 임용된다. 그 기간 법률실무는 물론 인격을 기르고 인성에 대한 검증도 거친다. 그렇게 임용된 미국 연방판사는 정년이 없다.

그런데 우리나라는 사법시험에 합격하고 사법연수원 2년을 수료하면 바로 판사에 임용됐다. 사법부 독립을 위해선 여러 제도적 장치가 요구되지만, 사법부 구성원의 핵심이자 재판을 담당하는 판사의 독립이 우선되어야 한다. 판사에 대한 국민들의 신뢰도 중요하다. 판사임용 자격요건부터 바꿔야 한다는 생각을 하게 된 계기다.

관련 법안이 그 전에도 국회에 제출된 적이 있으나 대법원의 완강한 반대로 통과되지 못하고 있었다. 당시 나는 사개특위 위원장 활동을 통해 야당 국회의원과 대법원을 설득해 동의를 받아냈다. 나의 법관연수 보고서는 판사임용 제도를 중심으로 한 「영국의 사법제도 현황과 법관인사제도」다. 판사 때 영국 연수를 다녀온 결실을 국회 사개특위에서 맺게 된 것이다.

영국 연수 때 판사들이 법정에 들어서 자리에 앉기 전에 방청석을 향해 인사하는 걸 봤다. 일어선 방청객들에 대한 답례이고, 존중이다. 사소한 것 같지만 법정의 권위가 더 돋보였다. 그래서 나는 재판장이 되었을 때 이를 실천했다. 우리나라에서 최초다. 이후 다른 판사들이 따라하면서 법관 전범으로 정착됐다. 누가 뭐래도 나는 내 스스로 판사의 직무를 다했다고 자부한다.

이렇듯 영국 법관연수 1년은 의미 있는 기간이었다. 아이들이 초등학교 저학년과 유치원생일 때다. 여행을 많이 다닌 게 기억에 오래 남아있다. 경제적 여유가 별로 없어 중고 자동차를 구입해 휴가 때면 유럽여행을 다녔다.

도버해협을 카페리로 건너 유럽 대륙여행을 할 때면 여행비를 아끼려고 고속도로 휴게소에 차를 대놓고 잤다. 요즘 젊은 층에 유행하는 '차박'을 한 것이다. 부활절 휴가 땐 미국여행을 한 적도 있다. 그때도 차를 렌트해서 미국 곳곳을 둘러봤다.

영국 연수에서 귀국 직전에는 이삿짐을 먼저 보낸 후 북유럽과 동유럽을 기차여행했다. 주로 밤기차를 이용해 숙박비를 아끼면서 돌아본 알뜰한 여행이었다. 마침 1년 전에 한소수교(韓蘇修交, 1990년 9월 30일)가 이루어져 구소련 입국도 가능했다. 이 여행에서 모스크바와 레닌그라드(현 상트페테르부르크)까지 둘러볼 수 있었던 것은 행운이었다.

귀국하면서도 1주일 기간의 일본 여행 일정을 잡았다. 소련 국적 저가 항공사인 아에로플로트를 이용해 일본 나리타공항에 내렸다. 일본 여행에서도 JR패스를 활용해 기차를 이용했다. 삿포로, 도쿄, 나라, 교토, 오사카, 시모노세키를 거쳐 부관페리를 타고 부산으로 귀국했다. 이렇게 영국 법관연수는 영·미사법제도를 공부하는 것과 함께 세계 견문을 넓히는 소중한 기회였다. 앞으로 임용될 많은 젊은 법관들에게도 이런 기회가 더 많이 주어졌으면.

4

제발 진관이를 선처해주세요

판사로 15년 간 재직하는 동안 많은 사건을 다루었지만, 가장 기억에 남는 판결은 1992년 발생한 '김보은 사건'이다. 이 사건은 전년도에 발생한 '김부남 사건'과 함께 90년대 초반 온 나라를 떠들썩하게 한 성폭행 피해자에 의한 가해자 살인사건이다. 두 사건은 성폭력 피해에 관한 우리 사회의 인식전환과 성폭력특별법 제정의 큰 전환점이 됐다.

'김부남 사건'은 아홉 살 때 이웃집 아저씨에게 성폭행을 당한 김부남이 21년이 지나서 성폭행 가해자를 찾아가 흉기로 살해한 사건이다. 김부남은 성인이 된 후 결혼했지만 정상적인 결혼생활을 이어가지 못하다가 범죄를 저지른 것으로 밝혀졌다. 김부남은 1심 공판에서 "나는 짐승을 죽인 것이지 사람을 죽인 것이 아니다."라고 절규했다.

1심 재판부는 김부남에게 징역 2년 6월에 집행유예 3년, 치료감호를 선고했다. 이후 항소와 상고가 모두 기각되어 김부남은 1년 7개월여 간 치료감호를 받은 뒤 석방됐다.

性폭행 피해 정상 참작

「自救的인 범죄에 관용」잇따를듯

공동대책위 '무죄' 주장 上告키로

金甫垠양 執猶선고

친구 金鎭寬피고 "犯行주도" 5년刑

義父살해 항소심

김보은 사건 고등법원 판결 후 보도된 당시 신문 기사

'김보은 사건' 역시 김보은이 아홉 살 때 처음 성폭행을 당했다. 성폭행 가해자가 의붓아버지라는 것과 가해자를 죽이기 전까지 10년 넘게 성폭행이 이어졌다는 점, 성폭행 피해자 김보은이 남자 친구(김진관)와 공모하고, 남자친구가 범행을 실행한 점에서 '김부남 사건'과 다르다. 그래서 '김보은 사건'을 '김보은·김진관 사건'이라고도 한다.

사건의 개요는 이렇다.

김보은의 어머니는 보은이가 일곱 살 때 검찰 공무원과 재혼했고, 재혼한 의붓아버지는 의붓딸인 보은이를 아홉 살 때부터 성폭행했다. 성폭행은 이후 계속 이어졌다. 김보은이 서울 소재 대학에 진학해 기숙사에 머물게 되자 의붓아버지는 보은이의 사생활을 일일이 간섭하며, 주말엔 집에 내려오게 하여 성폭행했다.

그러던 중 김보은에게 남자친구가 생겼다. 남자 친구 김진관이 자신과 데이트할 시간이 없는 것을 궁금하게 여겨 이유를 묻자 김보은은 모든 사실을 털어놓게 된다. 김진관은 이 문제로 갈등하다가 여자 친구의 의붓아버지를 죽이고 강도사건으로 위장할 것을 김보은과 공모했다.

김진관은 범행 전날 범행에 사용할 흉기 등을 구입하여 충주에 내려갔다. 새벽 1시 30분 경 김보은이 열어준 문을 통해 집안으로 들어간 김진관은 방에 들어가, 자고 있던 김보은의 의붓아버지를 눌러 꼼짝 못하게 한 후 깨웠다. "보은이를 더 이상 괴롭히지 말고 놓아주라"는 취지의 말을 하자 의붓아버지가 오히려 "다 잡아넣겠다. 죽여버리겠다"고 당당하게 나오는 데 격분해 들고 있던 흉기로 살해했다.

'김보은 사건'은 김진관의 아버지가 한국 성폭력상담소에 상담하면서 널리 알려졌다. 살인 피해자가 성폭행 가해자, 성폭행 피해자가 살인 가해자, 그리고 의붓아버지의 의붓딸 성폭행 때문에 그 딸과 남자친구가 살인자가 된 것 등으로 우리사회에 안타까움과 함께 공분을 불러일으켰다.

이와 함께 그 전까지 쉬쉬했던 가족에 의한 성폭행 문제가 공론화됐다. 실제 당시 상담기관에 많은 가정 성폭력 사례가 접수됐다고 한다. 하지만 인권, 특히 여성인권에 대한 우리사회의 인식이 미미할 때라 크게 드러나지 않았다. 이 사건을 계기로 언론에서도 공개적으로 다루었다.

「김보은·김진관 사건 공동대책위원회」가 결성되어 구명활동이 시작됐다. 공대위는 사건을 법과 제도의 미비에서 발생한 것으로 규정했다. 우리사회의 책임이라는 것이다. 그 책임을 피해자에게 돌리는 것은 부당하다며 피고인들의 무죄를 주장했다.

사건이 항소심에 올라오면서 공대위는 전국 56개로 확대됐다. 22명의 무료 공동변호인단도 구성했다. 90년대 중반 오세훈 현 서울시장과 함께 한 방송의 '오변호사 배변호사' 프로그램에서 유명세를 떨친 배금자 변호사도 공동변호인단의 한 사람이다.

나는 당시 이 사건 항소심 재판부인 서울고법 형사3부의 배석판사였다. 항소심 첫 공판 때부터 재판 방청운동이 벌어졌다. 당초 재판정은 70~80명을 수용하는 중법정으로 정해졌다. 하지만 몰려드는 방청객을 수용할 수 없어 재판장인 이용우 부장판사(이후 대법관을 지냄)는 첫 공판을 연기했다. 그리고 400여명을 수용하는 대법정으로 변경하는 한편, 원활한 재판진행을 위해 방청권을 배부키로 했다.

재판부에는 각계에서 보낸 탄원서만 1만여 장이나 쌓였다. "보은이와 진관이는 무죄"라는 '전화진정'도 끊이지 않았다. 판결과 관계없이 여론재판의 성격마저 띠었다. 변호인들은 정당방위, 긴급피난, 정당행위 등의 법리를 들어 피고인들의 무죄를 주장했다.

재판부의 고민이 깊을 수밖에 없었다. 수많은 기록을 일일이 검토했다. 수많은 증인심문과 심리학자 등 전문가의 감정 등을 진행했다. 추석연휴도 쉬지 않은 채 재판기록을 재검토하는 등 신중하게 심리를 진행했다. 중간에 재판부가 바뀌어 판결 선고 당시 재판장은 이순영 부장판사였다. 재판부 스스로도 기록 검토와 심리를 진행하면서 엄청난 마음의 상처를 입었다.

1심 법원은 김진관에게 징역 7년, 김보은에게 징역 5년의 실형을 각각 선고한 사건이다. 검찰은 1심과 마찬가지로 두 피고인 모두에게 징역 12년을 구형했다. 고심 끝에 유죄를 인정할 수밖에 없었다.

두 피고인 모두 1심보다 형량을 줄이는 데는 이견이 없었다. 다음은 실형이냐, 집행유예냐를 두고 고민이 이어졌다. 살인을 직접 실행한 김진관의 경우 징역 5년을 선고하기로 해 실형을 피할 수 없었다. 김보은에게는 징역 3년으로 형량을 줄여 집행유예를 선고했다.

항소심 판결 선고 후 언론은 해설기사에서 "법이 허용하는 범위 내에서 최대한 정상을 참작해 관용을 베푼다는 의사를 표명한 것으로 볼 수 있다." "사적 보복을 금지하고 있는 실정법상의 원칙론과 성폭행 피해자가 겪는 정신적 고통을 강조하는 정상론이 법조계 내부에서도 팽팽히 맞선 가운데 재판부가 양쪽 의견을 모두 수용하려 애쓴 점이 눈에 띈다."고 했다.

피고인의 공동 변호인단은 무죄를 주장하며 대법원에 상고했다. 하지만 당시 최종영·배만운·이회창·김석수 대법관으로 구성된 대법원 제1부는 상고를 기각해 항소심 판결대로 형이 확정됐다. 김보은은 형 확정 후 다음 해인 1993년 김영삼 대통령 취임 때 특별사면을 받았다. 김진관도 이 때 형량의 절반이 감경되어 잔여기간을 보낸 후 만기 출소했다.

이 사건의 항소심과 상고심 판결문에는 정당방위, 긴급피난, 심신장애의 유무 및 정도, 상당성 등에 관한 요건이 모두 담겨있다. 그래서 이후 모든 형법 교과서에 기술돼 법학도들의 관련 법리 공부에 전범이 됐다.

한편으로 이 사건은 전년도에 일어난 '김부남 사건'과 함께 우리사회의 성폭력에 대한 인식 전환에 큰 변곡점이 됐다. 판결 확정 다음해인 1993년에 국회를 통과한 「성폭력범죄 처벌 및 피해자보호 등에 관한 법률」 제정의 기폭제가 됐다.

이후 성폭력범죄에 대한 인식과 논의가 진전되면서 「성폭력방지 및 피해자보호 등에 관한 법률」과 「성폭력범죄의 처벌 등에 관한 특례법」으로 세분화되어 성폭력범죄의 처벌과 방지, 피해자보호 등의 법률과 제도가 정비됐다. 이렇듯 이 사건은 우리사회에 큰 영향을 끼쳤다. 하지만 두 연인의 처지와 운명은 너무나 안타까웠다. 이후 두 사람은 "같이 있으면 평생 기억을 지울 수 없다"는 주변의 조언에 따라 헤어졌다고 한다. 이름도 개명했다고 한다.

사건 당시 김보은은 대학 무용과 2학년으로 만19세였다. 남자친구 김진관은 체육과 2학년으로 동갑내기였다. 세월이 한참 지났지만 당시 사건을 떠올리니 두 연인이 법정에서 한 최후진술이 지금도 귀를 생생하게 울린다. 아름답지만 슬픈 사랑 앞에 할 말이 없다.

김진관 "어머니 다음으로 사랑하는 보은이가 무참하게 짓밟히는 것을 알고도 나 자신이 아무 것도 할 수 없다는 생각이 들 때마다 죽고 싶은 마음뿐이었습니다. 나는 보은이의 의붓아버지를 죽인 것이 아니라 내가 사랑하는 보은이를 살린 겁니다."

김보은 "구속된 후 감옥에서 보낸 7개월이 지금까지 살아온 20년보다 훨씬 편안했습니다. 밤이라는 시간이 이렇게 아름답다는 것도 처음 알았습니다. 더 이상 밤새도록 짐승에게 시달리지 않아도 되었기 때문입니다. 저 때문에 진관이가... 제가 벌을 받을 테니 진관이를 선처해 주세요."

5

맹장염도 전염된다

서울고등법원 형사부를 거쳐 행정소송을 담당하는 특별부 배석판사로 있을 때다. 당시 재판장은 조윤 고법부장판사다. 조윤 부장은 내가 초임판사 때 '기록이 생긴 꼴대로 영장을 발부'할 당시 서울지방법원 동부지원장인 조언 판사의 동생이자 조진만 전 대법원장의 차남이다.

재판장을 포함해 3명으로 구성되는 지법 합의부와 고법 재판부는 배석판사 2명 중 1명이 배당사건을 돌아가며 주심을 맡는다. 주심은 자신에게 배정된 사건의 기록 정리와 검토를 도맡아 한다. 그리고 부장판사에게 보고하고, 심리진행 준비와 재판부의 합의 준비도 주심의 역할이다. 합의결과 판결문을 작성하는 것도 주심의 업무다.

배석판사 1명당 주심을 맡아야 하는 사건이 1주일에 평균 4건 정도 배정됐다. 업무량도 양이지만, 신속·정확한 재판 진행을 위해 심적 부담도 엄청났다.

한 번은 나에게 12건의 주심사건이 동시에 몰렸다. 가히 살인적인 부담일 수밖에 없었다. 늦은 밤까지 야근하는 건 당연하다. 어떤 날은 밤을 꼬박 새우기도 했다. 잠시 쉴 틈도 없이 기록을 검도하고 정리해 판결문을 다 써서 부장판사에게 보고까지 마치고 퇴근했다.

다음날 선고만 남아있어 홀가분한 마음으로 고교야구대회 결승전 TV 중계방송을 보고 있던 중이었다. 저녁 먹고 좀 지났으니 8시쯤이다. 배가 아프기 시작했다.

복통은 점점 심해졌다. 그날 따라 아내가 학교 일로 아이들을 나에게 맡기고 외출했다가 밤늦게 귀가했는데, 진통제를 사달라고 하자 복통이 예사롭지 않다고 생각했는지 바로 병원에 가자고 했다. 간호사인 아내의 직감이었다.

세브란스병원 응급실에 도착한 게 밤 11시 30분쯤이다. 응급실 의사가 상태를 이리저리 살폈으나 원인을 잘 몰랐다. 새벽 5시경 되어 인턴이 자기가 배운 교과서대로라면 통증이 이리저리 옮겨가는 것으로 봐서 맹장염(충수염) 같다고 했다.

창자가 끊어질 듯한 통증을 견디며 이 병원 전문의를 마친 친구에게 전화를 했다. 달려온 친구는 급성맹장염이라며 수술이 시급하다고 판단했다. 수술이 끝난 후 충수가 터지기 직전이었다고 들었다. 자칫 합병증을 유발하고 생명까지 위험하다는 복막염으로 진행될 뻔했다.

수술한 날 나 대신 법정에 들어간 판사가 또 맹장염이 발병해 수술하는 우연의 일치가 발생했다. 그리고 그 다음 주 대신 들어간 판사는 그 전에 맹장염 수술을 했다.

그래서 동료 판사들 간에 그 판사도 이전에 수술하지 않았으면 맹장염에 걸렸을 것이라는 농담을 주고받았다고 한다. 당시 서울고법 내에서 '맹장염도 전염된다?'고 회자된 에피소드다. 사실 그만큼 판사라는 위치가 갖고 있는 책무가 과중하다는 반증이다.

6

창원을 국제발명도시로

나는 서울고등법원 판사를 지낼 당시 대법원 재판연구관을 겸한 적이 있다. 재판연구관 업무를 맡았을 때 처음엔 행정소송을 담당하다 특허소송 담당으로 바뀌었다. 뒷날 노무현 정부 때 헌법재판관을 지낸 전효숙 판사가 자리를 옮기면서 그 후임을 맡게 됐다.

당시 김영란 판사와 함께 2명이 공동재판연구관으로 지적소유권 분야 상고심 사건에 관한 연구를 전문으로 했다. 뒷날 '김영란법'으로 유명해진 김영란 판사는 사법연수원 한 기수 후배다. 이때의 인연으로 김 판사의 남편이자 나의 고교 3년 선배인 강지원 변호사와 지금도 친하게 지낸다.

강지원 변호사는 검사 재직 때 초대 서울보호관찰소 소장 등 보호관찰 관련 업무를 주로 맡아 이 분야의 독보적인 전문가다. 그러면서 범죄를 척결하는 검사로서보다 비행청소년의 수호자로 더 잘 알려져 있다. 강 변호사와의 인연으로 나는 창원에서 변호사로 활동할 당시 창원보호관찰소 보호관찰위원으로 위촉받아 청소년 보호에 기여할 기회를 갖기도 했다.

김영란 판사와 나는 특허와 지적재산권 상고사건을 다루면서 특허심판 및 소송제도의 불합리를 실감하고 개선방안에 대해 토론하면서 고민했다. 당시 특허심판은 1·2심을 특허청 소속 심판소와 항고심판소가 담당했다. 그런데 특허심판소는 행정기관인데다 심판은 행정심판의 성격을 띠고 있어 근본적으로 사실심리가 제대로 이루어질 수 없었다.

특허심판소의 심리는 구두변론 없이 거의 서면으로 이루어졌다. 이에 따라 사실관계를 실제에 맞게 현출하지 못한 상태에서 법률심인 대법원에 올라와 문제점이 많았다. 이에 불합리한 특허심판제도 개혁을 요구하는 목소리가 높았다. 국회에서도 관련 논의가 활발하게 진행됐다.

이 때 나는 법조인협회에서 발행하는 「법조」지에 '최근의 특허심판제도 논쟁에 대한 관견'(법조 1994/6 통권 453호)이라는 제목의 논문을 기고했다. 현직 판·검사와 변호사, 법무사, 법원·검찰 5급 이상 공무원이 회원으로 있는 법조인협회의 간행물에 실린 이 논문은 큰 반향을 불러일으켰다. 당시 법원행정처장이던 최종영 대법관은 설득력 있는 글이라며 나에게 직접 치하까지 했다.

당시 주요 논의사항 중 특허심판의 2심을 법원에서 해야 한다는 데는 대체로 의견접근이 이루어졌다. 특허심판 2심을 서울고등법원 전속 관할로 하고, 변리사 중심의 기술판사제도 도입도 논의됐다. 하지만 기술판사제도는 헌법구조상 불가하다는 주장이 제기됐다. 그래서 특허 관료 경험자들 법원에 파견해 재판을 보좌하는 기술심리관 제도를 절충안으로 제시했다.

이후 1995년 9월에는 헌법재판소가 특허심판제도를 규정한 구 특허법 제186조 제1항(1995. 1. 5. 개정 전)에 대해 헌법불합치 결정을 내렸다. 헌법재판소의 결정요지는 "특허청의 행정공무원에 의한 항고심판 심결이나 결정에 대하여 불복이 있을 때에 법령위반을 이유로 하는 경우에 한하여 대법원에 상고할 수 있도록 하는 종전의 특허심판제도는 법원에서 사실심을 다루지 않아 쟁송절차로써 부적절하고 헌법상 국민에게 보장된 법관에 의한 재판을 받을 권리를 침해하여 헌법에 합치되지 아니한다."이다.

특허심판제도에 대한 논의는 헌법재판소 결정 등을 거치면서 고등법원급의 특허법원이 1998년 3월 개원해 특허소송의 2심을 전속 관할하게 됐다. 그러면서 특허소송의 1심은 특허청 특허심판원, 2심은 특허법원, 3심은 대법원으로 소송구조를 확립했다.

내가 제안했던 기술심리관 또한 특허법원 설치와 함께 제도화되어 운영되고 있다. 개원 당시 서울에 위치했던 특허법원은 2000년 3월 특허청이 소재한 대전으로 이전해 업무의 효율과 소송 관계자들의 편의 및 사법서비스 제고에 기여하고 있다.

특허는 산업에 활용할 수 있는 새로운 지식재산을 만들어낸 사람에게 일정 기간 독점적 권리를 주는 제도다. 오늘날 세계 각국은 물론 국제적으로도 특허제도를 통해 지식재산권을 보호함으로써 발명을 장려한다. 이와 함께 지식재산 정보를 공개함으로써 관련 분야 지식 및 기술 발전을 통해 산업·경제발전에 기여한다.

4차 산업혁명 시대라고 말하는 오늘날 지식재산은 기업의 생존과 경쟁력 향상은 물론 국가경제 발전과 인간의 삶의 질을 향상시키는 기

창원공단 혁신기술 산업현장 방문

본 요소로 그 중요성이 점점 더 커지고 있다. 이에 따라 국내·외 기업 간 특허분쟁이 한층 늘어나고 복잡해지고 있다. 분쟁 결과에 따라 기업의 존폐가 좌우되고 국가경제에 엄청난 파급효과를 미치게 된다.

그런 만큼 특허·실용신안·상표·디자인 관련 지식재산권 분쟁을 준사법절차와 사법절차에 따라 해결하는 특허심판원과 특허법원의 중요성도 점점 커지고 있다. 돌이켜보면 대법원 재판연구관 당시 내가 주장한 특허심판제도 개선방안은 당시 제도와 실무에서 보면 가히 개혁안이라고 할 만하다. 이후 특허 관련 분쟁의 합리적인 해결은 물론 지식재산권 보호, 이를 통한 산업 및 경제 발전에 기여했을 것으로 자평한다. 사회는 이렇게 진보한다는 걸 새삼 실감한다.

IT(정보통신기술) · AI(인공지능) · BT(생명공학) · 스마트 등 새로운 지식과 기술이 융합하는 4차 산업혁명시대에는 신기술개발과 발명, 기존 기술 및 발명품 개선 등이 끊임없이 이루어진다. 관련법과 제도 또한 이에 맞춰 지속적으로 개선 · 개혁이 요구된다. 더구나 창원은 우리나라 기계공업의 메카다. 창원을 중심으로 경남 전역에는 관련 산업이 발달돼 있다. 기술을 개발하고 발명하면서 땀 흘린 수많은 장인들이 만들어낸 성과물이다.

기회가 되면 우리나라 기계공업의 요람이자 조국 근대화와 산업화를 이끈 창원, 수많은 발명 특허들을 보유하고 국제 기능올림픽의 금메달리스트이자 대한민국 제1호 국가품질명장이 되었던 김규환 전 국회의원을 비롯하여 수많은 장인들의 손길이 거쳐 간 창원을 '국제발명도시'로 만들고 싶다. 국제발명도시는 발명과 지식재산의 중요성을 인식하게 하고, 자라나는 세대들에게 과학기술혁명의 산 교육장이 될 것이다. 스타트업 창업 기반을 조성해 청년 일자리도 창출할 수 있다. 관련 국제행사와 관광객 유치에도 시너지효과를 기대할 수 있을 것으로 본다.

7

나, 이제 고향으로 돌아가리

판사를 그만둘 때가 왔다.

판사라는 직업이 나에게 맞지 않거나 일이 힘들어서가 아니다. 단조롭고 수동적인 역할에 만족하지 못했다. 나는 주도적으로 만들어가는 삶을 지향하고 있었다. 판사로 재직하는 동안 내면에는 이렇게 뜨거운 열정이 잠재하고 있었다. 주도적으로 기획하고 좀 더 적극적으로 사회를 변화시키기 위해 정치인이 되어야겠다는 생각을 하곤 했는데 이제 실천할 때가 된 것이다.

사실 서울고법 판사 때 영국 법관연수를 다녀온 후 바로 사직하려고 했다. 규정상 국비 외국연수를 갔다 오면 3년간 의무 근무해야 한다. 그렇지 않으면 유학비용을 회수한다. 비용을 반납하더라도 그만둘 생각이었다.

"판사가 되었으면 부장판사까지는 해야지"

아버지의 말씀이 마음에 걸려 사직할 생각을 일단 접었다. 아들이 판사가 되었을 때 자랑스러워 하셨던 아버지셨다. 가족들의 동의를 구할 땐 마음이 무거웠다.

우선 아내의 반대가 심했다. 안정적인 가정과 삶에 큰 변화가 닥칠 게 뻔하니 반대는 당연했다. 변호사 개업하면 아내가 좋아하는 문화센터를 열어 봉사도 하고, 듣고 싶은 강의도 많이 듣게 해주겠다며 설득했다.

선이 굵고 적극적인 어머니는 내가 하고자 하는 일을 믿고 응원하는 편이었지만, 아들이 막상 판사를 그만둔다니 서운한 표정이셨다. 아버지도 반대하지는 않으셨지만 여전히 못마땅한 기색이었다. 부모님께는 정치하려고 그만둔다는 말을 하지 않았다.

정치권에 오래 머물렀거나 영입 케이스로 출마하는 사람들은 몸담게 되는 정당과 당시 정국 흐름 및 상대 정당이나 예상 후보에 따라 출마지역을 전략적으로 선택하기도 한다. 하지만 정치권에 특별한 인맥이나 연줄 없이 정치를 시작하는 사람은 자신이 오래 살았던 곳이나 고향 등 연고지를 기반으로 한다.

나는 후자에 해당했다.

1994년 8월 부장판사 승진 때 고향에 살아보고 싶어서 임지를 창원으로 희망했는데, 부산으로 발령이 났다. 판사 재임 중에는 직분에 충실했다. 정치를 해야겠다는 생각은 마음속에만 있었지 정치에 관심을 둘 시간이 없었다. 자연히 정치권에 인맥을 구축할 생각도, 기회도 가지지 않았다.

1996년 4월 실시될 제15대 총선에 나가기 위해선 좀 일찍 판사를 그만둬야겠다고 생각했다. 그게 출마할 지역민들과 내가 몸담았던 법원 조직에 대한 도리이기도 했다. 국회의원에 출마할 마음은 굳혔지만 아무것도 갖춰진 게 없어 준비도 필요했다. 출마지역을 어디로 할 것인지도 살펴봐야 했다. 그러나 판사로 있으면서 정치권에 기웃거리는 건 직분에도 어긋나고 나의 양심이 허락하지 않았다.

선거 1년 전 쯤엔 그만둬야 한다는 생각에 법관 인사 시즌에 맞춰 1995년 2월 사표를 던졌다. 나로서는 백척간두에 선 심정이었다. 믿을 곳도, 믿을 만한 사람도 없었다. 그런데도 빨리 결심을 한 것은 법원의 인사 흐름에 부담을 주지 않아야겠다는 점도 고려했다. 창원에 법률사무실을 내고 변호사 활동을 시작했다.

창원에서 변호사를 개업한다니 주변에서 "좀 이상하다"며 수군거리는 말이 나에게도 전해졌다. 친한 사람들은 "왜 창원에서 개업하냐"고 직접 물어오기도 했다. 판사나 검사를 그만두면 오래 근무한 지역이나 마지막 근무한 지역에서 변호사를 개업하는 게 일반적이라 주변 사람들이 보인 반응이었다.

당시는 법조계의 전관예우에 대한 사회 일반의 인식이 두터울 때이기도 하다. 나는 15년 판사 생활 중 청주지방법원 판사 2년과 영국 법관연수 1년, 부산지방법원 부장판사 6개월을 제외한 11년 6개월을 서울에서 근무했다.

일반적인 관점에서 보면 오래 근무한 서울이나 부장판사로 마지막 임지였던 부산에서 개업하는 게 당연했다. 사실, 창원으로 가야겠다고 생각한 것은 내 고향이기 때문만도, 나의 일과 정치적인 꿈 때문만도 아니었다.

서울에서 태어났던 우리 아이들에게 나와 아내처럼 그곳을 생각하면 그립고 마음이 따뜻해지는 고향을 만들어주고 싶었다. 당시 초등학생·중학생이던 아이들에게 의사를 물었더니 같이 가보자고 했다. 온 가족이 주말에 창원으로 여행을 갔다. 세 아이들이 자라나는 동안 우리 가족들의 고향인 마산·고성·의령·진주 등을 종종 와보았지만, 이사 가기 전에 그 동네를 가본 것은 그때가 처음이었다.

아이들이 서울에서 부산으로 전학 갔을 때 정든 친구들과 헤어졌던 터라 힘들어 했는데, 창원을 가보더니 다행히도 너무나 마음에 들어했다. 법원 근처에 가서 지역도 돌아보고 닫혀있던 초등학교 문앞에서 서성이며 자전거 타고 그 학교를 다니고 싶다며 자전거를 사 달라고 했던 아이들의 해맑은 표정이 생각난다.

내 고향,
이제 돌아가리

이렇게 나의 창원 생활은 시작됐다. 예상대로 변호사 개업 초창기 사건 의뢰가 적어 무척 한가했다. 시간이 지나면서 변호사 업무는 서서히 자리를 잡아갔다. 의뢰인을 성심성의껏 대하고, 성실하게 변론한다는 소문이 입에서 입으로 전해진 게 크게 작용했다. 부장판사 출신 실력 있는 변호사로 알려지면서 굵직한 사건이 제법 많아졌다.

고향에서 정치를 해야겠다는 생각에 법원이 있던 창원에 변호사 개업을 했지만, 사실 정치적으로는 막연한 상태였다. 내가 나고 자란 마산갑(지금의 창원시 마산합포구)은 당시 현역인 김호일 의원이, 창원을(지금의 창원시 성산구) 지역구에는 6선의 황낙주 의원이 있었다. 나의 변호사 사무실이 위치한 곳이기도 했다. 출마할 지역구를 '창원을'로 정했다.

지금 생각하면, 두 지역구 모두 탄탄한 현역의원이 있던 곳인데 나는 정치공학적인 분석 없이 내가 사는 곳을 더 발전시킬 수 있는 정치를 하겠다는 순진한 생각에 무모한 도전을 했던 것이다. '이주영'이라는 이름을 알리려고 활동반경을 점차 늘려나갔다. 지금 생각해보면 아득하지만 새로운 그림을 그리며 꿈을 꾸는 행복한 시절이었다.

제4장

불굴의 저격수

1 행복한 낙선 | 2 사랑하는 창원시민과 윤숙경 여사 | 3 나, 이회창이오 | 4 유권자들은 알고 있다 | 5 불굴의 저격수 | 6 저격수에게 날아온 협박편지 | 7 저격수에서 추적자로 | 8 사라진 현대전자 1억 달러를 찾아서 | 9 좀 살살해줘

1

행복한 낙선

1995년 2월 창원에 법률사무소 둥지를 틀었지만, 개업한 지 얼마 되지 않아 변호사 업무도 벅찼다. 주어진 일을 대충하지 않는 성격 때문에 선거준비는 자꾸 미뤄졌다. 출마할 지역구는 내가 살고 있던 지금의 성산구인 '창원을'로 일단 정했다. 하지만 어느 당으로, 어떤 정치적 진로를 택해야 할지 확정하지 못한 상태였다. 그런 가운데 정치권의 시계는 참 빨리도 돌아갔다. 마음만 급해졌다.

당시 정치권 상황은 1990년 3당 합당 이후 1992년 4월 총선과 1995년 6월 제1회 전국 동시지방선거 등을 거치면서 분당과 창당, 정계개편, 이합집산, 의원 빼가기 등 숨 가쁘게 돌아갔다.

야당지도자 YS는 "호랑이를 잡으려면 호랑이굴에 들어가야 한다"며 1990년 1월 당시 여당인 민주정의당(총재·대통령 노태우), 야당인 신민주공화당(총재 김종필)과 3당 합당을 전격 선언하고 2월 민주자유당을 창당했다. 그리고 1992년 12월 제14대 대선에서 민주자유당 후보로 나서 결국 자신의 말대로 호랑이를 잡았다. 하지만 민자당은 대선에 앞서 그해 4월 실시된 제14대 국회의원선거에서 예상보다 선전했지만 과반수에 한 석 모자라는 149석 확보에 그쳤다.

여기에다 단체장까지 선출하는 1995년 6월의 제1회 전국 동시지방선거에서 광역단체장 15명 중 5명, 기초단체장은 230명 중 69명만이 당선되었다. 정당 공천으로 실시된 광역의원도 전체 970명 중 333명 당선에 그쳤다. 나머지는 이기택 총재의 민주당, 김종필 총재의 자유민주연합, 무소속 등에 내줬다. 이렇게 3당 합당의 약효가 점점 떨어지고, 거대여당 민자당에 대한 견제는 점점 힘을 얻어갔다.

이런 가운데 1996년 4월의 제15대 국회의원선거는 다음해 12월 실시될 제15대 대통령 선거를 1년 8개월 앞둔 시점이라 대선 전초전이었다. 이에 민자당은 5공 색채를 빼기 위해 당명을 신한국당으로 바꾸고, 총선을 준비하고 있었다.

한편 야당의 사정도 복잡하게 돌아가고 있었다. 1992년 대선 패배 후 정계은퇴를 선언하고도 현실정치에 여전히 영향력을 갖고 있던 DJ는 1995년 9월 새정치국민회의를 창당했다. 당내 소수파를 이끌며 '3김 세대 교체론'을 공공연히 내세우던 이기택 총재와 결별을 택한 것이다. 대선 전초전인 1996년 총선을 앞두고 자신의 확실한 친위 정당을 만들기 위한 포석이 깔려있었다.

민주당은 국민회의 창당으로 인한 9월 분당 사태 후 잔류파들과 시민단체 계열의 개혁인사들을 모아 같은 해 12월 통합민주당을 창당했다. 한편, 민자당 대표위원이던 JP는 당내 주류인 민주계와 갈등을 빚다가 1995년 2월 대표위원직 사임과 함께 탈당하고 자유민주연합을 창당하고 다음해 제15대 총선과 그 다음해 대선을 준비하고 있었다.

이렇게 1996년 4월 제15대 총선은 점점 가까이 다가오고 있었다. 나는 총선시계가 바로 앞에 다가와서야 정치적 진로를 구체적으로 고민했다. 어느 정당 후보로 출마할 것인지도 정해야 했다. 나의 정치적 소신과 맞아야 했다. 공천 가능성, 당선 가능성도 중요했다.

신인 영입이 활발한 선거였지만, 나는 정치권에 별로 알려지지 않아서인지 오라는 데도 없었다. 처남의 소개로 경기고 3년 선배인 이철 의원을 만나 조언을 들은 게 전부였다. 모든 게 불확실했다.

처남 등 주변 가까운 사람들과 의논했지만, 뚜렷한 답이 나올 수 없었다. 이런 저런 사람들과 접촉하면서 고민은 계속됐다. 이때 청주지법과 지검 근무 당시 인연을 맺었던 홍준표 변호사가 내 정치적 진로에 결정적 영향을 미치게 되었다.

홍 변호사는 청주지검 근무 이후 검사로서 승승장구했다. 사회를 떠들썩하게 한 강력범죄와 권력형 비리 사건을 강단 있게 처리해 유명세를 떨쳤다. 1995년 1~2월 '귀가시계'로 불릴 만큼 인기를 끈 한 방송의 드라마 「모래시계」가 방영된 후 드라마의 모델로 알려진 홍 검사는 '모래시계 검사'로 더욱 유명해졌다. 홍 검사도 내가 판사를 그만둔 해에 검사를 사직하고 변호사 개업과 함께 정치권 진출을 모색하고 있었다.

홍 변호사와 의논하면서 나는 '지역할거주의 청산'을 내건 통합민주당으로 가게 되었다. 통합민주당은 DJ의 국민회의 합류를 거부한 이기택 · 김원기 · 김정길 · 노무현 · 이철 · 제정구 · 이부영 · 원혜영 · 박계동 등 개혁적인 정치인들이 당의 간판이었다. 흔히 '꼬마민주당'으로 불리는 당이었다.

제15대 총선을 3개월 앞둔 1996년 1월쯤이다. 홍 변호사와 나는 '개혁적이고 희망이 있는 정당으로 가자'고 의기투합했다. 그러면서 홍 변호사는 "형님이 먼저 가 있으면 사흘 뒤 따라 가겠다"며 KT(이기택 총재)와 연결시켜줬다. KT는 당시 당의 주도권을 갖고 있어 공천에 큰 영향력을 행사한다고 알려져 있었다.

곧바로 KT의 자택으로 찾아갔다. 반갑게 맞아주었다. 바로 '이 동지'라고 불러주었다. 공천할 만한 인재가 부족하던 차에 살아온 이력이 통합민주당과 통하는 인물이 제 발로 찾아왔으니 기분이 좋았던 것이다.

KT와 서재에서 대화를 나누었다. KT로부터 과거 자신의 정치 경험담을 비롯하여 정국 흐름과 정세, 선거 준비 등 여러 가지 조언을 들었다. 일종의 공천면접이자 상견례, 코치를 받는 시간이었다. 공식 면담만 3시간을 넘겼다. 그리고 KT 가족과 함께 저녁식사를 하고 돌아와 다음날 바로 입당했다.

그런데 3일쯤 지났을까?

신한국당 서울 송파갑 공천자 발표 기사에 홍준표 변호사의 이름이 올라있는 것을 보게 되었다. 바로 홍 변호사에게 전화했다.

홍 변호사는 "강남을 지역구에 출마하려고 했는데, 미리 돌려본 여론조사에서 그 지역구 홍사덕 의원에게 엄청난 차이로 뒤졌다"며 자신의 신한국당행에 대해 해명성 설명을 했다. 그러면서 김영삼 대통령으로부터 직접 영입을 제의하는 전화를 받았다고 했다.

황당했지만 어떻게 사전에 아무 양해도 없이 그렇게 하느냐는 말만 하고는 전화를 끊었다. 그리고 각자 갈 길이 다르다고 생각했다. 나는 신한국당에는 애초부터 갈 생각이 없었으니 마음 정리가 빨랐다.

제15대 총선에서 창원을 선거구에는 모두 8명이 출마했지만, 일찌감치 신한국당 황낙주 후보, 통합민주당 이주영 후보, 무소속 김규칠 후보의 3파전 구도가 형성됐다. 선거결과도 황낙주 36.3%, 이주영 16.2%, 김규칠 26%로 3파전 구도가 그대로 나타났다. 현직 국회의장으로 7선에 도전한 황낙주 후보는 신한국당에 대한 민심 이반 등으로 고전한 가운데 힘들게 당선됐다.

당시 동아일보 강정훈 기자의 기사를 보면 황낙주 의장이 얼마나 선거를 힘들게 치렀는지 그 일단을 엿볼 수 있다. 강 기자는 황 의장의 당선 소감 인터뷰 기사에서 "지역구 6선의 백전노장 황낙주 국회의장은 이번 15대 총선이 그동안의 선거 중 가장 힘들었다고 말한다. 야당 때보다는 10배는 더 어려운 싸움이었다는 게 그를 비롯한 선거 종사자 전원의 의견이다. 황 의장은 당선 일성으로 '주위에서 너무 비판적인 분석을 내놓는 바람에 정신을 차리기 힘들 지경이었다'며 '3일 전부터 안정권에 든 것으로 보고 표지키기에 주력했다'고 말했다."고 기술했다.

나는 3위에 그쳤지만 16.2%를 득표한 것은 정치신인의 첫 출마로는 다음 선거를 기약할 수 있는 성적이었다. 한 지역 일간지에서는 선거 후 '낙선했지만 승리한 후보'라는 제목의 기사를 통해 정치신인의 깨끗하고 참신한 선거캠페인을 호평하는 기사를 싣기도 했다.

선거 결과는 여당인 신한국당 139석, 야당이 국민회의 79석·자민련 50석 등 144석, 무소속이 영남지역에서 12명이 대거 당선되면서 16석이었다. 신한국당은 민심 이반과 김영삼 대통령의 지지율 하락으로 고전할 것이라는 예상을 깨고 선전했다. '모래시계 검사' 홍준표, 민중당 출신 이재오·김문수 등 당시 참신하다고 평가받던 정치 신인들을 수도권에 공천해 개혁성을 선점한 것이 주효했다. 그러면서 야권 분열의 어부지리도 작용해 예상보다 선전했다.

통합민주당은 울산과 안동 등 영남권에서 3석을 얻는 성과를 거두었으나, 서울에서 이부영만이 당선되고 부산에서는 이기택 총재를 비롯한 전원이 낙선했다. 의석수가 30석에서 15석으로 반 토막 나면서 원내교섭단체도 구성하지 못하는 군소정당으로 전락했다. 설상가상으로 선거 직후 당선자 3명이 신한국당으로 옮겨가고, 이기택계와 국민통합추진회의 계열이 분열하면서 사실상 분당 상태에 빠졌다. 정치 신인으로 첫 선거를 치른 나의 생각이나 의지와 관계없이 선거가 끝나자마자 향후 정치적 진로를 또 다시 고민해야 하는 상황이 전개되고 있었다.

2

사랑하는 창원시민과 윤숙경 여사

나의 국회의원 첫 출마이자 낙선의 쓴맛을 본 제15대 총선은 나뿐 아니라 가족들에게도 생소한 경험이자 서글픈 상처였다. 그 중 장모님(윤숙경 여사)이 글로 남겨놓은 게 있어 이를 그대로 옮긴다. 제15대 총선(1996년) 직후 창원지방변호사회가 발행하는 회지에 '출마한 사위 곁에서'라는 제목으로 기고한 글이다. 장모님은 이 글을 2005년 1월 발간한 〈현대수필가 100인선 Ⅱ-15〉 윤숙경 수필선 「꿈길 따라 찾아온 사람」(수필과 비평사)에 그대로 싣기도 했다.

산청 출생으로 진주여고를 졸업한 장모님은 1997년 〈수필공원(隨筆公苑)〉 봄호에 〈나팔꽃〉으로 등단한 수필가다. 한국문인협회 회원으로 활동하면서 제28회 현대수필문학상을 수상하고 송현수필문학회 회장과 한국수필문학진흥회 이사를 역임했다.

출마한 사위 곁에서

창원에 사는 딸에게 안부전화를 했다.

“별 일이 있지요.”하는 대답이었다.

“아니 요즈음 세상에 국회의원 같은 사람을 누가 존경이나 하느냐?”고 했더니 사위가 하는 말이, “그래서 저와 같은 사람이 지금 나가야 된다.”는 것이었다.

모 정당에 영입이 되고 지구당 개편대회를 시작으로 그의 선거운동이 시작되었다. 경험도 조직도 없지만 지금까지 있었던 선거와는 다르게 선거법을 지키고 돈 안 쓰는 깨끗한 선거를 하겠다는 사위의 의지는 아주 다부졌다.

합동유세 때나 거리유세 때에는 국민이 잘 살 수 있는 바른 법을 만들어 입법과 사법의 양 날개를 펴서 지금의 정치판을 확 바꾸어 놓겠다고 했다. 그의 연설은 물 흐르듯 조용히 가다가도 때로는 폭포수가 쏟아지듯이 우렁차기도 했다.

장가온 지 십여 년이 넘었지만 늘 조용하기만 하던 사위였다. 큰소리 내는 것을 한 번도 들어본 일이 없었는데 어디에 저런 열정과 끼를 감추고 살아 왔을까 하고 놀라면서도 한편으로는 여간 대견하지 않았다.

16세기 유럽에 복고풍을 불러일으킨 르네상스가 이태리의 피렌체에서 일어났듯이 깨끗하고 새로운 정치문화를 한반도의 남쪽인 창원에서 이루어 보자고 외쳐댔다. 그의 절실한 부르짖음은 차츰 내 가슴 속으로 번져오고 나도 모르게 그의 연설에 빨려 들어갔다.

이곳은 한 사람이 여섯 번이나 당선되어 지금까지 의원 자리를 지켜온 곳이다. 사람들은 이번에는 바꾸어 보려고 해도 마땅한 인물을 못 찾았는데 마침 참신하고 훌륭한 경력을 가진 변호사가 나와서 희망이 생겼다고들 말했다. 시간이 흐를수록 유권자에게 알려지기 시작했고 그를 한 번 만나본 사람들은 겸손한 태도와 온화한 인상 때문에 인기는 날이 갈수록 올라가고 있었다. 각 신문들은 여론조사를 통해 그에 대한 지지도를 상대방과 비교해서 백중세라고 보도하기도 했다.

아파트 베란다에는 몇 십 개의 동양란 화분이 있었는데 여기저기서 꽃대를 내밀고 꽃을 피우기 시작하더니 온 집안이 난 향기로 가득했다. 잎 넓은 군자란까지도 그 이름에 걸맞게 큼직한 주홍색 꽃봉오리를 탐스럽게 매달고 있었다. 집에 오는 친지들과 가족들은 사람이 많이 모이는 곳이면 어디에나 가서 사진이 담겨있는 명함을 나누어주는 일에 온힘을 모았다.

재래식 오일장이 서는 날이었다. 그날은 수많은 사람들이 각처에서 모여들기 때문에 시장 통은 발 디딜 틈이 없이 북적거렸다. 모든 후보자들이 전부 모여드니 집중유세장으로 바뀐다. 후보마다 명함을 돌리기에 혈안이 되어 있었다. 떠밀리다시피 걸어가는 시장바닥에는 버려진 여러 후보자들의 명함들 속에 웃고 있는 내 사위의 사진이 짓밟히고 있었다. 더러는 밟혀서 만신창이가 된 상태이고 어떤 것은 갓 버려진 채 여전히 웃고 있었다. 사위가 실제로 짓밟히고 있는 것만 같았다. 나는 가슴이 저려왔다. 그 명함을 줍고 있는 내 손은 떨리고 있었다.

엎드려 사진을 줍고 있는 나를 의아한 표정으로 보고 있는 사람들의 시선을 느끼면서 화가 난 사람처럼 집으로 달려와 버렸다. 여러 사람에게 찢기고 상처투성이가 된 사진들을 내보였더니 누군가는 주워 오면 안 된다는 것이었다. 그냥 버려 놓아야 밟으면서 한 번 더 보고 기억한다는 것이 아닌가. 금배지가 뭐기에…….

어쨌거나 많은 사람들에게 그를 알려야 했다. 그것도 자랑을 하면서 알려야 하니 나는 좀 쑥스러워졌다. 웬만하면 그를 소개한 책자를 내미는 것이 고작이었지만 택시를 탈 때는 좀 다르다. 기사들의 말 한 마디가 여론에 영향을 미친다고 들었다.

"이 사람 사실은 내 사위인데요, 다른 것은 다 좋은데 결점이 딱 두 가지가 있어요."하면 결점이 있다는 말에 대개는 호기심이 생기는 모양이다. 눈빛이 달라지면서 그것이 무어냐고 물어 온다.

"하나는 여기 온 지 일 년 밖에 안 되어 잘 알려지지 않았구요." 하면 별 것 아니라는 표정으로, "또 하나는 뭔데요." 한다. "키가 좀 작아요." 하면 얼른 안심했다는 듯이 "남자 키 작은 것이 어때요. 키 작은 사람이 대개는 당차고 누구는 대통령을 몇 번이나 하지 않았어요." 하면서 오히려 저쪽에서 더 톤을 높인다.

상대방의 마음을 움직여 보려고 명함을 건네줄 때는 눈빛을 맞추며 잘 부탁한다고 절을 한다. 더러는 "잘 알고 있습니다. 나도 지지자인데요." 하는 사람을 만나면 절로 기운이 난다.

받아 놓은 날은 잘 간다더니 십여 일의 운동기간이 끝나고 드디어 투표일이 내일로 다가왔다. 창원에서 가장 차가 많이 다니는 공단 입구 사거리에 모두 모였다. 사방으로 길게 뻗은 벚나무 가로수의 활짝 핀 벚꽃이 석양에 물들어 분홍빛 안개가 온 거리에 드리운 듯했다. 유세차에서는 "이번에는 바꿔보자. 다 같은 마음으로"라고 시작되는 로 고송이 흘러나오고 거기에 맞추어 대학생들이 춤을 추었다. 사위는 지나가는 차안의 사람들에게 두 손을 흔들며 눈인사를 보내고 친척들은 기호를 쓴 흰 장갑을 올려 보이며 제일이라는 신호를 보내주기도 하고 지지한다는 뜻인 듯 손을 흔들어주기도 했다. 사기는 하늘을 찌를 듯 올라갔다. 우리는 촛불을 들고 샛별이 비춰주는 거리를 조용히 행진하면서 기도를 올렸다.

그러나 개표결과는 패배였다. 희망이 좌절로 끝나는 날, 일곱 번 째 당선된 상대후보의 당선 축하송이 들려왔다. 모든 것이 허탈한 상태에서, 막 내린 연극무대가 떠올랐다. 지지해주던 그 많은 사람들의 눈빛, 박수소리, 환호소리가 딱 멎어 버렸다. 외지에서 와 법석 거리던 친척들도 다 떠나버린 집안은 쥐 죽은 듯 고요했다. 돌리다 남은 명함과 어깨띠나 벽보용 사진들이 여기 저기 상혼처럼 남아 있을 뿐이었다. 그러나 시간이 흐르고 패배를 인정할 마음의 여유를 찾았을 때에야 비로소 지지해준 분들에게 감사하는 마음이 생겼다.

알린 지 두 달밖에 안 되었는데도 어디서 그 많은 표가 나왔을까. 선거법을 지키고 깨끗한 선거를 한답시고, 돈도 안 쓰고 해드린 것이 아무것도 없었는데 이만한 표가 나온 것은 한편으로는 창원시민의 작은 승리였다. 사위는 당선자보다도 먼저 성원에 감사한다는 현수막을 내거는 것으로 조금이나마 보답하는 마음에 대신한다고 했다.

지방신문에서는 이번에 가장 깨끗한 인상을 주는 선거를 했다고 보도했다. 투표에는 졌지만 선거에는 이긴 싸움이었다고 그의 대원들도 말한다. 어떤 이는 상품은 좋았지만 상표가 나빠서 그리 됐다고 억울해 하기도 했다. 다음은 꼭 당선될 것이라고 위로해 주는 이도 많았다. 그러나 내 마음은 착잡하기만 했다.

현란하게 걸려있던 현수막도 다 걷어내고, 밤늦게까지 밝혔던 당사의 불도 꺼지고, 겉으로는 모든 것이 제자리로 돌아온 것 같았다. 그러나 그에게 남은 상처는 검게 탄 얼굴과 함께 아직 지워지지 않고 있다.

나는 사위에게 다시는 정치판에 뛰어들지 말라고 하고 싶었지만, 차마 그 말만은 할 수가 없었다. 낙선이라는 고배가 승리보다 오히려 더 큰 교훈이 될 수도 있으니 앞으로는 부디 표에 연연하지 말고 이 사회를 위해 좋은 일 많이 하면서 살아가라고 당부했다. 이틀째 쉬지 않고 비가 내리고 있다. 봄비다. 생명의 단비를 맞으면서 함께 걸어가자고 하던 때가 오늘 따라 유난히 그리워진다.

3

나, 이회창이요

1990년 3당 합당이라는 메가톤급 정계개편 이후 분당과 합당, 창당이 빈번했다. 1996년 제15대 총선 이후에도 정치권의 이합집산은 계속됐다. 이념이나 정책의 차이가 별로 없으니 지역기반과 보스의 정치적 향배가 정당 선택의 기준이었다.

그러다보니 김영삼·김대중·김종필 등 3김의 직접 영향력 하에 있지 않으면 굳이 야당생활을 할 이유가 별로 없었다. 자연히 야당에서 여당으로 옮겨가는 정치인이 많았다. 그러면서 '철새정치인'이라는 말이 정치권은 물론, 국민들에게도 회자됐다. 제15대 총선에서 139석 확보에 그친 여당 신한국당은 다음해 12월 대선을 앞두고 야당과 무소속 의원을 영입해 단숨에 과반을 넘겼다.

제15대 대선이 가까워지면서 국회의원들의 당적 이동과 정당 간 짝짓기는 더욱 활발하게 전개됐다. DJ와 JP는 대선 한 달 전인 1997년 11월 DJP연합으로 대선판을 흔들어놓았다. 신한국당에선 박근혜 당시 정수장학회 이사장 영입으로 맞불을 놓았다. 박 이사장 영입 효과로 TK지역 자민련 의원 9명 중 3명이 DJP연합에 반발하는 형식으로 신한국당으로 당적을 옮겼다.

신한국당이 DJP연합에 대항하기 위해서는 이것만으로 부족했다. 이에 1997년 11월 21일 통합민주당과 신설 합당 방식으로 165석의 거대 여당 한나라당을 출범시켰다. 그리고 이회창 대선 후보, 조순 총재 체제로 제15대 대선에 임했다. 하지만 결과는 DJP연합 김대중 국민회의 후보에게 무릎을 꿇었다. 그때까지 경험하지 못했던 야당이 된다.

1999년 어느 날.

늦은 밤 변호사 사무실 전화벨 소리가 울렸다. 늦게까지 혼자서 변론준비를 하고 있을 때다. 전화를 받아 "이주영 변호사입니다"라고 하니 상대방이 대뜸 "나 이회창이요"하는 게 아닌가.

순간 '이회창 총재를 사칭하는 가짜 전화인가'하는 생각이 들었다. 그때까지 이 총재를 직접 알지 못했을 뿐만 아니라 전화가 올 것이라고 상상도 못했기 때문이다. 한편으론 목소리가 귀에 익었다는 생각이 스쳤다. 방송에서 많이 듣던 이회창 총재의 목소리였다.

그런 생각이 스치는 것과 동시에 "아~ 예! 총재님…"이라는 말이 먼저 튀어나왔다. 그리고는 인사말도 못하고 더듬거렸다. 느닷없이 이회창 총재의 전화를 받았으니 당황한 것이다. 이 총재가 전화를 건 이유인즉 황낙주 전 국회의장의 뇌물사건 변론을 부탁하기 위해서였다.

제14대 국회 후반기 국회의장을 지낸 황 전 의장은 당시 7선 국회의원이었다. 이회창 총재는 1997년 제15대 대선에서 DJP연합 김대중 후보에게 패배했지만 여전히 야당 한나라당의 실권자였다.

황 전 의장은 그때 김대중 정권의 야당 인사들에 대한 사정에 걸려 뇌물사건에 연루돼 있었다. 나는 제15대 총선에서 떨어진 후 변호사 업무에 집중하고 있었다. 그러면서 현역 정치인은 아니었지만 지역사회에 도움이 되는 일을 찾아나서 하나씩 해내며 보람을 느끼고 있었다.

나의 당적도 이 총재·황 전 의장과 같은 한나라당 소속으로 바뀌었다. 나의 의지와 관계없이 1997년 제15대 대선 직전 신한국당과 민주통합당의 합당으로 탄생한 한나라당 당원이 된 것이다.

나중에 들은 얘기이지만 뇌물사건에 연루된 황 전 의장이 어떻게 보면 경쟁관계가 될 수도 있는 나에게 변론을 맞기고 싶었다고 한다. 하지만 직접 말하기가 뭣했는지 이 총재한테 나에게 사건을 맡도록 전화해 달라고 부탁한 것이다.

나는 기꺼이 사건을 맡았다. 이후 사건과 관련 황 전 의장과 자주 만나게 됐다. 변론을 하며 황 전 의장도 나도 서로에 대해 신뢰가 두터워지고 좋은 인상을 갖게 되었다. 그러던 중 2000년 4월 실시될 제16대 총선이 다가왔다. 황 전 의장의 출마여부가 나의 출마와 직결되는 문제였다.

황 전 의장은 지역구 출마 의지를 갖고 있었다. 역시 출마준비를 하고 있던 나는 황 전 의장과의 공천경합이 부담스러웠다. 그래서 황 전 의장을 만나 "의장님이 다시 출마하시겠다면 저는 이번에 포기하겠습니다."라고 말했다. 황 전 의장에게 많이 배우고 다음 선거를 기약해야겠다고 생각했기 때문이다.

그런데 황 의장이 안타깝게도 사모님의 병환 등으로 지역구 출마를 포기하고, 비례대표 쪽으로 방향을 틀었다는 소식이 알려졌다. 그러자 당내 공천 도전자들이 몰려들었다. 그 중 창녕 선거구가 밀양으로 통합되자 밀양의 김용갑 의원을 피해 선거구를 옮기려는 같은 당 소속 노기태 의원과 양휘부 KBS 창원총국장이 강적이었다.

노기태 의원은 한참 세월이 지난 2014년 새누리당 공천으로 부산 강서구청장에 당선되고, 2018년 지방선거 때는 당적을 더불어민주당으로 바꿔 재선돼 현재 강서구청장이다. 한나라당 공천 경쟁에 이주영·노기태·양휘부 등 3인이 일찍부터 빅3를 형성했다. 특히 양휘부 총국장의 기세가 만만치 않았다. 같은 한나라당 소속 김혁규 경남지사와 공민배 창원시장이 양 총국장을 밀었다.

이회창 총재의 책사 윤여준 여의도연구소장도 양 총국장을 밀었다. 양 총국장과 기자 시절 유학을 같이 한 윤 소장은 "이회창 총재 대선을 위해서는 변호사보다 KBS 기자 출신이 낫다"는 논리로 양 총국장을 적극 지원했다. 한 번 출마한 경험이 있지만 여전히 정치신인인 나에게 벅찬 공천경쟁이었다. 지역민들과 주변 분들에게 신뢰가 있어서 운이 좋았던 것이지 지금 생각해도 아찔하다.

4

유권자들은 알고 있다

새 천년 첫 국회의원선거인 2000년 4월 13일 실시된 제16대 총선은 여러 가지 의미를 가진 선거였다. 화제도 많았다. 299명이이던 국회의원이 273명으로 줄어들었다. 지금까지도 이전보다 국회의원 숫자가 줄어든 선거는 이때가 유일하다.

1997년 외환위기 여파로 사회 모든 부문에서 구조조정을 하는 등 전 국가적인 고통분담 국면을 국회도 피해갈 수 없었다. 비례대표(전국구)는 제15대와 같은 46명을 그대로 유지하고 지역구 의석을 26명 줄여 전체 의원수를 축소시켰다.

제16대 총선 전부터 시작된 총선시민연대의 낙천·낙선운동이 선거 과정과 결과에 크게 영향을 미쳤다. 이들의 요구는 '정치권의 변화와 개혁'이었다. 실제로 총선시민연대가 발표한 86명의 낙선 대상자 가운데 59명(68.6%)이 낙선했다.

지금까지도 역대 선기 중 가장 초박빙 선거였나. 300표 이내 표차로 당락이 결정된 선거구가 9개에 달했다. 그 중 4개 선거구는 20표

이내 차이로 당락이 갈렸다. 경기도 광주군의 경우 한나라당 박혁규 후보가 민주당 문학진 후보를 3표차(0.0006%차)로 이겨 박혁규 의원의 별명이 '박세표'로 불리는 전설적인 이야기로 남아있다.

나는 다른 측면에서 힘든 선거였다. 당 소속 김혁규 경남도지사와 공민배 창원시장, 이회창 총재의 책사이자 최측근 실세인 윤여준 여의도연구소장이 나의 공천 경쟁 상대인 양휘부 전 KBS 창원총국장을 지원했기 때문이다.

결국 공천장을 거머쥐었지만, 피를 말리는 경합이었다. 훗날 윤여준 소장이 나에게 "황낙주 의장이 뒤에서 밀어준 게 크게 작용했다"고 말해줬다. 황 전 의장이 나를 밀어주기로 결심하기 전 지구당 당직자와 주요 당원들에게도 공천 관련 의견을 물었다고 한다. 이때 '이주영에게 공천을 줘야 한다'는 의견에 모두 일치했다고 한다. 여론조사에서도 내가 1등이었다.

나는 앞서 제15대 총선 개표 결과 낙선이 확정되자 곧바로 황낙주 의장에게 축하전화를 하고, 꽃병을 축하선물로 보냈다. 그 뒤 뇌물사건으로 어려움을 겪는 황 전 의장 사건의 변론을 맡아 신뢰를 쌓은 게 황 전 의장의 결심에 영향을 미쳤지 않았나 생각된다.

이때부터 나에게 '리틀 이회창'이라는 별명이 붙었다. 이회창 총재의 고교·대학·판사 후배인데다 공천을 받으니 사람들이 그렇게 부른 것으로 보인다. 하지만 이 총재가 황낙주 전 의장 뇌물사건 변론을 나에게 직접 부탁하기 전까지는 서로 잘 알지 못하는 사이였다.

아무튼 황 전 의장 사건 변론을 맡게 된 것이 나에게는 '행운'이었다. 지역민들에게 성실하게 변론하는 실력 있는 변호사로 알려진 덕분이기도 하다. 그런데 공천을 받고도 큰 장애물이 앞을 가로막았다. 양휘부 전 총국장이 무소속 출마 움직임을 보였다. 사실 제주도 출신인 양 전 총국장은 KBS 창원총국장을 한 것 외에 창원에 아무런 연고가 없었다. 경남고등학교를 나온 게 가장 가까운 연고다.

그런데 경남고 출신이라는 게 복병이었다. 양 전 총국장의 고교 후배인 공민배 창원시장이 양 전 총국장을 민다는 소문이 돌았다. 공 시장의 선거조직이 양 총국장에게 올인했다는 소문도 파다했다.

한나라당 소속 시장이 무소속 출마할 사람을 지원한다는 게 사리에 맞지 않지만, 그런 걸 따질 계제가 아니었다. 선거는 코앞에 다가왔고, 득표력이 좀 있는 보수성향 후보가 무소속으로 출마하면 노동자층이 두터운 창원을 선거구 여건상 자칫 본선에서 민주노동당에게 질 수 있는 절박한 상황이었다.

같은 아파트에 사는 공 시장을 매일 찾아가 설득했다. 좀체 설득되지 않던 공 시장이 여론조사에서 양 전 총국장의 지지율이 한 자리 수에 머물자 변화의 기미를 보였다. 그러면서 양 전 총국장을 주저앉히기 위해서는 명분이 필요하다고 했다. 내가 다음 대선을 대비해 양 전 총국장을 이회창 총재의 언론특보로 임명하는 것을 제안하자 받아졌다. 곧바로 이회창 총재에게 전화를 걸어 건의하자 이 총재가 바로 수용했다. 양 전 총국장은 결국 후보등록을 포기했다.

이렇게 공천과정에서 힘을 많이 뺀 상태에서 본선에 들어갔다. 창원을 선거구는 민주노동당 조직이 만만찮았다. 선거 결과는 내가 44.1% 득표로 승리. 전국의 민주노동당 지원을 입은 권영길 후보가 38.7%를 기록했다. 5.4% 차이에 불과했다. 하마터면 역전당할 뻔한 선거였다.

당시 나의 공천경쟁 상대를 지원했던 김혁규 도지사는 그 후 총리를 노리고 자신을 키워준 한나라당을 떠나 상대 당인 열린우리당으로 적을 옮겼다. 하지만 결국 총리로 지명 받지 못했다. 한나라당으로부터 배신자로 낙인찍혀 국회 임명동의를 받기 어려워 보이자 노무현 대통령이 지명하지 못한 것이다.

공민배 창원시장도 열린우리당으로 당적을 옮겨 2004년 제17대 총선에서 창원시갑(현 창원시 의창구)에 출마했으나 낙선했다. 이어 2008년 제18대 총선에서 무소속으로 출마했으나 역시 떨어졌다. 이후에도 민주당 계열에서 도지사 출마를 모색해오기도 했다.

나는 그 후 탄핵 역풍이 불었던 제17대 총선에서 직전 대통령 선거에 출마하여 인기를 끌었던 권영길 후보에게 패하여 낙선하고 김태호

제16대 총선 때의 신문기사

도지사의 부름을 받아 경상남도 정무부지사로 일하게 되었다. 그리고 제17대 보궐선거에서 마산갑(현 창원시 마산합포구)에 출마해 당선되고 이곳에서 4선을 더 했다. 지금까지 당을 떠나거나 옆길을 생각해본 적이 없다. 그것은 모르는 것 같아도, 보지 않는 것 같아도 유권자들은 다 지켜보고 있다는 사실이다. 민심의 두려움, 지금도 그것은 내 정치철학이 되었다. 믿을 것은 오로지 유권자들의 마음뿐인 것을.

5

불굴의 저격수

이주영 의원은 작심한 듯 "증권가 등 시중에 파다하게 유포된 얘기를 말하겠다. 'KKK'는 민주당 권노갑 최고위원과 김옥두·김홍일 의원이고, (또 다른 사람은) 박준영 대통령 공보수석비서관이라고 하는데 맞느냐 틀리느냐?"고 물었다. (동아일보 2000년 11월 2일자 기사 중)

東亞日報

"權魯甲 金玉斗 金弘一 朴晙瑩씨 정현준 사설펀드 가입 사실맞나"

신화건설 진도 신동

'鄭펀드' 가입자 10여명 소환

"鄭펀드 가입 '實勢 KKK' 權魯甲·金玉斗·金弘一씨"

日 닛산자동차의 구조조정

東亞日報

'정현준 私設펀드' 가입자 與실세등 政界 10명 확인

현대건설 不渡 모면

2000년 국정감사에서 '정현준 게이트'를 폭로할 당시 신문 기사

이른바 '정현준 게이트'의 뇌관을 터뜨린 나의 국정감사 질의이자 '저격수 데뷔'를 알리는 당시 기사의 한 대목이다. 2000년 4월 제16대 총선에서 당선돼 여의도에 입성한 나는 처음에는 환노위에 배정됐으나 9월 국감을 하루 앞두고 정창화 원내총무의 당부로 법사위로 옮기게 됐다. 그리고 정기국회 대검찰청 국정감사에서 검찰총장을 상대로 한 질의에서 '정현준 게이트' 연루설이 도는 여권 인사들의 영문이니셜 'KKK'의 실명을 거론했다.

검찰 수사 결과 정현준 한국디지탈라인(KDL) 사장이 이경자 동방금고 부회장과 함께 수백억 원대의 금고 돈을 횡령한 사건으로 귀결됐다. 하지만 검찰 수사 과정에서 '정현준 사장이 운영한 사설펀드에 여권 실세 인사들이 가입했다'는 의혹이 제기되며 언론에 이들 실세의 영문이니셜이 나돌고 있었다.

이에 나는 대검 국감에서 박순용 검찰총장에게 KKK가 누구냐고 질의했다. 검찰총장은 모른다고 답변했고, 이어 나는 시중에서 거론되는 이름을 거론할 테니 확인해서 보고해 달라고 압박했다. 그러자 박 총장은 수사팀이 확보한 '정현준 펀드' 가입자명단을 국감장으로 가져와 확인하며 거명된 사람들의 이름은 보이지 않는다고 답변했다.

그러자 여당인 새천년민주당이 발칵 뒤집혔다. 나의 사과와 속기록 삭제를 요구했다. 의원직 사퇴까지 촉구하고 나섰다. 국회 윤리위 제소와 민사소송 제기도 언급했다. 민주당 법사위 간사인 함승희 의원을 필두로 조순형·천정배·송영길 의원이 나서 공세를 펼쳤다. DJP공동정부를 구성한 자유민주연합 김학원 의원도 가세했다.

법사위의 대검찰청 국감은 물론 대법원 국감과 법무부 국감 등 이

후 이어질 국감이 3일 연속 올스톱 됐다. 민주당은 '야당정치공작분쇄 특위'를 구성하고 나를 검찰에 고발했다. KKK 해당 의원은 각각 3억 원씩 9억 원의 민사소송을 제기했다.

이에 나는 펀드에 가·차명으로 가입했을 수도 있다며 반박했다. 오히려 당사자의 명예를 회복할 기회라며 '정현준 펀드' 실체 공개를 촉구했다. 언론도 정관계 인사가 가입했다면 실명을 사용했을 리 없고, 정씨 측이 낸 자료에 이름이 없다는 검찰의 확인은 무의미하다며 의혹을 계속 제기했다.

당시 'DJ 비자금 규모가 엄청나다' 'KKK가 비자금 조성의 핵심이다' 등의 말이 공공연하게 돌고 있었다. 현대의 대북사업 등을 지원하는 대가로 비자금 200억 원을 받은 혐의로 2003년 구속된 권노갑 전 민주당 고문이 스스로를 '정치자금의 정거장'이라고 했으니 당시 소문이 전혀 근거 없는 말이 아니라는 걸 알 수 있다. 당시는 또 제16대 대선 재도전을 기정사실화하고 있는 이회창 한나라당 총재가 야당의 강력한 구심력을 갖고 있을 때다.

제16대 대선을 2년 정도 남긴 시점이었다. 여야 치열한 대치 국면 속에 국정감사가 시작됐다. 사실상 차기 대선 전초전이었다. 나의 국감 작심 질의는 한 기업인의 사설펀드 의혹을 '게이트'로 발전시키는 도화선이 됐다. 그리고 '정현준 게이트'는 DJ정권 말기 레임덕을 가속화시킨 각종 게이트의 신호탄이 됐다. 국회의원이 되고 맞은 첫 국정감사에서 나는 이렇게 대 여권 저격수로 데뷔했다. 어쩌면 법조인 출신 야당 초선 국회의원의 운명이었다.

김대중 전 대통령은 2001년 1월 연두기자회견에서 권력형 비리에 대해 대국민사과를 했다. 나의 'KKK' 실명 공개 국감 직후 대통령의 대국민사과가 나왔으니 '정현준 게이트'는 DJ정권의 몰락을 가져온 각종 게이트의 신호탄인 셈이다.

이후 DJ의 임기 막바지는 각종 게이트로 얼룩졌다. 제16대 국회 첫 정기국회에서 터진 정현준 게이트부터 진승현 · 이용호 게이트 등 이른바 '3대 게이트'에 이어 윤태식 · 최규선 게이트까지 게이트의 연속이었다. 결정타는 '홍삼 트리오'로 불린 DJ 세 아들의 각종 비리 의혹이었다.

급기야 여당에서도 대통령 탈당 요구가 나왔다. 당시 권력형 비리가 얼마나 심했는지 보여주는 대목이다. 결국 김대중 대통령은 제16대 대선을 7개월여 앞둔 2002년 5월 새천년민주당을 탈당할 수밖에 없었다. 이후 나는 다음과 같이 'DJ 저격수' '게이트 저격수'로 불리게 되었다.

> 4선 의원 출신인 이 후보자는 2000년대 초 야당이던 한나라당에서 대표적인 'DJ 저격수'로 활동했다. 그는 '이용호 · 정현준 게이트', 대통령 아들들에 관한 '3홍 게이트' 등을 적극적으로 제기하면서 이름을 날린 바 있다. (노컷뉴스 2014년 3월 4일자 해수부장관 인사청문회 기사 중)

> 초선 시절 이주영 의원은 'DJ 저격수'로 명성을 떨쳤다. 국회에서의 질의를 바탕으로 이용호 · 정현준 게이트를 이끌어낸 것도 이주영 의원이었다. (데일리안 2018년 7월 12일자 국회부의장 당선 기사 중)

그는 과거 김대중 정부의 저격수로 불리기도 했다. 정계(政界)에 발을 들인 2000년 10월, 국정감사 기간에 불거졌던 '정현준 게이트'를 시작으로 이듬해 '이용호 게이트'까지 끝까지 파고들어 관련자들을 놀라게 했다. (월간조선 2018년 8월호 국회부의장 당선 기사 중)

6

저격수에게 날아온 협박편지

경찰청은 한나라당 정형근·이주영 의원에게 24일 송달된 협박편지와 같은 당 이원창 의원에게 걸려온 협박전화에 대해 수사에 착수하는 한편, 이들 의원 주변에 대한 경비를 대폭 강화했다고 28일 밝혔다. (동아일보 2001년 9월 28일자 기사 중)

정치

'이용호 게이트' 一波萬波

"권력형 非理의 결정판"

경찰 '野의원 협박편지' 수사

경찰청은 한나라당 정형근(鄭亨根), 이주영(李柱榮) 의원에게 24일 송달된 협박편지와 같은 당 이원창(李元昌) 의원에게 걸려온 협박전화에 대해 수사에 착수하는 한편 이들 의원 주변에 대한 경비를 대폭 강화했다고 28일 밝혔다.

경찰은 정 의원의 경우 서울과 부산 집 주변에서 발견된 담배꽁초 20여 개를 수거해 국립과학수사연구소에 감정을 의뢰했다.

19일자 서울 송파우체국 소인이 찍혀 있는 협박편지는 '광주광역시 김현욱'이라는 사람이 보내 것으로 돼 있으며 "이미 의원님들과 자제분들의 위치를 파악하고 있다. 이런 식이

大檢 간부 전원 심야소집

"愼총장 사퇴 불가피" 결론

동생 구속서 총장사퇴까지 긴박했던 5시간

초반 "총장 중심으로 단결" 주장서

"대세 거스를수 없다" 의견 우세

정치

"愼총장 사퇴는 끝이아닌 시작"

정치권 반응

2001년 국정감사에서 '이용호 게이트'를 파헤칠 당시 신문 기사

제16대 대선을 1년 앞둔 2001년 국정감사에서 이른바 '이용호 게이트'를 집중적으로 파헤친 나와 한나라당 의원들에게 온 협박편지·협박전화 관련 당시 기사다.

이용호 관련 검찰 수사에 조폭 출신 사업가가 구속되자 그의 조직원으로 보이는 사람이 보낸 다음과 같은 협박편지는 그 내용이 지금도 소름을 끼치게 한다.

> 존경하는 위원님 전상서
>
> 저는 ○○○ 회장님을 오랫동안 모셔온 사람입니다. (중략) 회장님께 몸을 의지하고 있는 많은 사람들이 많은 고통을 입었습니다. 지금도 많은 식구들이 울분을 하며 속속 서울에 입성하고 있습니다. 특별히 은혜를 많이 입은 식구들은 이미 위원님들과 자제분들의 위치를 파악하고 있습니다. 저는 강력하게 말리고 있습니다. 그런데 언제까지나 기다리라고 할 수는 없습니다. 이런 식이라면 언제 모션을 취할지는 저도 잘 모르겠습니다.

무법천지의 상황.

나의 초선 의원 2년차 국감에는 또 이용호 게이트가 기다리고 있었다. 이용호 게이트는 검찰이 전남 영광 출신 이용호 G&G그룹 회장을 계열사 전환사채 횡령과 보물선 사업 등을 미끼로 주가를 조작해 거액의 시세차익을 챙겼다는 혐의로 2001년 9월 4일 구속한 사건에서 비롯됐다.

한 기업인의 단순 횡령과 주가조작 혐의 사건이 검찰의 불기소처분 사실이 드러나면서 국감의 핫이슈가 되고, 특검으로 이어지면서 DJ정권의 몰락을 앞당기는 게이트가 됐다.

이용호 게이트는 2001년 정기국회 국정감사 서울지검 국감 1주일 전 나에게 제보가 들어오면서 시작됐다. 제보 내용은 작년 5월에 이용호가 서울지검 특수부에 잡혀갔는데, 하루 만에 나왔다며 어떻게 된 일인지 알아봐 달라는 것이었다.

나는 곧바로 서울지검에 이용호의 당시 혐의 내용과 처리 결과 등 사건 개요에 대한 자료를 요구했다. 그런데 간단한 내용의 자료를 1주일이 지나도 제출하지 않았다. 준다준다 하면서 계속 미뤘다.

국감 당일에도 오전 10시 시작 때부터 제출할 것을 재촉했으나 오후 6시까지 자료를 주지 않아 나는 폭발했다.

"이런 식이면 국감을 할 필요 없다. 김대웅 검사장부터 문책하겠다."

그러자 마지못해 자료를 가지고 왔다. '180억 원대의 회사 돈을 빼돌린 업무상횡령과 비자금 조성, 30억 원대의 탈세 등 특정경제범죄가중처벌법 위반 혐의사실은 인정되나 여러 가지 정상을 참작해 내사 종결했다'는 게 2000년 5월의 이용호 사건처리 요지였다.

내사종결 처리 당시 이용호의 변호인이 김태정 전 검찰총장이었다. 서울지검과 서울고검에 대한 국감에서 이용호에 대한 정권 실세 비호와 검찰 수뇌부의 수사 외압, 일선 검찰의 축소·은폐 의혹을 집중 제기했다. 아·태평화재단 관련 의혹까지 불거졌다.

여론이 들끓었다. 나는 검찰에 감찰조사를 촉구했다. '미스터 쓴 소리' 민주당의 소순형 의원도 감찰조사를 거들고 나왔다. 그러자 대검은 다음날인 9월 21일 검찰 사상 최초로 특별감찰본부를 설치했다.

한부환 대전고검장이 감찰본부장을 맡았다.

특별감찰본부는 이용호가 2000년 5월 9일 긴급체포 됐다가 다음날 석방된 것과 관련해 외압이나 축소수사 등이 있었는지를 조사했다. 감찰이 시작된 지 1주일 만에 사건 처리 당시 임휘윤 서울지검장(감찰 당시 부산고검장), 임양운 3차장, 이덕선 특수2부장 등 수사라인이 모두 사표를 제출했다.

그러자 각 상임위 국감은 일제히 이용호의 이권개입과 관련 여야의 불꽃 튀는 접전 모드로 전환됐다. 그러던 중 나에게 두 번째 제보가 들어왔다. 신승남 당시 검찰총장의 동생이 이용호의 회사에 6개월간 근무했다는 것이다.

나는 대검찰청 국정감사에서 터트릴 준비를 마치고 벼르고 있었다. 그런데 검찰에 정보가 새어 들어갔다. 신승남 검찰총장이 대검 국감 전날 오후 기자회견을 열어 동생의 이용호 회사 근무 사실을 미리 자백해 버렸다. 일종의 국감 김 빼기였다. 참으로 황당한 일이 아닐 수 없었다.

예나 지금이나 왜 불의한 사실을 두고 여야가 싸움을 할까? 한국정치의 병폐, 그것은 하루빨리 바뀌어야 한다. 진정 국회의원이란 국민을 위한 심부름꾼일진데 거기에 여야가 어디 있단 말인가? 서로 옳은 일을 하다가 충돌하는 여와 야, 그런 국회가 되어야 하는데, 한쪽은 비리를 파헤치는 데, 한쪽은 그 비리를 감추는 데 급급한 국감이 과연 국민을 위한 국감일 수 있을까?

어쨌든 2001년 국감은 그렇게 여야공방 속에 허망하게 종료됐다. 하지만 권력형 비리에 대한 규명은 여전히 미완이었다. 정기국회 시계는 점점 흘러가고 있었다. 그래서 나는 이재오 당시 원내총무에게 예결위에 배치해달라고 요청했다. 예결위원회에 신승남 검찰총장을 출석시켜 비리의 근원을 끝까지 물고 늘어지기 위해서였다. 이재오 원내총무가 요청을 받아들여 나는 예결위원에 보임됐다.

그렇게 권력형 비리 의혹은 예결위로 옮겨왔다. 여당은 '검찰총장이 예결위에 출석하지 않는 게 관례'라며 방어막을 쳤다. 나는 의사진행발언을 통해 검찰총장 예결위 불출석은 관례에 불과하다. 출석하지 말라는 법 규정이 어디에도 없다며 출석을 강력 촉구했다.

국무총리가 출석한 예결위 종합 질의가 이틀간 파행했다. 우여곡절 끝에 검찰총장을 법사위에 출석시키기로 합의했다. 하지만 검찰총장은 40페이지에 이르는 불출석 사유서를 제출하고 끝내 출석하지 않았다.

나는 포기하지 않았다. "현직 검찰총장을 수사해야 하는데 어느 검사가 수사할 수 있나"며 특검을 밀어붙였다. 공방 끝에 '이용호 게이트 특검법' 국회 통과를 이끌어냈다. 2001년 12월 11일부터 수사에 착수해 2002년 3월 25일 최종 발표까지 105일간 활동한 차정일 특검팀은 김대중 대통령의 차남 김홍업 씨 등 권력 실세들을 줄줄이 구속했다. 신승남 검찰총장은 특검이 동생을 구속하자 2002년 1월 13일 사퇴했다.

'이용호 게이트 특검'은 그때까지 특검 역사상 가장 성공적이라는 평가를 받았다. 나의 의정활동도 동료 의원들로부터 국정감사와 예결위 역사상 기념비적이라는 평가를 받았다. 그러나 '역사상 기념비적 평가'라는 그 말 자체도 과분한 말이다. 나는 그저 국회의원의 직무를 당연하게 이행한 것뿐이다. 앞으로도 나에게 국민을 위한 그 어떤 자리가 주어진다면 맡은 바 그 직분을 그렇게 당당하게 수행할 것이다.

7

저격수에서 추적자로

제16대 대선의 해인 2002년에 들어서자 다시 '최규선 게이트'가 정치권을 강타했다. 김대중 정권의 유력인사들과의 친분을 내세운 전남 나주 출신 최규선이 각종 이권 사업에 광범위하게 개입한 흔적이 속속 포착되면서 '게이트'로 비화된 사건이다.

게이트의 장본인인 최규선은 김대중 대통령의 삼남 홍걸 씨에게 돈을 주고 각종 이권을 따낸 혐의로 징역형의 처벌을 받았다. 당초 검찰에서는 DJ의 세 아들 중 활동이 가장 활발했던 차남 홍업 씨 주변인물을 중심으로 파고들었다. 그런데 의외로 3남 홍걸 씨가 걸려들었다.

홍걸 씨는 체육복표 사업자 선정 등 로비 대가로 최규선으로부터 돈을 받았고, 다른 기업으로부터도 불법자금을 수수한 혐의로 구속돼 유죄를 선고받았다. 최규선 게이트도 다른 게이트와 마찬가지로 DJ 3남 홍걸 씨를 비롯한 권력실세가 연루된 데다 사건을 무마하기 위해 경찰과 국정원, 청와대 등 권력기관이 개입한 의혹이 제기되면서 정치적 사건으로 비화됐다. 그 중 사건 핵심인물인 당시 경찰청 특수수사

"홍걸-최성규씨와 골프 안했다"

일행중 1명 밝혀- 한나라 진상규명 나서

"홍걸씨·최성규前총경 LA서 만나 골프쳤다"

현지 무기거래업자 2명 합께

무기거래업자 제보- 골프장 매니저가 확인

한나라 의원3명 '최성규 체포조'

印尼급파 활동 개시

최성규前총경 LA서 체포

5, 6월께 송환- 최규선게이트 의혹규명 주목

2002년 '최규선 게이트' 당시와 이후 관련 신문 기사

과장 최성규 총경이 검찰 수사 압박이 조여 오자 해외로 도피하면서 의혹이 사실일 가능성이 높아졌다.

최 총경은 최규선 검찰 출두 전 대책회의, 최규선 밀항 시도 관련 의혹 등을 받던 중 돌연 출국했고, 그 사실이 바로 다음날 언론보도로 알려졌다. 야당은 최 총경의 인도네시아 출국 사실을 언론보도를 통해 알 정도로 사건의 진행상황을 제대로 알지 못했다. 현직 총경이 해외 도피했으니 권력 개입 의혹은 더욱 커졌다.

이에 한나라당은 '최성규 총경 해외도피사건 현지조사 및 송환추진단'(일명 '최성규 추적단')을 구성하고 해외로 도주한 최 총경 추적에 들어갔다. 본의 아니게 나는 엄호성·김용균 의원 등 당내 초선 3명으로 구성된 추적단의 일원이 되었다. 내 삶과는 동떨어진 임무, 나는 이 세상에 태어나 누구도 추적하고 싶지 않았다. 그러나 나는 신성한 국

민의 위임을 받은 국회의원이었다. 더구나 각종 게이트의 저격수라는 별호까지 받고 있은 터, 비켜갈 수 없었다. 숙명이었다.

우리 추적단 3명은 최 총경 출국 4일 만인 4월 18일 자카르타로 향했다. 인도네시아 한국 대사관의 경찰 주재관은 경찰청의 지시를 받고 인도네시아 이민국 및 경찰로부터 최 총경의 입국 여부를 확인한 결과 입국신고서 사본을 확보했다고 밝혔다.

하지만 최 총경의 행방은 묘연했다. 조금 지나자 최 총경이 싱가포르행 비행기를 탄 것으로 파악됐다. 추적단은 곧바로 싱가포르로 뒤쫓아 갔으나 한 발 늦었다. 이미 뉴욕행 비행기에 탑승했고, 비행기는 도쿄쯤을 지날 때였다.

추적단은 곧바로 최 총경의 뉴욕 케네디공항 도착 예정 시간을 언론에 공개했다. 정부 당국이 최 총경을 빼돌리지 못하도록 하기 위해서였다. 도착 예정시간 전부터 뉴욕 주재 총영사관 영사가 케네디공항 입국장에 최 총경 체포를 위해 대기했다. 국내 언론사 특파원들도 취재를 위해 다수 나와 있었다.

그런데 비행기 도착 후 한참 시간이 지났는데도 최 총경이 입국장에 나타나지 않았다. 이미 빼돌린 것이었다. 한·미 당국이 협조하지 않으면 있을 수 없는 일이었다. 야당은 정부에 최 총경의 해외도피 및 미국 입국장에서 빼돌린 경위를 밝힐 것을 요구했다. 이와 함께 진상조사단을 미국에 파견키로 하는 한편, 경찰청장의 파면을 요구하고 수용되지 않을 경우 행정자치부 장관 해임안을 국회에 제출키로 하는 등 대정부 공세를 펼쳤다.

한 달쯤 후 중앙일보가 최성규 총경이 김홍걸 씨와 LA에서 골프를

쳤다는 기사를 보도했다. 이에 한나라당은 진상조사단을 LA에 파견키로 했다. 조사단은 나와 LA를 잘 아는 박원홍 의원 등 2명이었다. 문화일보 기자가 동행하고, 조선일보 워싱턴특파원이 LA 현지조사 취재에 합류했다. 중앙일보가 보도한 골프장을 찾아 매니저를 만나 파악한 결과 기사에 언급된 골프장 4명은 다른 한국인 교포로 확인됐다.

하지만 우리는 최 총경이 LA로 올 거라고 봤다. 그래서 LA PD(로스엔젤레스 시경찰국)에 방문해 최 총경 체포 협조요청을 했다. LA 경찰은 인터폴에 요청하는 것으로는 체포할 수 없고, 미국 법원의 체포영장이 있어야만 체포할 수 있다고 설명했다.

LA 현지조사와 미국 경찰 협조 요청 때 마침 미국 대학 연구원으로 와 있던 이신범 전 의원의 도움을 받았다. 이 전 의원은 서울법대 사회법학회 선배로 대학 학회 활동 중 나와 같은 조를 이뤄 부산지역 노동자 실태조사를 함께 한 인연이 있어 많은 도움이 됐다.

귀국해 법무부에 최 총경 체포 관련 보고를 받으니 아무것도 조치한 게 없었다. 이에 나는 법무부 관계자에게 "우리 법원의 체포영장을 발부받아 한미사법공조협정에 근거해 미국 정부에 체포를 요청하면 미국 정부가 자국의 법원에 체포영장 발부를 요청할 것"이라며 신속한 절차 진행을 촉구했다.

이에 법무부가 곧바로 절차를 진행해 LA 경찰은 미국 법원이 발부한 체포영장에 따라 추적·미행·잠입 등 체포작전에 들어갔다. 그리하여 최 총경은 2003년 2월 24일 LA 인근 팍 라프레아 공원에서 산책 중 LA 경찰에 체포됐다. 나중에 알고 보니 최 총경의 부인이 LA에서 피아노 교습학원을 운영하면서 은밀하게 남편을 은닉하고 있었다.

최 총경은 체포된 후에도 송환을 거부하며 버텼으나 한·미 사법공조 절차에 따라 도피 2년만인 2004년 3월 송환돼 국내 법원의 재판을 통해 처벌받았다. 이 사건은 비리를 저지르고 해외로 도피한 경찰간부를 끈질기게 추적해 끝내 송환하고, 처벌한 사례로 남아있다.

최규선 게이트까지 저격수 역할을 하면서 공교롭게 DJ 세 아들 비리가 모두 나와 연관됐다. 2000년 정현준 게이트에서 KKK 중 한 명인 DJ 장남 김홍일, 2001년 이용호 게이트에서 차남 홍업이 걸려들었다. 이어 2002년 최규선 게이트에서는 삼남 홍걸의 연루가 드러났다. 그러면서 이른바 DJ의 세 아들의 비리를 지칭하는 '홍삼 트리오'라는 신조어도 생겨났다. 이 나라 정치의 비극이다.

8

사라진 현대전자 1억 달러를 찾아서

송두환 대북송금 특별검사는 최종 수사결과를 발표하면서 "2000년 4월 8일 남북정상회담 개최를 최종 합의하면서 현대는 포괄적 경제협력사업권을 얻는 대가로 4억 달러(현금 3억5천만 달러, 현물지원 5천만 달러)를 정상회담 전까지 지급하기로 약속했고, 이와 별도로 정부는 1억 달러의 현금지원을 하기로 약속했다"고 밝혔다. 송 특검은 "박지원 당시 문화관광부 장관이 정몽헌 현대아산 이사회 회장에게 정부 지원금 1억 달러를 대신 지급할 것을 요청했고, 정 회장은 이를 받아들이는 대신 현대상선에 대한 4천억 원의 산업은행 불법대출을 약속받았다"고 밝혔다. (한겨레 2003년 6월 25일자 기사 중)

이 기사에 나오는 정부의 대북지원금 1억 달러가 현대전자 영국 공장 매각대금 1억 6200만 달러 중 유령회사에 송금됐다가 증발된 돈이다. 나는 2002년 정기국회 예결위에서 현대전자 영국 공장 매각대금을 거론하면서 1억 달러 증발과 대북지원금 전용 의혹을 집중 제기했다. 그런데 특검 수사결과 이게 사실로 드러났다.

12월 제16대 대선 직전에 열린 2002년 정기국회는 여당인 새천년 민주당과 야당인 한나라당의 벼랑 끝 대치국면이었다. 당시는 햇볕정책에 대한 의견 차와 내각제 개헌 무산 등으로 DJP 연합이 깨져 자민련도 야당에 가세한 상황이었다. 국회 권력에서 사실상 야당이 우위를 점하고 있어 대북송금 의혹을 집중적으로 파헤칠 수 있었다.

나는 그 해 정기국회가 열리자 현대전자에서 북한으로 거액이 넘어갔다는 첩보를 입수했다. 이에 현대전자 직원과 회계감사 보고서를 만든 회계법인의 회계사를 접촉했다. 그리고 현대전자와 현대건설의 연결 감사보고서 분석에 들어갔다.

그러자 현대전자 영국 현지 반도체 공장인 '현대전자 스코틀랜드(HES)' 매각대금 중 1억 달러가 중동의 실체 없는 페이퍼 컴퍼니 '현대 알카파지(HAKC)'에 송금됐으나 그 후 행방을 알 수 없었다.

현대전자 연결감사보고서에는 현대 알카파지가 현대건설의 해외 자회사라고 기록되어 있으나 현대건설 연결감사보고서에는 자회사로 명시되지 않은 유령회사였다. 또 현대전자 영국 공장 매각대금 송금 직전 설립됐다가 송금 후 없어진 사실도 드러났다. 현대전자는 송금한 돈을 알카파지에 빌려준 것이라고 주장했으나 결국 회계연도 말인 12월 대손 처리했으니 거짓임이 확인된 셈이었다.

이에 한나라당은 제16대 대선에서 노무현 후보가 당선된 가운데서도 대북송금 특검을 추진했다. 특검법은 노 대통령 취임 다음날인 2003년 2월 26일 민주당 의원들이 불참한 가운데 한나라당과 자민련, 무소속 의원들만 참석한 가운데 국회 본회의를 통과했다.

민주당이 노 대통령에게 특검법에 대한 거부권 행사를 건의할 움직임을 보였으나 결국 이를 행사하지 않았고, 송두환 대북송금특검이 출범했다. 특검은 수사결과 송금 당시의 박지원 문화관광부 장관을 구속 기소하고, 임동원 전 국가정보원장과 정몽헌 현대 회장을 불구속 기소했다. 그러면서 김대중 정권의 햇볕정책도 그 빛이 바랬다.

대북송금 특검 수사 결과 한나라당이 그 전 해 국회 국정감사와 정기국회에서 제기한 의혹이 대부분 사실로 드러나자 당시 한나라당의 정보 수집력이 화제가 되기도 했다. 또 가장 최근의 '드루킹 특검'까지 지금까지 실시된 13차례의 특검 중 내가 의정활동을 통해 집요하게 파헤친 '이용호 게이트 특검'과 '대북송금 특검'이 가장 성공한 특검으로 평가받는다.

朝鮮日報

현대전자, 英공장 매각대금 1억弗

中東유령社에 송금후 증발

"현대전자 1억달러 횡령 對北지원금 전용 의혹"

이주영의원 "2000년 英공장 매각대금 유령회사 송금"

현대전자(현 하이닉스반도체)가 2000년 5월 영국 현지 반도체공장 매각대금 중 1억달러(약 1259억7000만원)를 중동의 한 유령회사로 빼돌려 대북 뒷거래 등에 사용했다는 의혹이 제기됐다.

한나라당 이주영(李柱榮) 의원은 31일 국회 예산결산특별위원회에서 대정부 질의를 통해 "현대전자는 2000년 5월 유동성 위기에 몰리자 영국 현지 반도체공장인 '현대전자스코틀랜드(HES)'를 모토로라사에 1억6200만달러에 팔아 이중 1억달러를 중동의 실체가 없는 페이퍼 컴퍼니(가공회사)인 '현대알카파지(HAKC)'에 송금해 유용했다"고 주장했다.

이 의원은 이어 "현대알카파지는 현대건설의 해외 자회사라고 현대전자 연결감사보고서에 기록돼 있으나 실제 현대건설의 감사보고서에는 자회사로 명시되지도 않은 유령회사"라며 "이 회사는 송금 직전 설립됐다가 송금 후 실체가 바로 없어졌다"고 말했다.

그는 주장의 근거로 회계법인의 단기대여금 처리내용을 담은 2000년과 2001년 현대전자와 현대건설의 연결 감사보고서를 각각 제시했다.

그는 또 "당시 정몽헌(鄭夢憲) 현대 회장은 영국 지사장에게 '거래내용을 묻지 말고 송금하라'고 지시했으나 당시 지사장이 불법이라고 반발하자 정 회장이 직접 실무 경리직원에게 지시해 송금하도록 했다"고 밝혔다.

英회계법인 "손실로 처리"

현대 "공장건설등에 썼다"

이와 관련해 당시 현대전자의 스코틀랜드 현지법인을 감사했던 영국의 회계법인은 "현대 측은 '이 돈을 알카파지사(社)에 빌려 주었고 앞으로 회수할 수 있다'고 주장했으나 우리가 보기에는 불가능해 대손충당금을 쌓고 손실로 처리했다"고 밝힌 것으로 알려졌다. 최영해기자 yhchoi65@donga.com
신석호기자 kyle@donga.com

A2면으로 이어집니다

2002년 정기국회 예결위에서 대북송금사건을 파헤칠 당시 신문 기사

9

좀 살살해줘

第16대 대통령 선거운동이 한창인 2002년 12월 초순 나는 김영일 당 사무총장으로부터 전화 한 통을 받았다. 해야 할 일이 있으니 서울로 좀 올라와야겠다는 전화였다. 나는 그때 지역구인 창원 성산구에서 대통령 선거운동을 열심히 하고 있었다.

당에 가니 김문수·홍준표·원희룡 의원도 와 있었다. 재선 의원 2명과 초선 의원 2명 등 4명을 기자회견에 나설 저격수로 불러 모은 것이다.

第16대 대선의 해인 2002년 들어 처음엔 이회창 후보가 여론조사에서 앞서갔으나 노무현 후보가 새천년민주당 경선에서 이기면서 전세가 역전됐다. 최초로 도입된 국민경선에서 '노풍'을 일으키며 승리한 노 후보는 한 때 40%가 넘는 지지율을 기록하며 압도적 1위 행진을 이어갔다.

그러던 중 이른바 'YS시계 파동'으로 노 후보의 지지율이 흔들리기 시작했다. 노 후보가 YS를 만난 자리에서 예전에 YS가 선물한 시계를 내보이면서 "그 때 총재님께서 주셨던 시계를 아직도 차고 있습니다" 라고 말하는 장면이 방송에 나가자 역풍이 불었다.

더욱이 6월 13일 실시된 지방선거에서 새천년민주당이 참패하자 노 후보의 지지율은 꺼지기 시작했다. 민주당에서 후보교체론이 거론되기 시작했다. 2002 한일월드컵이 여름을 뜨겁게 달구는 것과 함께 노무현 후보 흔들기는 더욱 심화됐다.

월드컵 한국 대표팀의 4강 신화에 힘입은 정몽준 축구협회 회장이 대선 출마를 선언하지도 않았는데도 이회창-노무현-정몽준 3자 대결 여론조사에서 1위를 다투었다. 노 후보는 3위로 밀려나 언론의 관심권에서 벗어나는 상황에 처했다.

동시에 정몽준 회장의 무소속 대선 출마, 신당 창당을 통한 정계개편, 민주당 입당과 후보교체 등 여러 가지 시나리오가 정치권에 회자됐다. 정몽준 회장은 결국 국민통합21을 창당하고 스스로 대선후보가 됐다.

이때부터 민주당 의원들이 후단협(후보단일화협의회)을 결성하고 노 후보 사퇴와 후보단일화를 압박했다. 3자 구도에서는 당선 가능성이 희박한 노 후보와 정 후보도 결국 단일화를 받아들였고, 여론조사를 통해 노 후보로 단일화를 성사시켰다.

이후 막판 대선 흐름이 또다시 출렁거렸다. 단일화의 바람을 탄 노무현 후보가 여론조사에서 이회창 후보를 역전한 것이다. 한나라당에 비상이 걸렸다. 김대업 병풍을 차단하고, 전세를 다시 역전시켜야 했다.

그 방안으로 노무현 후보와 일가의 재산 형성 및 재산신고 누락 의혹을 당 차원에서 제기하는 것이었다. 당은 나와 김문수·홍준표·원희룡 등 4명에게 그 역할을 맡기기로 했다. 나는 항상 그래왔듯이 선당후사였기에 이번에도 기꺼이 나섰다. 기자회견은 당 기획위원장인 김문수 의원이 앞장서고 나, 홍준표·원희룡 의원이 배석하는 형태로 진행했다.

기자회견의 요지는 "노 후보가 형 건평 씨 등 다른 사람의 이름으로 땅과 건물을 매입하는 등 부동산 투기를 했다"는 것이었다. 거제 한려해상국립공원 안 땅 소유권 의혹, 찻집 허가 특혜 의혹, 생수회사 '장수천 비리'도 의혹 제기 대상이었다.

그러자 민주당이 나를 비롯해 기자회견에 나선 4명을 허위사실공표 혐의로 고발했다. 한나당도 이회창 후보 아들 병역비리 의혹을 제기한 이른바 '병풍사기' 관련자를 고발하는 등 선거 막판 상호 폭로와 고소·고발전이 이어졌다.

어쨌든 선거는 노 후보 당선으로 귀결됐고, 한나라당과 민주당은 대선 기간 중 상호 제기한 고소·고발을 취하했다. 하지만 그것으로 끝난 게 아니었다. 검찰이 선거법 위반으로 기소방침을 정하고 우리에게 진술서를 제출하라고 우편으로 통지해 왔다.

어찌된 건지 원희룡 의원은 대상에서 빠졌다. 나머지 3명을 기소한다는 소문이 돌았다. 3명이 모여서 대책을 논의했다.

검찰도 대통령의 체면을 세워주어야 하니 김문수 의원만 기소할 계획이라는 정보를 입수했다. 나는 김 의원에게 허위사실공표 혐의가 유죄로 인정되면 의원직 상실형을 받을 수 있다며 반드시 무죄를 이끌어내야 한다고 말했다. 그러면서 공소사실 입증책임은 검사에게 있지만 허위사실이 아니라는 입증책임이 사실상 우리에게 있다며 의혹을 제기한 내용에 대해 같이 조사하자고 했다.

당시 나는 당의 제1정책조정위원장이었다. 기획위원장인 김문수 의원과 함께 조사를 벌였다. 그 결과 제기된 의혹이 상당 부분 사실에 부합했다. 김 의원과 나는 그 내용을 최고위원회에 보고했다. 그리고 김 의원과 함께 기자회견을 열어 조사 내용을 브리핑했다.

그러자 언론이 노무현 대통령과 일가의 재산비리 의혹에 대해 대대적으로 보도했다. 여론이 악화되면서 노 대통령 취임 초기 정권에 부담으로 작용했다. 결국 노 대통령이 취임 3개월여 만인 5월 28일 직접 기자실에 나타나 특별기자회견으로 여론 무마에 나섰다.

노 대통령의 기자회견은 '유감 표명'에서 시작해서 송구스럽다는 말을 두 차례나 하며 사실상 사과했다. 그리고 회견 말미엔 다소 흥분된 모습과 특유의 감성적 어조로 "형님은 지금 집에도 들어가지 못하고 객지를 전전하고 있다"며 "더 밝히고 싶겠지만 이 정도에서 멈추자"고 호소했다.

노 대통령의 기자회견에 즈음해 나와 김문수 의원은 조사를 토대로 답변서를 작성하고, 조사한 내용을 첨부해 검찰에 제출했다. 그 결과 둘 다 무혐의 결정을 이끌어냈다. 김문수 의원은 지금도 종종 당시 일을 떠올리며 나에게 고맙다고 한다.

노 대통령이 특별기자회견을 통해 직접 호소하자 악화된 여론이 다소 진정됐다. 하지만 건평 씨 명의의 땅 매입 경위와 자금출처, 장수천 관련 투자금과 유입자금의 성격 등에 대한 노 대통령의 해명이 미흡해 의혹은 여전히 남아 있었다. 그해 정기국회 시정연설에 직접 나온 노 대통령은 본회의장 가운데를 지나면서 마침 통로에 자리가 위치한 나에게 귓속말로 "이 의원 좀 살살해줘"라고 했다.

노 대통령은 내가 정치를 처음 시작할 때인 1996년 제15대 총선 당시 통합민주당에서 같이 활동했다. 그 때 부산 강서구에서 낙선한 노 대통령은 창원 성산구에서 떨어진 나와 만나 선거 후일담을 나누기도 했다. 나는 당시 노 대통령의 부친상에 봉하마을로 조문을 가기도 했다. 노 대통령과 나는 이렇게 인연이 있었고, 그래서 귓속말도 하지 않았나 생각한다.

비정한 정치를 떠나 인간적으로는 미안한 생각도 든다. 그래서 그의 유지를 받들자며 온갖 탈·불법을 저지르는 무리들이 너무나 밉다. 노 대통령의 유지 운운하며 절대로 정치를 하지 않겠다고 맹세했다는 문재인 대통령의 내로남불 언행이 안타깝다. 자신의 정치적 유·불리에 따라 조삼모사로 바뀌는 그의 태도는 변호사로서도, 한 나라의 대통령으로서도 자격미달이다. 대통령은 말 그대로 모든 의견을 대통합하는 수장이어야 하거늘, 그는 이 나라를 남북도 모자라 동서로도 갈라놓고 있다.

특히 우리가 유의해서 보아야 할 대목은 지난 대선의 드루킹 사건에서도 명백히 드러났듯이 여론의 호도다. 문재인 정권의 무리들은 또다시 드루킹 사건과 같은 여론 조작을 행할 공산이 크다. 어느 때 농담처럼 자신의 수도이전 공약을 두고 노 전 대통령이 말했듯 '재미 좀' 보았기 때문이다. 실례로 낚시꾼은 큰 물고기를 잡은 자리는 절대 떠나지 않는다. 우리 모두가 두 눈을 부릅뜨고 있어야 할 이유가 거기에 있다.

제5장

4대강 예산과 쪽지예산 3위

1 행정 첫 경험 경남도 정무부지사 | 2 '안풍사건' 무죄 받아내다 | 3 강삼재 총장과의 인연 | 4 당원들 앞에서 펼치는 대선경선후보 정책토론회 도입 | 5 4대강 예산과 쪽지예산 3위 | 6 경제민주화·복지 이슈를 선점하다 | 7 '위대한 소통가' 레이건 이야기

1

행정 첫 경험 경남도 정무부지사

지금의 창원시 성산구인 '창원을' 선거구에서 재수 끝에 국회에 들어간 나는 초선답게 의정활동을 열심히 했다. 지역구 활동도 남 못지않게 잘했다고 자부한다. 선당후사 정신으로 당의 부름을 마다하지 않았다. 야당 의원으로서 대여 저격수 역할을 통해 명성도 제법 얻었다.

그런 가운데 초선 4년이 후딱 지나갔다. 이 기간 동안 대선이 있었으나 정권교체를 이루지 못했다. 민주노동당이 2002년 지방선거와 대선에서 성과를 올리면서 일약 전국 정당으로 자리매김했다.

그러면서 이회창-노무현 대결구도의 제16대 대선에서 의미 있는 득표를 한 권영길 민노당 대표는 나의 재선가도에 위협으로 다가왔다. 노동자 인구가 밀집한 '창원을'이 민노당의 원내 진입 교두보로 떠올랐기 때문이다. 이렇게 2004년 4·15 제17대 국회의원선거가 점점 다가오는 가운데 나의 지역구 사정이 만만찮게 전개되고 있었다.

현역 의원인데다 당에 대한 높은 기여도 등으로 공천은 무난하게 받았다. 하지만 험난한 본선이 나를 기다리고 있었다. 본선은 한나라당과 열린우리당, 민주노동당의 3파전이었다. 민노당 권영길 후보와는 내가 이긴 제16대에 이어 두 번째 대결이다.

2002년 제16대 대선 때의 불법 선거자금이 한나라당의 제17대 총선 발목을 일찍부터 잡고 있었다. 2003년 검찰 수사결과 이회창 한나라당·노무현 새천년민주당 후보 양측 모두 불법 대선자금을 받은 것으로 드러났다. 하지만 한나라당이 받은 돈이 월등히 많은데다 차량째 받아 '차떼기당'이라는 오명을 뒤집어썼다.

여당인 새천년민주당이 2003년 말 열린우리당과 민주당으로 분열됐으나 민주당은 호남에 기반을 둔 당으로 전락하면서 영남에선 열린우리당이 약진하고 있었다. 총선 한 달 전쯤에 터진 노무현 대통령 탄핵소추 역풍은 총선 지도를 송두리째 뒤바꿔놓았다.

아니나 다를까 제17대 총선 '창원을' 선거구 선거결과는 민주노동당 권영길 후보 당선이었다. 권 후보는 이후 이 지역구에서 재선 국회의원을 거치면서 대통령 선거와 경남도지사 선거에 출마하기도 했다.

권영길 후보와 대결에서 1승1패를 기록한 나는 한나라당의 이른바 '잃어버린 10년'과 함께 야당 의원직도 떠나 야인으로 돌아갔다. 그리고는 다음 선거에 대비하면서 지역구 활동과 변호사 업무에 열중했다.

그러던 중 제17대 총선 낙선 1년 쯤 뒤 당시 보수의 샛별로 떠올랐던 김태호 경남도지사로부터 정무부지사를 맡아달라는 제의가 들어왔다. 당시 도의회와 소통에 어려움을 겪고 있던 정무부지사가 사퇴하자 김 지사가 정무감각이 있으면서 원만한 대화와 관계를 이뤄낼 수 있는 사람으로 나를 지목한 것이다. 당시 김 지사는 40대 초반으로 나보다는 10살이나 아래였기 때문에 선뜻 수락하기 어려웠지만 실제 만나보고 인품에 감명받아 요청에 응하게 되었다. 그래서 2005년 3월부터 '마산갑' 지역구 재선거 출마를 위해 2006년 6월 사임할 때까지 경상남도 정무부지사를 맡았다.

정무부지사로 재임하는 1년 3개월여 기간은 나에게 귀중한 시간이었다. 행정과 도정 시스템·메커니즘을 직접 경험했다. 도의회 의원들과 소통하면서 지방자치와 풀뿌리민주주의를 몸소 체험했다. 내 고장이어서일까 중앙정치와는 전혀 달랐다. 사람들과의 소통이 훨씬 빠르고 훨씬 수월했다.

도청, 시·군청 공무원들과 지역 현안을 고민하고 협의하면서 풀어간 것은 가슴 벅찬 보람으로 남아있다. 특히 김 지사의 역점사업인 남해안 시대를 열어가기 위한 특별법 제정을 위해 쏟았던 열정은 아직도 내 가슴을 뜨겁게 달군다. 여러 도민과의 만남도 소중한 자산이다. 이런 경험과 인적 네트워크는 이후 다시 국회의원에 당선돼 의정활동과 당직 수행에 많은 도움이 되었고, 내가 할 수 있는 최선을 다해 경남 발전에 이바지했다.

2006년 4월에는 경남도가 추진한 남북교류협력사업을 위해 평양을 방문해 지방자치단체 차원의 교류협력에 물꼬를 트기도 했다. 나는 당시 경남도 방북단 단장으로서 방북단을 이끌고 평양 외곽 강남군 장교리에 경남도가 건립한 벼 육묘공장과 채소온실 준공식에 참석하고 남북청소년교류사업 등을 제의하기도 했다. 하지만 그 후 남북관계가 경색되면서 지자체 차원의 교류협력사업도 중단돼 가장 진한 아쉬움으로 남아있다.

내가 정무부지사에 내정되자 언론은 개장을 앞둔 신항만 명칭과 행정구역 획정 등의 법률적 문제 해결의 적임자로 평가했다. 당시 경남은 '부산신항'을 주장하는 부산에 맞서 '진해신항'을 고수하며 강력투쟁을 벌이고 있었다.

신항 명칭을 두고 경남과 부산이 다툼을 벌인 것을 두고 흔히 '신항 1차전'이라고 한다. 나는 1차전에서 정무부지사로서 도민 여론 결집에 앞장서는 한편, 부산과 중앙정부 설득에도 적극 나섰다. '진해신항'을 쟁취하지는 못했지만, 부산의 일방통행은 저지할 수 있었다.

명칭 다툼이 1차전이라면 관할권을 두고 벌인 싸움을 '신항 2차전'이라고 한다. 나는 2차전을 헌법재판소에 권한쟁의심판으로 가는 게 좋다는 의견을 제시했다. 법률가로서 내린 판단이었다. 경남도는 권한쟁의심판을 청구했고, 나는 정무부지사를 그만둔 후에도 관심을 갖고 변호사 선임 등을 도왔다. 그 결과 경남에 유리한 결정을 이끌어냈다는 평가를 받았다.

부산항 신항 개장 후에도 항만 물동량이 지속적으로 늘어나고 있다. 앞으로도 계속 증가할 것으로 예상된다. 이에 해양수산부는 2019년 8월 「제2차 신항만건설계획 고시」를 통해 부산항 제2신항을 건설하기로 했다. 이어 2020년 11월 「제4차 항만기본계획」에서 제2신항 공식 명칭을 '진해신항'으로 확정했다.

하지만 기존 신항의 경제적 혜택에서 사실상 배제되다시피 한 경남은 명칭에 만족할 수 없다, 새로 건설될 '진해신항'이 위치하는 진해지역 주민과 경남도민들은 제2신항의 경제적 파급효과가 경남에 온전히 미치기를 바란다. 경남항만공사를 부산항만공사와 별도 설립하는 것이 그 핵심 방안이다.

2

'안풍사건' 무죄 받아내다

북풍 총풍

병풍 안풍

우리 정치에 유난히 바람이 많다. 바람의 진원지는 어떤 때는 여당, 어떤 때는 야당이다. 어떤 바람은 정권의 향배를 결정할 만큼 위력을 발휘했지만, 어떤 바람은 역풍이 불어 바람을 일으킨 쪽이 오히려 피해를 입기도 했다.

나는 2002년 제16대 대선 때 새천년민주당이 '사기 바람'으로 일으킨 병풍에 맞서 노무현 후보와 그 일가의 재산비리 의혹을 제기했지만 바람을 막는데 역부족이었다. 이에 반해 '안풍사건'에서는 사건 핵심 인물인 강삼재 의원의 변론을 맡아 무죄를 이끌어내면서 바람을 잠재우는 역할을 했다.

안풍은 제15대 총선 때 신한국당이 안기부 예산을 빼돌려 총선자금으로 사용했냐는 의혹에서 시작됐다. 김대중 정권 때인 2000년 10월이 의혹이 제기되면서 검찰수사와 재판으로 이어졌다, 새천년민주당

安企部자금 400억이상 96년 총선前 政界 유입

검찰 고속철 로비자금 추적하다 포착

신한국당 후보 100여명에 제공

權寧海 前부장등 소환 조사키로

안기부 총선자금 흐름도

종합

安風자금은 YS돈 가능성

與, 정치 공작 시비 휘말릴듯

16대 총선-2002년 大選서 野공격 무기 삼아

한나라 국고횡령 오명 씻어- YS 반격 촉각

安風 강삼재-김기섭씨 무죄확정

大法 'YS 정치자금 추정' 항소심 판결 인정

한나라당의 전신인 민자당과 신한국당이 1995년 6·27 지방선거와 1996년 15대 총선에서 1000억 원이 넘는 국가안전기획부(현 국가정보원) 예산을 빼돌려 선거자금으로 썼다는 이른바 '안풍(安風)' 사건과 관련해 대법원이 문제의 돈은 안기부 예산이 아니라 김영삼(金泳三) 전 대통령의 정치자금으로 추정된다는 판결을 확정했다. ▶4면에 관련기사

대법원 2부(주심 배기원·裵淇源 대법관)는 28일 이 사건과 관련해 특정범죄가중처벌법상 국고손실 혐의로 기소된 강삼재(姜三載) 전 의원과 김기섭(金己燮) 전 안기부 운영차장에 대해 무죄를 선고한 항소심 판결을 확정했다.

대법원은 "문제의 자금은 김영삼 전 대통령과 관련된 정치자금일 가능성이 높은 데다, 안기부 예산이라거나 제3자의 돈이라는 점이 입증되지 않았다"고 밝혔다.

이는 대법원이 사실상 'YS의 비자금 조성'을 인정한 것이어서 파문

'안풍사건'과 강삼재 전 총장 무죄판결 관련 신문 기사

은 김영삼 정권의 안기부 자금 유용 가능성을 집중 제기했다. 그러면서 정치 공세를 펼쳐 신한국당의 후신인 한나라당의 도덕성에 큰 타격을 입혔다. 정치적 공방이 벌어지면서 언론에서 '안풍'이라고 이름 붙였다.

하지만 오랜 법정 공방 끝에 안기부 예산이 아닌 것으로 확인됐다. 김영삼 대통령이 1992년 대선 때 모금한 자금 중 쓰고 남은 돈 등을 안기부 계좌에 예치했다가 1996년 제15대 총선 자금으로 사용한 것으로 밝혀졌다. 안기부 계좌를 정거장으로 이용한 것이었다. '안풍사건'은 강삼재 의원에게 어쩌면 숙명이었다. 1996년 총선 당시 신한국당 총재이기도 한 김영삼 대통령의 핵심 측근이자 여권실세 사무총장이었기 때문이다.

안기부 자금의 구여권(김영삼 정권과 신한국당) 유입 의혹이 2000년 10월 제기되자 검찰이 수사에 나섰다. 그리고 김기섭 전 차장이 1000억 원이 넘는 안기부 예산을 1995년 지방선거와 1996년 총선 자금으로 구여권에 제공했다는 수사결과를 2001년 1월 발표했다. 이 가운데 400억 원 넘는 돈이 강 전 사무총장이 관리하던 차명계좌로 들어가 당시 여당인 신한국당 후보는 물론 일부 야당과 무소속 후보에게 지원됐다는 사실도 밝혔다.

뒤에 2심 재판과정에서 밝혀졌지만, 이 돈은 안기부 계좌에 예치해 두었던 1992년 대선 잔금으로 YS 정치자금이었다. 하지만 김 전 차장은 검찰 수사에서 안기부 예산이라고 진술했다. 강 전 총장은 표적수사라며 검찰의 소환에 불응하면서도 돈의 성격에 대해 함구하고 있었다.

결국 검찰은 김 전 차장을 국고손실 혐의로 구속 기소하고, 소환에 불응하는 강 전 총장을 소환조사 없이 불구속 기소했다. 이에 이회창 한나라당 총재는 여야의 모든 정치자금을 밝히자고 제안하는 등 김대중 정권의 야당을 겨냥한 표적수사에 반발했다.

1심 재판부는 2003년 9월 23일 강 전 총장에 대해 징역 4년과 추징금 731억 원의 중형을 선고했다. 돈의 성격을 안기부 예산이라고 보고 검찰이 기소한 국고손실혐의를 인정한 것이다. 강 전 총장은 1심 중형에 충격 받았는지 선고 다음날 의원직 사퇴와 정계 은퇴를 선언했다.

강 전 총장으로부터 돈의 성격에 대해 들어서 알고 있는 변호인단은 신실을 밝혀야 한다는 입장이었다. 하지만 강 전 총장은 YS와 의리를 지키기 위해 법정 진술을 거부했다. 증거와 정황이 절대적으로 불리한 데다 피고인이 적극적으로 방어하지 않으니 2심 재판 대응도 쉽지 않았다.

나는 국가정보원 직원을 증인으로 법정에 세우기 위해 국가정보원 직원법 개정 아이디어를 냈다. 국정원 직원이 증인으로 나오기 위해서는 본인이 국정원장에게 신청해 허가를 받아야 하나 사실상 신청하기 어려웠다. 그래서 피고인이나 사건 당사자가 신청할 수 있도록 법을 개정할 필요가 있었다. 내가 개정법률안을 발의하고, 국회 정보위원회 한나라당 간사 홍준표 의원이 법 개정을 주도해 통과시켰다.

강 전 총장도 2004년 1월 진실을 밝히느냐, 감옥 가기를 자처하느냐에 대해 머지않은 시일 내에 결론을 내리겠다고 말해 심경의 변화를 보였다. 이어 2월에는 자금이 YS로부터 나왔다고 진술했다. 이제 강 전 총장이 받은 돈이 안기부 예산이 아니라는 것을 증명해내는 게 핵심이었다. 안기부 예산은 수시 배정이 아니라 일괄 배정이라서 1년 한 번 한꺼번에 내려간다는 점에 착안했다. 예산 외에 다른 돈이 들어온 게 있는지 확인하는 게 필요해 보였다.

변호인들은 1심에서 안기부 자금이 분산돼 있는 7개 위장 회사 명의의 계좌를 추적하자고 주장했다. 하지만 재판부는 국정원의 반대로 이를 거부했다. 이에 따라 1심 유죄판결을 막아내지 못했다.

2심에서는 이 부분에 집중했다. 안기부 가용 예산의 3분의 1 정도에 해당하는 1000억 원대의 돈을 빼내고도 안기부가 제대로 운영될 수 없다는 점을 집중 부각했다. 사건 당시 안기부 1년 예산이 5500억 원 정도였고, 고정비 등을 뺀 가용 예산은 3000억 원 정도였다.

2심 재판부도 처음엔 계좌추적을 거부했다. 이에 나는 “검찰에는 안기부 계좌 압수수색영장을 발부해 다 들여다보게 해놓고는 변호인이 신청한 계좌추적을 국가안보를 이유로 거부하는 건 불공정하고, 소송법상 무기대등의 원칙에 위배된다"는 점을 강력 제기했다. 재판부가 이를 받아들여 계좌를 들여다보니 안기부 예산 외 2000억 원 정도의 다른 돈이 들어온 것을 확인했다.

변호인단은 이 돈이 YS 대선 잔금 등으로 조성된 정치자금이라고 주장했다. 재판부는 확인을 위해 YS를 증인으로 직권 채택했으나 끝내 출석하지 않았다. 결국 2심은 강 전 총장이 받은 자금은 안기부 예산이 아니라는 판단을 내리고, 2004년 7월 무죄를 선고했다. 대법원에서 2005년 10월 무죄를 최종 확정하면서 강 전 총장은 기소된 지 4년 10개월여 만에 혐의에서 완전 벗어났다. 끝까지 스스로 유죄를 인정한 김기섭 전 차장도 무죄판결을 받은 건 아이러니다.

3

강삼재 총장과의 인연

흔히 '정치는 살아 숨 쉬는 생물'이라고 한다. 자기의 생각이나 계획만으로 흘러가지 않는다. 정치적 진로를 두고 결단을 해야 할 상황이 내 앞에 놓였다. 생각지도 못했던 재·보궐선거 출마 기회가 온 것이다. 2006년 7월 28일 실시된 지금의 창원시 마산합포구인 '마산갑' 국회의원 재선거다. 제17대 총선에서 재선된 김정부 의원이 부인의 선거법 위반으로 2006년 5월 의원직을 상실하면서다.

마산합포는 내가 태어나고 어릴 때 자란 곳이다. 선거에 출마하는 사람으로서는 가장 직접적인 연고지다. 마산갑 재선거에 출마하더라도 별로 이상할 게 없었다. 주변에서도 출마를 권유했다.

하지만 결정이 쉽지 않았다. 공천을 신청했다가 탈락하거나 공천받더라도 본선에서 떨어지면 옛 지역구로 다시 돌아갈 수 없다. 공천을 신청한다는 것은 정치적 승부수를 던지는 것과 같다. 자칫 정치생명이 끝날 수도 있기 때문이다. 현역 의원이 없다 보니 공천 도전자가 많았다. 지금의 마산회원구인 '마산을' 지역구에서 5선을 지낸 강삼재 전 의원과 역시 마산을에 수차례 출마해 상당한 득표력을 보여준 고 김영길 전 MBC 기자를 비롯해 10여명이 공천에 도전했다.

그 가운데 이른바 '안풍사건'에서 1년 전 무죄를 받은 강 전 의원과 관계는 나의 결정을 주저하게 했다. 강 전 의원은 안풍사건 1심에서 유죄 판결을 받자 의원직 사퇴와 함께 정계은퇴를 선언한 바 있다. 나는 변호인으로서 무죄를 이끌어내는 데 기여했다. 그런 강 전 의원이 명예회복을 내걸고 마산갑 재선거에 나섰다.

강 전 총장이 2001년 기소되면서 꾸려진 변호인단은 처음엔 당의 전폭적인 지원을 받았다. 하지만 시간이 지나면서 당의 지원도 소홀해지고, 변호인도 한두 명씩 떨어져 나갔다. 대법원 판결 때까지 남은 변호인은 나와 이정락·서정우·장기욱·정인봉 변호사 등 5명이었다.

대법원 무죄 판결 후 강 전 총장이 변호인단을 초청해 저녁 식사자리를 가진 적이 있다. 이 자리에서 강 전 총장이 변호인들에게 진심을 담아 고마움을 표시했다.

고민이 깊을 수밖에 없었다. 당의 주요 인사들이 출마를 권유했다. 고민 끝에 승부수를 던졌다. 그리고 공천과 당선에 성공했다. 제17대 국회에 뒤늦게 합류해 재선 의원으로 활약할 기회가 주어진 것이다. 공천 당시 공천심사위원이었던 분에게서 후일담을 들을 기회가 있었다. 위원 11명이 투표로 결정했는데, 내가 9표를 얻었다고 한다. 당과 공심위원들이 나의 초선 의원 때 활동을 높이 샀다는 것이다. 진인사대천명! 그러나 강삼재 총장과의 인연으로 하여 남몰래 가슴앓이를 해야 했다. 공적으로는 당선되었지만, 개인적으로는 아픈 선거였다.

4

당원들 앞에서 펼치는 대선경선후보 정책토론회 도입

제17대 국회 임기 2년이 지난 2006년 7월 재·보궐선거에 당선돼 재선 의원으로 여의도에 다시 입성하자 전재희 정책위의장이 수석정책조정위원장을 나에게 제안했다. 그때부터 2007년 4월 당직 개편이 있을 때까지 수석정조위원장을 맡았다.

사무총장과 정책위의장이 2007년 4월 재·보궐선거 패배 책임을 지고 사의를 표명하자 나에게 생각지도 않던 두 자리에 대한 제의가 순차로 들어왔다. 당시 한나라당은 강재섭 대표, 김형오 원내대표, 황우여 사무총장, 전재희 정책위의장 체제였다.

나는 김형오 원내대표로부터 후임 정책위의장을 제의받고 수락했다. 그런데 곧이어 강재섭 당 대표가 사무총장을 맡아줄 것을 요청했다. 나는 강 대표에게 정책위의장 수락 사실을 전하며 양해를 구했다. 그러면서 황우여 사무총장이 유임됐다.

정책위의장을 맡은 2007년은 제17대 대선을 치르는 아주 중대한 시기였다. 12월 본선 승리를 위해서는 무엇보다 당내 경선을 잘 치러야 했다. 친이-친박의 치열한 접전 국면에서 공정한 경선관리가 중요했다. 정책위의장으로서는 정책선거를 이끌어야 했다.

정책위의장이 되자 이명박-박근혜 후보 양쪽 캠프에서 서로 끌어들이려 경쟁을 벌였다. 박 후보는 나에게 직접 전화를 걸어 도와달라고 했다. 이명박 캠프 쪽에서는 정종복 의원이 이 후보와 함께 만나는 식사 자리를 만들어 도와 달라고 요청했다. 심지어 이재오·이방호 의원 쪽에서는 좀 더 적극적으로 접근했다.

나는 공정한 경선관리를 해야 했다. 당 지도부의 일원으로서 한 쪽에 설 수 없었다. 그래서 양쪽의 요청을 모두 완곡하게 거절했다. 이때부터 '색깔이 없다. 스탠스가 분명하지 않다'는 등 나를 깎아내리는 말들이 돌기 시작했다. 그러나 나는 나였다. 경쟁은 공정해야 했다. 나는 끝까지 중립을 지켰다. 이와 함께 당 사상 최초로 대선후보 경선 정책토론회를 도입해 정책경선으로 최대한 이끌었다. 이는 감정싸움 등에 따른 후보 간 충돌을 완화하는 데도 기여했다.

미국과 같이 많은 당원이 모인 자리에서 후보들이 상호토론을 통해 자질과 정책을 검증받았다. 이명박·박근혜·원희룡·홍준표·고진화 등 후보들은 정책과 함께 자신의 면면을 알리는 기회였다. 광주·부산·대전·서울 순서로 토론회가 차례로 열리면서 큰 관심을 불러일으켰다.

이명박 후보의 '한반도 대운하'와 '대한민국 747(연 7% 경제성장, 10년 내 1인당 국민소득 4만 달러, 세계 7대 강국 달성)', 박근혜 후보의 '줄푸세(세금 줄이고, 규제 풀고, 법질서 세우기)' 등 대표 공약들이 정책토론회를 통해 국민들에게 자연스럽게 각인됐다. 토론회가 남북문제에서 경직성을 가진 것으로 인식되던 당의 이미지를 개방적·협력적으로 바꾸는 데도 기여했다. 흥행에 대성공하면서 정권교체 분위기를 굳히는 데 결정적으로 작용했다는 평가를 받았다.

5

4대강 예산과 쪽지예산 3위

제17대 대선후보 선출을 위한 치열했던 당내 경선이 2007년 8월 말 끝났다. 나는 당이 만든 공약집을 이명박 후보에게 전달하는 것으로 정책위의장 임무를 마무리했다. 그리고 5월부터 4개월 남짓 경선 기간 동안 맡았던 정책위의장 바통을 이한구 의원에게 넘겼다.

당에서 만든 공약집을 본 이명박 후보가 나에게 "강만수와 함께 공약을 만들어 달라"고 요청했다. 그러면서 당 중앙선대위는 정책사령탑으로 일류국가비전위원회(위원장 김형오)－정책상황실(실장 이주영)－정책조정실(실장 강만수) 체제를 갖추게 되었다.

일류국가비전위원회는 대선 기간인 12월 3일 '일류국가 희망공동체 대한민국'이라는 제목의 공약집(책자)을 발간했다. 대선공약집으로 최초였고, 서점을 통해 판매되기도 했다. 이 공약집은 MB 당선 후 일본에서 번역되어 출판되기도 했다. 일본어본 출판과 관련 일본 교수의 초청을 받아 간 적이 있다. 이 때 그 교수로부터 매니페스토 시작은 일본인데, 실행은 한국이 더 나은 것 같다는 호평을 들었다.

청와대를 방문해 이명박 대통령과 담소를 나누는 필자

이명박 후보의 경제대통령 이미지에 당이 경제문제를 이슈화하면서 대선을 정책선거로 이끌었다. 그런데 이명박 후보의 대표 공약인 '한반도 대운하'가 대선 쟁점으로 크게 부각되면서 당내에서도 수정 논쟁이 벌어졌다.

격렬한 논쟁이 벌어지자 당은 전문가를 의원총회에 초청해 의견을 듣고 거수를 통한 다수결로 결정하기로 했다. 나는 '4대강 살리기'로 수정안을 제시했다. 하지만 의원총회는 표결을 통해 '한반도 대운하' 공약을 변경하지 않기로 결정했다.

4대강 살리기 사업으로는 좋은 정책이지만, 한반도 대운하는 분명 무리가 있었다. 결국 이명박 대통령 취임 후 내가 앞서 제시했던 '4대강 살리기'로 변경했다. 이와 함께 4대강 사업을 시차를 두고 점진적으로 시행해 나가자는 속도조절론이 나왔다. 하지만 이명박 정부는 동시 시행으로 밀어붙였다.

야당은 이명박 정부 내내 4대강 사업을 비판하고 반대했다. 그러다 보니 해마다 예산안 심의와 처리에서 4대강 사업 예산안이 야당의 반대에 부딪혔다. 2010년 국회 예결위원장을 맡은 나는 예산안(2011년 예산)을 강행처리하는 악역을 피할 수 없었다.

국회 예결위원장에게는 예우 차원에서 기재부가 지역구 예산을 챙겨주는 게 관례다. 그래서 예결위원장을 맡으려고 기를 쓴다. 그런데 당시 언론은 4대강 예산 강행처리의 반대급부로 지역구 예산을 챙겼다는 프레임을 씌워 나에게 뭇매를 가했다. 지역구 쪽지 예산 1위에 이상득 의원(포항), 2위 박희태 의장(양산), 3위 이주영 예결위원장(마산)으로 순위를 매겨 보도했다.

당시 '영일대군' '만사형통'으로 비판받고 있던 이명박 대통령 형 이상득 의원과 이름을 나란히 올리면서 '유명세'를 톡톡히 치렀다. 언론에선 '쪽지예산'으로 비판했지만, 지역구에서는 환호하는 상반된 분위기를 경험하기도 했다. 정치만이 가지는 아이러니다.

6

경제민주화·복지 이슈를 선점하다

이른바 '잃어버린 10년'을 되찾은 한나라당은 이명박 정부의 임기 중반을 넘어서면서 보수정책에 발목이 잡혔다. 정권탈환에는 도움이 된 감세와 복지 후순위를 기조로 한 정책이 야당의 포퓰리즘에 포위되면서 선거에서 엄청 불리하게 작용했다.

먼저 무상급식이 주요 이슈로 등장한 2010년 지방선거에서 선별복지를 강조하다 참패했다. 이어 2011년 4·27 재·보궐선거에서도 패배했다. 그러자 당 쇄신 요구가 분출했다. 이런 가운데 5월 6일 치러진 원내대표 선거에서 나는 황우여 원내대표 후보와 러닝메이트로 정책위의장에 당선됐다. 비주류가 '4·27 재보선 주류책임론'과 '당 쇄신론'을 업고 주류 측 후보를 큰 표 차로 이기는 이변을 연출했다.

그러면서 나는 다음해 4월 제19대 총선과 12월 제18대 대선이라는 초대형 정치적 이벤트를 치러야 하는 중차대한 시기에 당 정책사령탑을 맡게 되었다. 그런데 총선과 대선에 대비해 정책을 가다듬어가던 중 돌발변수가 발생했다. 오세훈 서울시장이 시의회의 전면 무상급식

조례를 반대하며 시장직을 걸었다가 주민투표가 무산되자 사퇴한 것이다.

당시 홍준표 대표를 비롯해 당 지도부가 시장직을 걸지 말아달라는 요청에 오 시장은 그러겠다고 해놓고서는 막판 투표율을 높이기 위해 승부수를 던져버렸다. 투표율 미달로 주민투표가 무산된 후에도 당 지도부는 사퇴를 만류하는 한편, 사퇴하더라도 그 시점을 10월 보궐선거 이후로 넘기도록 요청했다.

하지만 결국 오 시장은 사퇴했다. 그리고 치러진 10월 보궐선거에 한나라당은 나경원 후보가 나섰으나 야권 연대세력에 무릎을 꿇었다. 서울시장 패배 여파로 홍 대표 지도부가 당권을 잡은 지 5개월여 만에 퇴진했다. 곧바로 박근혜 비상대책위원장 체제로 총선 준비에 들어갔다. 원내대표와 정책위의장은 유임됐다.

정책의 획기적인 변화를 통해 부자정당 이미지 탈피에 나섰다. 감세정책 중단, 반값 등록금 등 청년정책, 무상보육확대, 공공부문 비정규직 해소, 사회안전망 확충 등을 통해 복지이슈를 선점했다. 새누리당으로 당명을 바꾸고 김종인 비대위원이 경제민주화를 주도하는 가운데 정책위는 정책으로 뒷받침했다.

감세정책 중단은 복지재원과 야당의 부자감세 공세를 봉쇄하는 일석이조의 효과도 봤다. 언론들도 당의 정책 변화에 대해 좋은 평가를 했다. 이 과정에 나는 보수단체로부터 욕을 엄청 먹었다. 당사 앞에 "이주영은 민노당에 가서 정책위의장 하라"는 구호와 함께 1인 시위를 벌이는 보수단체도 있었다. 나는 시위자를 직접 만나 설득하면서 경제민주화와 복지 이슈 정책 기조를 포기하지 않았다.

그리고 4월 11일 실시된 제19대 총선에서 새누리당은 152석을 확보했다. 국회의석 과반을 넘긴데다 신거 진 120~130석 전망에 비하면 대승이었다. 박근혜 비대위원장 체제의 공천혁신과 복지·경제민주화 이슈를 선점한 게 승리로 이끈 쌍두마차였다.

7

'위대한 소통가' 레이건 이야기

(Great Communicator)

2012년 4·11총선에서 새누리당이 예상을 뒤엎고 승리하면서 정책위의장 직을 수행했던 나도 좋은 평가를 받았다. 선거 다음날 박근혜 비대위원장을 방문하자 정책을 잘해서 총선에서 대승했다며 대선도 책임을 맡아달라고 말했다.

박 위원장은 8월 전당대회에서 대선 후보로 확정된 후 대선기획단장을 맡아달라고 요청했다. 처음엔 사양했으나 박 후보의 거듭된 요청에 수락했다.

본격 대선 국면에 들어가기 전 박정희 대통령 시절의 어두운 역사가 뜨거운 감자로 떠올랐다. 사과하고 가자는 당내 건의에 박 후보는 처음엔 자신에게 맡겨달라고 했다. 나는 초박빙 승부에서 이 때문에 질 수도 있다며 이슈를 사전에 킬(kill)시키고 가자고 설득했다.

그렇게 해서 5·16과 유신, 인혁당 사건 등은 헌법가치가 훼손된 사건으로써 그로 인해 피해를 입은 분들께 진심으로 사과하고, 그분들의 명예회복과 보상에 소홀함이 없도록 하겠다는 박 후보의 기자회견이 나오게 되었다.

그리고 박 후보는 부마민주항쟁 법안 발의에도 참여했다. 10월 16일 마산 올림픽기념관에서 개최된 경남선대위 발대식에서 나의 건의를 받아들여 부마민주항쟁 관련 사과를 표명하기도 했다.

18대 대선은 박빙의 승부가 예상됐다.

승리를 위해서는 선대위 조기 발족과 '보수원팀'이 중요했다. 이는 대선기획단장의 가장 큰 임무였다. 처음에 진통을 겪은 김무성 총괄본부장 안이 수용되면서 탄력을 받았다. 친이계의 이재오·정몽준 의원도 선대위에 참여했다.

이회창 전 총재와 이인제 선진통일당 대표의 대선 출마도 막아야 했다. 이 대표와는 선진통일당과 합당 방식으로 통합을 이뤄냈다. 이 전 총재는 주변에서 출마를 권유하는 사람이 많아 좀 더 신중한 접근이 필요했다. 나는 이 전 총재의 측근 이흥주 특보와 물밑 협상을 벌여 박 후보와 이 전 총재의 만남을 성사시켰다. 이를 토대로 이 전 총재가 선거운동 개시 직전 박근혜 후보 지지를 선언하고 한나라당에 입당하는 것으로 보수대단결을 마무리했다.

승부에서 보수대단결만으론 부족했다. 중도로 영역을 확장하는 것이 필수과제였다. 정책은 김종인 국민행복추진위원장을 중심으로 사회안전망 확충과 경제민주화 등 4·11총선 기조를 이어가 정책 측면에서는 중도 선점에 성공했다. 민주당이 경선과 후보단일화를 통해 흥행을 일으킨 반면, 새누리당은 상대적으로 밋밋했다. 이를 보완하기 위해 민주당의 동교동계 출신 한화갑·한광옥·김경재 전 의원의 박 후

새누리당 정책위의장 겸 비대위원 당시 박근혜 비대위원장과 협의하는 필자

보 지지를 이끌어내고 선대위에 포진시켰다.

선대위 발족과 출범식을 마무리하면서 제18대 대선 선거운동이 본격 닻을 올렸다. 나의 대선기획단장 임무도 끝났다. 선대위 출범 후 나는 아무런 직책이 없었다. 그러자 박근혜 후보가 내게 바로 후보 특보단장을 맡겼다.

후보 직할특보에 남재준 국방안보특보(전 육군참모총장), 김영목 통일외교특보(전 뉴욕총영사), 최순홍 과학기술특보(UN 정보통신기술국장), 박선영 북한특보(전 국회의원), 민현주 여성특보(국회의원), 김규환 일자리특보(대우중공업 명장), 장홍순 벤처특보(전 벤처기업협회 회장), 최외출 기획조정특보(영남대 교수) 등이 포진했다.

개인기로 무장한 쟁쟁한 특보들이 전국을 누비며 맹활약을 펼쳤다.

특히 방송연설원으로 또 유세 현장에서는 후보 유세에 앞서 사전 연설원으로 이름을 떨쳤다. 그 중 김규환 일자리특보의 방송연설이 국민들의 심금을 울린 게 기억에 오래 남아있다. 박선영 북한특보는 언론인 출신답게 사전 연설원으로 타의 추종을 불허했다.

이렇게 박 후보의 어두운 과거사에 대한 사과, 보수대단결, 경제민주화, 중도 확장 등이 조화를 이루면서 예측불허의 초박빙의 선거전에서 승리를 일구어 냈다.

나는 정치를 하면서 로날드 레이건(Ronald Wilson Reagan) 전 미국 대통령의 '위대한 소통(Great Communication)'을 항상 마음에 새기고 있다. 대선에서 승리한 후 박근혜 당선인이 특보단과 오찬모임을 한 적이 있다. 이 자리에서 나는 레이건의 예를 들며 대통령에 취임하면 소통에 역점을 두면 좋겠다고 조언했다.

영화배우와 방송 진행자를 지낸 레이건은 제너럴 일렉트릭(GM)의 순회대변인을 지내서인지 연설에 일가견이 있었다. 쉬운 표현과 유머로 대중의 이목을 집중시켰다. 대화에서도 상대의 마음을 사로잡은 정치인으로 이름 나 있었다.

레이건은 특히 여야 의원 모두와 소통을 잘 한 대통령으로 회자된다. 강경한 보수주의자, 원칙주의자이면서 상대 정당과 소통을 통해 자신의 정책을 관철시킨 것으로 유명하다. 레이건이 대통령에 당선됐을 때 의회 상·하원 모두 민주당이 장악하고 있었다. 레이건은 의회를 수시로 방문해 의원들을 직접 만났다. 여야 의원 가리지 않고 같이 밥 먹고, 운동하고, 심지어 공연 관람도 했다고 한다. 전화 통화를 통해 소통하는 건 일상이었다.

기자실에도 자주 들렀다. 이런 소통이 먹혀들어 임기 첫 해에 핵심 공약 대부분을 실천했다고 한다. 그러면서도 자신의 정치철학과 소신은 굳건하게 지켰다. 대화와 설득을 통해서 상대의 마음을 얻어 자신의 뜻을 관철시킨 '위대한 소통가(Great Communicator)'였다.

레이건의 '위대한 소통' 이야기를 해주자 박 당선인은 고개를 끄덕였다. 박근혜 대통령을 생각하면 마음이 아프다.

제6장

절대로 조국은 안 된다!

1 여의도연구원장으로 | 2 팽목항 127일 | 3 개헌은 이주영에게 물어라 | 4 막중한 국회부의장의 무게를 견디고 | 5 다시 국방위의 저격수로 | 6 절대로 조국은 안 된다

1

여의도연구원장으로

박근혜 정부 출범 후 정치적 역할을 새롭게 모색해야 했다. 대선기획단장과 선대위 특보단장을 맡아 정권 재창출에 기여했으니 박근혜 정부 성공을 위해 원내대표 선거에 나서기로 했다. 상대는 최경환 의원이었다. 주변에선 친박이 똘똘 뭉쳐 최 의원을 지지하고 있어 상대가 안 된다며 나의 원내대표 출마를 만류했다. 언론에선 최 의원을 '원박(원조친박)'으로 나를 '신박(신친박)'으로 분류했다.

하지만 정치를 해오면서 특정 계파에 치우치지 않는다는 게 나의 지론이었다. 나는 박심에 기대면 당을 병들게 한다며 출마를 표명했다. 출마선언에서도 원내지도부에 필요한 것은 유연성·개방성·상호주의와 같은 계파를 초월한 합리적 리더십이라고 강조했다.

2파전 구도가 형성되자 언론은 나를 제19대 총선 공약을 주도하고, 제18대 대선에서는 대선기획단장을 맡아 대선 공약의 기틀을 마련한 정책통으로 평가했다. 최 의원에 대해서는 박근혜 정부의 힘 있는 후보로 보았다.

이주영-장윤석 vs 최경환-김기현 조의 치열한 2파전 속에 제19대 총선과 제18대 대선의 핵심 쟁점이었던 경제민주화가 원내대표 선거 정책경쟁의 쟁점으로 떠올랐다. 당 내외에서 경제민주화 속도조절론이 나오면서였다.

나는 국민적 공감대 형성 없이는 경제민주화 입법을 수정해서는 안 된다며 속도조절론을 비판하는 입장이었다. 최 의원은 아무리 좋은 약이라도 너무 많이 먹으면 몸에 해롭다며 속도조절론에 가까웠다.

이 같은 입장 차이는 향후 국회에서 경제민주화법안 처리의 가늠자여서 언론에서도 높은 관심을 보였다. 나는 경제민주화 문제는 총선과 대선을 거치면서 사회적으로 논의를 많이 했다며 사회적 합의가 이뤄지고 대선 공약의 선을 제시한 만큼 당은 그 선을 지켜야 한다는 분명한 입장을 밝혔다.

당시 원내대표 선거 초반만 하더라도 최 의원이 압승할 것이란 전망이 지배적이었다. 하지만 결과는 최경환-김기현 조 77표, 이주영-장윤석 조 69표로 8표 차. 언론은 내가 내세운 계파 초월과 수평적 당·청 관계 공약이 의원들에게 상당 부분 먹혀든 결과라고 분석했다.

원내대표에 낙선하고 나는 곧바로 당의 싱크탱크인 여의도연구소장에 임명됐다. 당 화합과 함께 소장의 권한과 역할을 강화하기 위한 당직 인사였다. 제19대 총선과 제18대 대선에서 정책을 주도해 선거를 승리로 이끈 데 대한 당의 보상 성격도 있었다.

여의도연구소는 내가 소장으로 있던 때 연구원으로 이름을 바꿨다. 이와 함께 여의도연구원은 △정책연구소 △시민교육연구소 △청년교육연구소 △허브연구소 △글로벌연구소 등 5대 미래비전을 제시했다. 나는 미국, 독일, 일본, 중국을 방문해 각국 정당의 싱크탱크들을 돌아본 후, 그들을 초청해 국제회의를 개최하고 독일의 아데나워재단 같은 세계적인 선진 정당 연구소로 거듭나자고 당부했다.

2

팽목항 127일

여의도연구원장으로 새누리당 장기비전을 준비하면서 2014년 지방선거에 대비하던 중 공직 생활 중 가장 극적인 운명이 내게 다가왔다. 2014년 2월 12일 해양수산부 장관 후보에 지명된 것이다.

처음엔 사양했다. 여의도연구원을 제자리에 올려놓고 앞서 이루지 못한 원내대표에 다시 도전할 생각이었다. 하지만 당시에는 장관 공백 최소화와 조직 안정, 인사청문회의 무리 없는 통과와 정무감각을 가진 장관 등에 대한 요구가 높았다. 박근혜 정부의 성공을 위해서는 어떤 역할이든 내게 주어지면 책임을 다하는 게 우선이었다.

임명을 위한 절차가 신속하게 진행됐다. 3월 4일 열린 인사청문회는 오전 10시에 시작해 점심시간과 한 차례 정회를 포함해 6시간 만에 끝났다. 통상 1~3일 걸리는 인사청문 경과보고서 채택도 청문회 종료 후 바로 이루어졌다.

언론은 이 같은 최단기간 인사청문회와 경과보고서 당일 채택을 이례적이라고 보도했다. 국회 농해양수산위원회는 보고서 종합의견에서 이주영 후보자가 입법·행정 분야의 풍부한 경험을 토대로 이해관계를 조율하고 정책을 추진할 리더십과 조직관리 능력, 비전 제시 및 정책 추진 능력이 있다고 밝혔다.

3월 6일 제17대 해수부 장관에 취임했다.

실무진이 곧바로 현안과제를 보고했다. 서부 아프리카에서 조업하는 우리 원양어선의 불법조업문제였다. 원양어선들이 조업을 위해 어업금지선을 넘는다는 것이다. EU에서 강력하게 문제를 제기하고 있었다.

불법조업을 인정할 수밖에 없지만 생계를 위해 불가피한 측면이 있었다. 국내 조업어선 감척과 같이 원양어선도 감척하는 게 근본적인 해결책이라는 게 실무진의 보고였다. 감척어선 매입에 200억 원 정도의 예산이 필요했다.

해수부의 예산 요청에 기재부가 반대하고 있었다. 나는 기재부 장관과 외교부 장관을 만나 협의하고, 요청했다. 기재부는 불법조업에 대해 지원할 수 없다며 여전히 반대했다. 다음에 대책을 마련키로 하고 일단 물러섰다.

그러던 중 취임 한 달 조금 지난 4월 16일 온 국민을 충격과 슬픔, 안타까움, 분노에 빠지게 한 세월호 사고가 터졌다. 그 시각 경제장관회의가 열리고 있었다. 회의를 마치고 다음 일정을 기다리던 중 9시 29분 문자메시지로 해난사고 발생 보고를 받았다. 곧바로 해양경찰청장에게 전화해 상황을 듣고 구조에 만전을 기하도록 지시했다.

오전에 잡혀있던 방송 출연과 국회 농해양수산위원회 위원과의 오찬 일정을 취소했다. 그리고는 바로 인천 해양경찰청으로 이동했다.

한시바삐 가야하는데 교통이 정체돼 차 안에서 두발을 굴리기도 했다. 해경 상황실에 들어갔을 때 이미 배가 뒤집어진 상태였다. 해경청장은 사고현장으로 가고 없었다.

해경차장으로부터 상황보고를 받던 중 TV에서 전원 구조 방송이 나왔다. 실제 상황과 달라 당황했다. 오보를 정정하도록 지시하고 김포공항으로 가서 해경 비행기로 무안공항으로 이동했다. 그곳에서 해경 헬기를 타고 현장 지휘함으로 갔다.

곧바로 해경청장을 만나 상황을 파악하고 신속한 구조를 지시했다. 그리고 진도 체육관으로 이동해 구조된 학생들을 위로했다. 이어 병원에 입원한 부상자들도 찾았다. 다시 진도 체육관으로 돌아와 관계자로부터 체육관 상황을 청취했다.

오후 늦은 시간 국회 농해양수산위원회 위원과 국무총리가 체육관을 찾았다. 이것저것 청취하고, 돌아보고, 지시하고, 챙기고 하는 사이 어느덧 어둠이 깔렸다. 밤 9시경 목포 서해해양경찰청에서 국무총리 주재 대책회의가 열렸다.

대책회의에서 사고수습본부장을 해양수산부 장관이 맡는 것으로 총리가 지시했다. 각 부처 담당 실·국장급 대책위원으로 구성된 대책반을 지휘하는 범정부수습본부장이었다.

극도의 초조와 분노에 휩싸인 가족들의 요구를 수렴해 신속하게 대처해야 했다. 현장에 장관과 총리가 있었지만 가족들이 청와대로 가야 한다며 버스를 내놓으라고 했다. 장관이 책임지고 구조와 수습에 최선을 다하겠다고 했지만, 격앙된 가족들에게 제대로 들리겠는가. 어림도 없는 상황이었다.

세월호 침몰사고 당시 진도군 실내체육관을 찾은
정홍원 당시 국무총리와 함께 유가족과 대책을 협의하는 필자

사고수습에 임하고 있던 중 여기저기서 성난 외침이 들렸다.

"저 장관놈 새끼 물에 빠뜨려 죽여 비려라!"

그리고 가족들이 내게 몰려왔다. 이주영 장관 보좌관이 팽목항 상황판 앞에서 기념사진을 촬영했다는 말이 돌아 격분한 것이었다. 분노한 가족들이 팽목항으로 같이 가자고 했다. 내 보좌관이 아니었다. 현장에 있던 행안부 간부가 보고용으로 사진을 찍었다는 것이었다. 이게 오해를 불렀다.

다시 체육관으로 돌아오는 차 안에서 행안부가 당해 직원을 직위해제했다는 뉴스를 들었다. 나중에 알았지만 그 직원은 1급 승진 예정자였는데, 그 사건으로 사직했다. 오해로 생긴 안타까운 일이지만 공직자는 항상 처신을 조심해야 한다는 것을 새삼 깨닫게 한 일이다.

그리고 4월 16일부터 8월 20일까지 진도에 머물렀다. 허망과 분노의 시간, 자식을 잃고 울부짖는 그들에게 내가 해 줄 것이 없었다. 그저 함께 붙잡고 우는 시간이었다. 그들의 하소연을 들어주는 방법밖에 없었다. 정부란 무엇이고, 국민이란 무엇인가? 나는 누구고, 무엇하러 여기 있느냐? 그런 생각들이 끊임없이 달려들었다.

제대로 한번 피어보지도 못하고 스러진 우리 아이들의 얼굴이 뱅뱅 맴돌았다. 부끄러웠다. 정치인으로서가 아니라 철저하게 한 아이의 아빠로 돌아간 순간이었다.

모든 상황에 격분해 울부짖고 욕하던 가족들이 나중에는 오히려 장관 유임을 건의한다는 말을 전해 듣고 오죽 답답하고 기댈 데가 없으면 그러실까 라는 생각에 더욱 죄인 된 마음이 가슴을 짓눌러 왔다.

그러는 가운데 하릴없이 시간은 흘러갔다. 장관의 다른 직무수행도 현안문제로 대두됐다. 의장으로서 회의를 주재해야 하는 이란 테헤란에서 열리는 아시아태평양 환경개발의원협의회 회의가 다가왔다. 이어 도쿄에서 열릴 한중일해양물류회의에 장관으로서 참석해야 했다.

가족들은 장관이 현장에 없으면 구조가 소홀해질까봐 떠나지 못하게 했다. 지푸라기라도 잡고 싶은 그들의 심정을 모를 리 없었다. 그러나 국가이익에 관한 주요 국제회의라는 점을 가족들에게 설명하고 설득했다. 그러자 이해해 줬다. 고마운 일이었다. 회의 참석 후 꼭 돌아오기로 약속을 하고 팽목항에 간 지 127일 만에 진도에서 나왔다. 그리고 국제회의 참석 후 139일 만에 세종시 해부수 청사로 출근했다. 이후에도 매주 주말이면 팽목항으로 내려가 사고수습을 챙겼다. 그것은 당연한 직무였다.

3

개헌은 이주영에게 물어라

1987년 체제 종식을 말할 때 흔히 개헌 이야기가 뒤따른다. 제20대 대통령 선거를 앞두고도 일각에서 개헌의 필요성을 제기했다. '87년 체제 종식과 개헌'은 대통령 직선제를 부활한 헌법 개정 이후 20년이 지난 2007년부터 본격화됐다.

제17대 대선의 해인 2007년 1월에 들어서자 노무현 대통령이 대통령 4년 연임제를 골자로 한 이른바 '원포인트 개헌'을 제안했다. 하지만 대통령 임기말과 대선을 앞둔 시점이라 순수성을 의심받으면서 추진동력을 갖지 못했다.

그런 가운데 당시 6당 원내대표들이 제18대 국회에서 개헌논의를 하자고 대국민약속을 했다. 국민 여론도 개헌 필요성에 대체로 찬성이었다. 이에 나는 제18대 국회 진입에 성공하면 개헌을 주도해야겠다고 생각했다. 2008년 4월 총선 후 제18대 국회는 개원 초기부터 개헌 논의에 착수했다. 우선 연구활동과 공감대 형성을 위해 의원 연구단체를 발족시켰다. 그래서 출범한 단체가 국회미래한국헌법연구회다.

국회미래한국헌법연구회 지역토론회

연구회에는 정파를 초월해 국회의원 186명이 참여했다. 이렇게 많은 의원이 한 연구단체에 참여한 것은 국회 사상 유례가 없었다. 그만큼 개헌에 대한 열망이 높았다. 나는 한나라당을 대표해 연구회 공동대표를 맡았다. 이낙연(민주당) · 이상민(자유선진당) 의원과 함께였다.

연구회는 출범 후 매주 '월요 개헌세미나'를 개최했다. 월요 세미나와 국제심포지엄을 36차례 열었다. 5차례의 지역순회 토론회와 2차례의 대토론회, 역대 국회의장 좌담회, 헌법학회 · 세계 헌법학회 등과 토론회를 여는 등 중립적인 위치에서 개헌에 대한 비교법적 · 실증적 연구를 진행했다.

그 결과물로 2010년 9월 2권에 총1874 페이지에 이르는 「국민과 함께하는 개헌이야기」를 펴냈다. 헌법 전문부터 부칙까지 망라한 각

분야의 국·내외 석학과 전문가 110명의 토론회·세미나 등의 발표문과 토론문, 기고 등의 자료를 담았다.

헌법 개정은 국회 재적의원 과반수 또는 대통령의 발의로 국회 재적의원 3분의 2 이상 찬성을 얻어 국민투표에 붙이고, 국민투표에서 과반수 찬성을 얻어야 한다. 이 같은 법적 요건을 충족하기 위해선 무엇보다 제 정파와 국민적 합의가 선결되어야 한다. 그런 만큼 정치상황과 시기가 중요하다.

국회미래한국헌법연구회가 의욕적으로 활동하고 개헌의 바이블로 불릴 만큼 개헌 관련 자료를 집대성한 「국민과 함께하는 개헌 이야기」가 나온 후에도 개헌 추진은 지지부진했다. 언제나 그렇듯이 정권 말과 대선, 정권 초기로 이어지는 정치일정은 개헌추진에 발목을 잡는 요인이다.

그러다가 제20대 국회 들어 개헌논의가 재개됐다. 2017년 1월 국회 헌법개정특별위원회가 출범했다. 나는 개헌특위 출범과 함께 위원장을 맡았다. 개헌에 대한 기대감이 높았다. 이철우 의원이 개헌특위 새누리당 간사를 맡고, 정종섭 의원이 개헌안을 작성하는 등 대선에서 함께 하는 개헌에 강한 드라이브를 걸었다. 하지만 박근혜 대통령 탄핵에 따라 치러진 제19대 조기대선에서 문재인 더불어민주당 후보 측에서 반대 입장을 취하면서 개헌논의는 또다시 무산됐다.

2016년 말 국회 개헌특위 구성 때 여야 의원 모두 '이주영 위원장'으로 의견이 모아졌다. 나는 특위 활동 때 위원장이지만 '권력구조 소위' '기본권 소위' 등 소위원회 회의에도 모두 참여했다.

당시 개헌특위는 개헌 추진 동력이 국민으로부터 나와야한다는 공감대를 형성하고 있었다. '국민과 함께하는 상향식 개헌'을 위해서 자문위원회 위원을 각계 추천으로 구성했다. 추천도 공개모집 형식으로 진행했다. 학계·연구단체·시민단체 등 80개 기관·단체가 모두 296명의 후보를 추천했다. 특위는 이 중 53명을 위원으로 선정하고, 6개 분야별·2개 분과별 소위로 자문위원회를 구성했다. 나는 개헌특위 자문위원회 구성과 활동에도 크게 관심을 기울였다.

국회 헌법개정특별위원회 위원장을 2017년 12월까지 맡았다. 1년 정도 활동하는 기간 진행한 국회 개헌논의의 속기록과 자료집은 2010년 국회미래한국헌법연구회가 펴낸 「국민과 함께하는 개헌이야기」와 함께 또 하나의 '바이블'이다. 향후 개헌논의가 재개되면 그대로 참고해도 된다고 자신 있게 말할 수 있다.

덩달아 나는 개헌 전문가로 통한다. 국회에서 개헌 이야기가 나오면 그때나 지금이나 이주영 의원에게 물어보라는 말이 자연스럽게 나온다. 기자들도 관련 취재나 멘트를 구할 때 이주영을 찾는다. 부끄럽지만 기꺼운 일이다. 개헌에 관한 문제라면 언제라도 뛰어들 준비가 되어있다. 그리고 국회를 떠나 경남 전역을 다니며 도민의 목소리를 들은 결과 지역소멸에 대응하기 위해 지방분권형 개헌의 중요성을 새삼 인식하게 됐다.

문재인 정권 출범 후 2018년 들어 조국 청와대 민정수석이 느닷없이 개헌을 들고 나왔다, 청와대 직속 '국민헌법 자문특별위원회'라는 걸 급조해 개헌안을 만들었다. 조국 민정수석이 3일간 세 차례에 걸쳐 개헌안을 발표하는 희한한 모습을 연출하기도 했다. 참으로 어처구니 없는 일이었다.

개헌안의 내용은 고사하고 그 형식과 절차에서 있을 수 없는 개헌 추진이었다. 대통령 발의라 해도 국회와 논의 없이, 그것도 법무부 장관을 배제한 대통령 비서를 앞세운 개헌추진은 가당치 않은 일이었다.

2018년 제7회 전국 동시지방선거에서 개헌 국민투표를 목표로 삼았다. 자유한국당은 물론 당시 야당들이 반대하는 건 당연한 일이었다. 결국 당시 개헌논의는 중단돼 지금에 이르고 있다.

1987년 헌법이 지금 우리 몸에 맞지 않다는 데에는 대체로 동의한다. 개헌에 대한 국민의 찬성 여론도 높다. 하지만 지금까지 그래왔듯이 정치일정과 각 정파의 그때그때 이해관계에 따라 추진동력을 얻지 못하고 있다. 당리당략이 아닌 국민과 함께하는 개헌이 이루어지기를 기대한다. 더욱이 수석이라고는 하지만 일개 대통령 비서가 국가 근본이념을 책임질 개헌안을 들고 날뛰는 무도한 상황은 더 이상 있어서는 안 된다. 하루라도 빨리 정권교체가 되어야 할 까닭이 여기에도 있다.

4

막중한 국회부의장의 무게를 견디고

국회는 '입법 및 정책개발 우수 국회의원(우수입법 의원)상'의 평가 항목과 방식을 2019년부터 바꿨다. 국회 운영 혁신과 선진화를 위한 제도개선의 일환이었다. 당시 나는 제20대 국회 후반기 국회부의장으로서 이 시상제도의 개선에 고삐를 조여 조기에 시행되도록 했다.

우수입법 의원상은 국회의원에게 주어지는 가장 큰 상이다. 국회의원들의 입법 및 정책개발 역량을 강화하기 위해 2005년 도입됐다. 해마다 전년도 우수입법 의원을 선정해 국회의장이 수여한다.

2019년 제도개선 전까지 입법 내용의 우수성을 심사하는 정성평가 부문과 법안 가결건수 등 양적 기준을 집계하는 정량평가 부문, 각 정당이 일정 수의 의원을 추천하는 정당추천 등 3개 부문으로 구분해 우수의원들을 선정했다.

그런데 이 시상제도가 기존 법안에서 자구수정과 약간의 형식만 바꿔 다시 발의하는 등 이른바 '양(量)치기 법안'을 양산한다는 지적을 받아왔다. 의원의 입법성과를 '법안 발의와 처리 건수'로 평가하는 정량

국회부의장 당선 신문 기사

평가 항목 때문이다.

2019년 우수입법 의원상 시상제도를 변경하기 전까지 국회의원의 입법 성과를 '양'으로 평가하는 나라는 한국뿐이었다. 그러다보니 비슷한 내용의 법안들이 무더기·반복 발의되는 부작용을 초래했다. 정당 추천 제도로 인해 당별 나눠먹기라는 비판까지 받아왔다.

우수입법 의원 시상제도를 개혁해야 한다는 여론이 높았다. 국회도 정량평가의 문제점을 인식하고 있었다. 하지만 어떤 제도든 한 번 정착되고 나면 개혁이 쉽지 않다. 제20대 국회 후반기 들어 국회의장 직속 혁신자문위원회가 입법지원 선진화TF를 출범시키고 우수입법 의원 시상제도 개선을 추진했다. 개선 골자는 정당추천과 정량평가 폐지였다.

2019년 관련 논의가 시작되자 국회사무처가 당장 폐지에 난색을 표했다. 다당제 체제인 당시 각 정당의 의견을 조율하는 데 어려움을 겪었다. 국회사무처는 정당추천 폐지 1년 유예를 주장했다.

당시 국회부의장으로서 우수입법 의원 평가를 관리하는 국회 입법 정책 개발지원위원회 위원장을 맡고 있었던 나는 정량평가와 정당추천의 당장 폐지를 강력 주장했다. 반발하는 각 당 원내대표들을 설득해 동의를 받아냈다.

그러면서 2019년 시상부터 정당추천과 정량평가를 모두 폐지하고 정성평가만으로 우수입법 의원을 선정하도록 했다. 문희상 당시 국회의장은 2019년 8월 28일 열린 '2018년도 입법 및 정책개발 우수 국회의원' 시상식에서 "입법의 질적 완성도 제고를 위한 국회혁신"이라고 평가했다.

5

다시 국방위의 저격수로

문재인 정부는 2018년 9월 19일 평양에서 남북정상회담을 갖고 공동선언을 발표했다. 이와 함께 공동선언의 부속합의로 이른바 '9·19 군사 분야 남북합의서'를 채택했다. '판문점 선언 이행을 위한 군사 분야 합의서'라고도 불리는 이 합의서는 전문에 '한반도에서 군사적 긴장을 완화하고 항구적이며 공고한 평화를 보장하기 위한 필수적 합의'라는 내용을 담고 있다. 이를 두고 문재인 정부는 '평화로운 한반도의 문을 열었다'고 선전했다.

그런데 '9·19 군사합의'가 과연 한반도에 평화의 문을 열었을까?

합의서에서 해상적대행위 중단 수역에 포함된 덕적도에서 인천공항까지의 거리는 38km, 서울까지는 85km에 불과하다. 북한이 마음만 먹으면 언제라도 기습도발이 가능한 거리다. 그래서 수도권 서측방 방어의 최첨병인 NLL 무력화와 서북방과 수도권의 안전을 사실상 포기한 합의라는 비판을 받는다.

'9·19 군사합의' 이후 문재인 대통령은 미국과 북한의 중재자 역할을 자처했으나 북한으로부터 돌아오는 건 '오지랖 떨지 말라' 등의 말 폭탄과 한미동맹의 균열 및 약화였다. 북한은 미-북 하노이회담 결렬 이후 동창리 미사일 시설을 복구하고 2019년 5월 신형 단거리 미사일을 발사하는 등 '9·19 군사합의'의 취지를 훼손하는 군사도발을 다시 시작했다.

이런 가운데 국방부는 '9·19 군사합의 주요쟁점 Q&A 자료'에서 제1·2연평해전과 대청해전, 천암함 피격사건, 연평도 포격 도발 등을 '과거 서해 해상에서의 우발적 무력충돌 사례'라고 표기했다. 서주석 국방부 차관도 국회 답변에서 1999년 제1차 연평해전을 '우발적 충돌 사례'라고 표현했다.

급기야 정경두 국방부 장관은 천암함 폭침과 연평도 도발에 대해

제20대 국회 국방위원회에서 안보와 관련 국방부 장관과 차관을 추궁하는 필자

'서해상에서 발생한 불미스러운 충돌' '(북한이 사과하지 않아도) 북한을 이해해야 한다'는 등의 망언을 하기까지에 이르렀다. 여기에다 문재인 정권 들어서는 군 기강 해이와 군기문란 사건·사고가 유난히 많이 발생했다.

제20대 국회 전반기 외교통일위원회에서 후반기에 국방위원회로 옮긴 나는 이 같은 정부의 국방과 안보 실정을 집중 부각하고 따졌다. 국방부 차관 출신인 우리 당의 백승주 국방위 간사와 호흡을 맞췄다. 이를 지켜본 국회의 우리 당 중진들은 어제의 '게이트 저격수'가 이제는 '국방위 저격수'가 되었다고 촌평했다.

> 평화를 원하거든 전쟁을 준비하라
>
> 선천적으로 용감한 사람은 없다.
>
> 대부분 훈련과 군기를 통해서 용감해진다.

고대 로마 시대 군사전략가 베게티우스의 저술 「군사학 논고」에 나오는 말이다. 금언집 형태로 쓰인 그의 이 책은 후세에 국가안보와 국방에 큰 교훈으로 이어져 온다. 베게티우스의 금언은 북한과 군사적 대치 상태에 있는 우리가 항상 새겨야 할 말이다.

6

절대로 조국은 안 된다

제20대 국회 임기 1년을 남긴 2019년에 들어서면서 여야는 대치 전선을 점점 확대해갔다. 정확히 말하면 여당과 나머지 야당이 연합한 정치세력과 제1야당 자유한국당의 대립구도, 즉 '다여일야' 국면이었다.

여당은 이른바 '4(민주당·바른미래당·정의당·평화당)+1(대안신당)'이라는 국회 사상 유례가 없는 정치연합체를 만들어 다수의석으로 법안을 밀어붙였다. '4+1'은 2019년 4월 말 언필칭 개혁입법이라며 공직선거법 개정안과 공수처법·검경수사권조정 관련 법안 등을 자유한국당의 극렬한 반대 속에 신속처리(패스트트랙) 법안으로 지정했다.

여야 몸싸움과 상호 고소·고발 등으로 4월 임시국회가 얼룩졌다. 자유한국당이 장외투쟁을 선언하자 여당이 숨고르기에 들어가면서 여야 대치국면은 잠시 소강상태에 들어갔다. 하지만 패스트트랙에 태워진 법안들은 가을 정국의 뇌관으로 남아있었다.

그러던 중 문재인 대통령이 2019년 8월 9일 조국 당시 청와대 민

2019년 '조국사태' 당시 청와대 분수대 앞에서 삭발하는 필자

정수석을 법무부 장관에 지명했다. 그 해 여름과 가을을 온통 뜨겁게 달구었던 '조국사태'의 신호탄이었다. 조국 법무부 장관 후보는 공정과 상식을 무너뜨린 대명사로 국민적 분노를 불러일으켰다. 그런데도 여당은 9월 6일 인사청문회를 강행했다. 문 대통령은 청문회 3일 만인 9월 9일 조 후보를 기어코 임명했다.

그러자 국민들의 분노가 폭발했다. 광화문 일대는 매주 주말이면 '조국 사퇴'와 '문재인 정권 퇴진'을 요구하는 인파로 꽉 매워졌다. 자유한국당도 국민들과 함께 했다. 나는 조국 장관 임명 10일 만인 9월 18일 항의의 표시로 청와대 분수대 앞에서 최고위원·중진의원 연석회의 후 전임 국회부의장인 심재철 의원과 함께 삭발 대열에 합류했다. 그리고 나는 다음과 같은 메시지를 밝혔다.

조국은 개혁 주도자가 될 수 없음이 분명해졌다. 즉각 사퇴하고 수사를 받으라는 것이 국민의 준엄한 명령이다. 문 정권이 국민 상식에 의한 명령에 따르지 않는다면 국민 저항권에 의한 정권 퇴진이 답이라는 점을 명심하길 바란다.

아무리 버티려고 해도 버틸 수 없었던 조국 법무부장관은 국민과 자유한국당의 저항에 굴복할 수밖에 없었다. 장관 지명 두 달, 임명 한 달여 만인 10월 14일 그는 결국 사퇴했다. 그러나 그 한 달을 위해 그토록 국민들을 분노와 절망에 빠뜨린 것은 조국 장관이 아니라 문재인 대통령이었다. 한 개인의 영화와 영달을 보살피려 그는 온 국민의

2019년 '조국사태' 당시 '文정권 헌정유린 중단과 위선자 조국 파면 촉구 경남대회'에서 연설하는 필자

눈과 귀를 막고자 했다. '검찰개혁은 조국만이 할 수 있다' 이런 말 같지도 않은 말로 국민을 기만했다.

언감생심, 대통령이 된 그에게는 어느 순간부터 국민은 보이지 않고 그의 지지자들만이 보이기 시작한 것이다. 나는 아직도 끝나지 않은 '조국사태'에서 문재인 정권의 '불행의 전조'를 보았다. 눈만 뜨면 자신의 생각과 다른 정권을 온갖 삿대질로 욕설을 일삼았던 그들이 이제는 그 욕설 속으로 들어가는 실루엣을 보았다.

어쨌든 조국 사태가 일단락되자 정국의 뇌관으로 남아있던 공직선거법과 공수처법 등 소위 패스트트랙 법안들이 기다리고 있었다. 더불어민주당이 연동형 비례대표제를 미끼로 자유한국당을 뺀 야당을 끌어들여 만든 '4+1'은 공직선거법 개정법률안을 강행처리했다.

자유한국당은 법안 통과를 저지하기 위해 필리버스터 등 가능한 모든 수단을 동원했다. 나를 비롯한 중진의원들도 국회 본회의장에서까지 강력 항의했다. 하지만 준연동형비례대표제라는 기형적인 선거제도를 고리로 한 '4+1'의 공조를 막아내는 데는 역부족이었다. 나는 5선 중진의원이자 국회부의장이면서도 초선의 의원처럼 행동했다. 미흡하고 미력했지만 나는 '오로지 국민과 함께'라는 초심을 잃지 않으려 노력했다. 그 사이 훌쩍 제20대 국회 임기가 지나갔다.

제7장

대통령 특사로 아프리카에 가다

1 주한 외교사절과 황금돼지 | 2 반기문 총장과의 인연 | 3 국회, 아프리카 새시대포럼을 열다 | 4 대통령 특사로 아프리카에 가다 | 5 "네 꿈을 그려라" 세계잼버리 유치

1

주한 외교사절과 황금돼지

2007년 4월 16일 주한 외교사절단 일행이 마산 돝섬을 찾았다. 사절단은 아프리카 각국을 비롯해 러시아와 쿠웨이트, 이스라엘 등 세계 41개국 주한 대사와 가족 등 100여명이었다. 나와 가깝게 지낸 도영심 문화협력대사가 일행과 함께 했다.

사절단 일행은 서울에서 KTX로 이동해 밀양역에 내려 당시 마산시에서 보낸 버스를 타고 마산으로 와 환영식 겸 오찬을 갖고 문신미술관과 돝섬을 둘러봤다. 그리고 두산중공업 게스트하우스에서 숙박하고 이튿날 발전·원전·담수화 설비 시설을 시찰했다. 이어 밀양으로 이동해 영남루를 둘러보고, 표충사에서 한국 전통 불교음식으로 점심 공양을 한 후 다시 밀양역에서 KTX를 타고 귀경했다.

이 때 주한외교사절단 일행이 경남을 찾은 데는 좀 특별한 사연이 있다.

나는 2006년 7월 마산갑 재선거에서 당선돼 재선의원으로 여의도에 복귀했다. 그리고 국회 법제사법위원회 법안2소위원회 위원장을

마산 돝섬 황금돼지상의 코를 만지며 복을 기원하는 주한 외교사절 일행

맡았다. 법안2소위는 다른 상임위에서 넘어오는 법안을 검토하는 역할을 한다.

2007년 2월 코이카(KOICA · 한국국제협력단)의 국제 빈곤퇴치기금 조성 관련 법안이 법안2소위에 넘어왔다. 법안의 요지는 해외여행자의 비행기 여객요금에 국제 빈곤퇴치기금을 1000원씩 부과 징수하는 것이었다.

그런데 법안 통과가 쉽지 않았다. 극장 영화 관람료에 문예진흥기금을 부과한 데 대해 위헌이라는 헌법재판소의 판례가 있어 이 법안에 대해서도 위헌 논란이 일었다. 그러자 기금의 주 수혜국인 아프리카의 10여 개 국 주한 대사들이 국회를 찾아와 법안 통과를 청원했다. 마침 그 해 1월 1일부터 임기가 시작된 반기문 유엔사무총장도 법안 통과를 요청했다. 유엔사무총장 선거운동을 하면서 아프리카 국가들의 표를 얻기 위해 한국의 빈곤퇴치기금 설치 공약을 한 것 때문이었다.

당시 나는 야당이지만 우리나라 출신 유엔사무총장의 공약 이행을 돕지 않을 수 없었다. 한나라당 소속 동료의원들을 설득해 법안을 통과시켰다. 법안 통과 후 아프리카 대사들이 감사 인사차 의원실을 방문했다.

아프리카 대사들과 환담하면서 나는 내 지역구 마산에 아름다운 바다와 섬이 있다며 한 번 다녀가시라고 권했다. 그러면서 신라시대 대문호 최치원 선생의 전설이 얽힌 돝섬을 소개했다. 돝섬에 있는 황금돼지상을 보고 소원을 빌면 이루어진다는 속설도 소개했다. 마침 그해

2007년 마산을 방문해 문신미술관을 찾은 주한 외교사절 일행

가 황금돼지해여서 600년 만에 오는 기회라는 말도 해주었다.

안 와도 좋은데 다음 기회는 600년을 기다려야 한다고 했더니 아프리카 국가 대사들이 꼭 가봐야겠다며 관심을 보였다. 주한외교사절단의 경남 방문은 그렇게 이루어졌다. 각 국의 주한 대사와 그 가족들에게 두산중공업의 발전·담수화설비를 홍보하고, 영남루와 표충사 등 경남의 역사와 문화를 알리는 기회였다.

2

반기문 총장과의 인연

2007년 2월 코이카(KOICA) 국제빈곤퇴치기금 조성 관련 법안 통과 때 아프리카와 인연을 맺은 후 국회의원을 지내는 동안 펼친 의원외교 중 아프리카 대륙과 유난히 관계가 깊다. 도영심 대사, 반기문 전 유엔사무총과의 인연이 계기로 작용했다.

UN은 2000년 9월 밀레니엄 정상회의에서 2000년 기준 세계의 빈곤자 수를 2015년까지 절반 수준으로 낮추겠다는 새천년 정상선언(Millenium Declaration)을 채택했다. 이 선언은 국제평화·안보 및 개발과 빈곤퇴치, 환경보호, 아프리카 개발, 유엔의 역할과 기능강화 등에 관한 인류의 새로운 결의다.

UN은 선언 이행을 위해 IMF와 세계은행, OECD와 협력해 ① 절대빈곤과 기아 제거 ② 보편적 초등교육 달성 ③ 성 평등 및 여성능력 고양 ④ 아동사망률 감소 ⑤ 모성보건 증진 ⑥ 에이즈·말라리아 등 질병 퇴치 ⑦ 지속가능한 환경 확보 ⑧ 개발을 위한 글로벌 파트너십 구축 등 8개의 목표를 설정했다. 이 사업을 새천년개발목표(Millenium

Development Goals : MDGs)라고 한다.

도영심 대사는 유엔세계관광기구(UNWTO) 산하 스텝재단(ST-EP · 지속가능한 관광을 통한 빈곤퇴치 조직) 이사장을 맡고 있으면서 아프리카 여러 나라에 작은 도서관 건립 지원사업을 벌여 아프리카 대륙 각국과 친분이 아주 높은 한국인이었다. 아프리카 작은 도서관 지원사업은 UN MDGs 사업의 일환이다.

도 대사는 이런 아프리카 친분을 기반으로 반기문 전 총장의 유엔 사무총장 선거에서 아프리카 득표에 큰 역할을 했다. 도 대사는 이 인연으로 반 총장 취임 후 제프리 삭스 콜롬비아대 교수 등 세계 저명인사들이 자문위원인 유엔사무총장의 자문기구 에드보커시그룹의 유일한 한국인 자문위원으로 위촉됐다.

당시 국회에 UN MDGs 지원포럼을 만들면 좋겠다는 생각을 하고 있던 나는 도 대사와 반 총장에게 이를 제안하니 대환영이었다. 나와 이낙연(민주당) · 이상민(자유선진당) 의원이 공동대표를 맡은 포럼에는 여야 의원이 초당적으로 참여했다. 포럼은 반기문 유엔총장 귀국 때마다 간담회를 갖고 지원방안을 논의했다.

당시 반 총장은 우리나라가 공적개발원조(ODA)와 OECD 산하 개발원조위원회(DAC)에 가입하면서 GDP의 0.2%를 대외원조자금으로 내놓겠다는 약속을 이행하도록 우리 정부에 촉구하고 있었다. 나는 제18대 국회(2008년)부터 제19대(2015년)까지 포럼에서 활동하며 대외원조자금 예산 확보에 역할을 했다.

새천년개발목표(MDGs)가 2015년으로 종료되자 반 총장은 지속가능한 개발목표(Sustainable Development Goals : SDGs)로 확대 개편했다.

2015년 국회를 찾은 반기문 당시 유엔사무총장

SDGs는 2016년부터 2030년까지 이어지는 유엔의 가장 큰 프로젝트로 인류의 보편적 문제(빈곤 · 질병 · 교육 · 성평등 · 난민 · 분쟁 등)와 지구환경 문제(기후변화 · 에너지 · 환경오염 · 물 · 생물다양성 등), 경제사회문제(기술 · 주거 · 노사 · 고용 · 생산소비 · 사회구조 · 법 · 대내외 경제)를 17가지 주 목표와 169개 세부목표로 정해 2030년까지 해결하고자 하는 국제사회의 최대 공동목표다.

나는 MDGs와 ODA, DAC, SDGs로 이어지며 반 총장과 아주 긴밀하게 친분을 쌓게 됐다. 물론 도영심 대사와도 돈독한 우정을 쌓았다. 그들은 우리 외교의 자랑스럽고 크나큰 자산이다. 세계적 네트워크를 가진 그들은 우리나라가 원조 받는 국가에서 원조하는 나라로 바뀌는 데 크게 기여했다. 우리 국회의 활동영역을 더욱 확장시키고, 나 개인으로서도 글로벌 네트워크를 쌓고 새로운 일을 접하는 기회가 되었다.

3

국회, 아프리카 새시대포럼을 열다

아프리카 대륙과 나의 인연은 의정활동을 하면서 이어졌다. 2010년 처음으로 아프리카에 갈 기회가 왔다. 당시 우리나라는 코이카(KOICA)를 통한 무상원조, 기획재정부와 수출입은행이 주관하는 대외경제협력기금(EDCF)을 통한 유상원조 사업을 펼치고 있었다.

국회 예산결산위원회는 우리 정부의 원조사업 실태 파악을 위해 아프리카 동부의 탄자니아와 서부의 가나에 다녀왔다. 나는 당시 예결위원장으로서 예결위 간사 등과 함께 공적개발원조(ODA) 사업과 코이카(KOICA) 사업 현장에 들러 점검하고 봉사단원들을 격려했다.

아프리카에는 미국·영국·프랑스·중국·일본이 주로 진출해 있다. 그 중에서도 중국은 정부 주요 인사들이 아프리카를 연속 방문하고, 아프리카 지도자들을 자기 나라에 초청하는 등 '아프리카 공략'이라고 할 만큼 공을 들이고 있었다. 2019년 중국방문 때 외교부장(장관)을 지낸 리자오싱과 대화를 나눈 적이 있는데 아프리카 몇 나라를 방문했으냐고 물었더니 장관 재임시 55개국 전체를 방문했다는 답을 들었다.

이에 반해 우리나라는 경제력 세계 10위권 안팎인데도 투자 진출은 물론 교류와 협력 차원조차 이런 나라들과 비교가 안 될 정도로 미미했다. 우리도 아프리카 국가와 상생구조를 만들어갈 필요가 있다는 생각을 하게 됐다.

그리고 2013년 7월 당시 강창희 국회의장의 아프리카 순방 외교에 동행할 기회가 와 케냐와 탄자니아, 에티오피아를 방문했다. 이 때 다시 한 번 우리나라의 발전을 위해서도 한-아프리카 외교의 중요성을 깨달았다. 이를 위해 국회의 역할이 필요하다고 생각했다.

귀국길에 함께 수행했던 외교부 공무원, 기자단과 함께 의견을 주고받으면서 한-아프리카 포럼을 만들면 좋겠다고 제안하자 모두 고개를 끄덕였다. 귀국하자마자 이를 국회의원들에게도 제안했다. 그렇게 해서 국회아프리카새시대포럼이 2013년 9월 13일 창립했다. 나는 초대 회장을 맡았다.

포럼에는 여야 의원 80여명이 참여할 만큼 관심을 모았다. 시작 때 김용 세계은행 총재와 제프리 삭스 콜롬비아대 교수 등 글로벌 저명인사들도 참여했다. 매주 수요일 아침 세미나를 갖고 아프리카에 대해 공부하는 국회의원연구모임으로 지금도 이어지고 있다. 내가 제20대 국회 임기를 마칠 때까지 세미나 70여회와 주한 아프리카 외교사절 국회초청간담회 7회를 개최하고 자료집을 3권 발간했다.

아프리카를 공부하면서 의원들은 우리 외교에서 아프리카 외교가 약하다는 것을 새삼 알게 됐다. 아프리카 외교를 체계적으로 뒷받침할 기구가 필요했다. 그래서 뜻을 모은 게 한·아프리카재단 설립이다. 아프리카새시대포럼이 나서서 「한·아프리카재단법」(안)을 발의했다. 하지만 기획재정부의 반대로 제19대 국회에서 통과되지 못했다. 제20대 국회에서 법안을 다시 발의했다. 이번에도 기재부는 반대의견을 냈지만 설득해 철회시켰다.

나는 법사위 법안 심사에도 참석해 독려하는 등 법안 통과에 강한 드라이브를 걸었다. 그 결과 법안 통과를 이끌어냈고, 한·아프리카재단이 한국국제협력단, 한국국제교류재단, 재외동포재단에 이어 외교부의 네 번째 산하기관으로 설립됐다.

재단 설립과 별도로 국내 기업의 아프리카 진출을 지원할 방안도 추진했다. 조세감면을 통한 투자촉진을 위해 「조세특례제한법」 개정 추진이다. 국내 기업이 아프리카 지역의 사회기반시설사업 및 해외자원개발에 투자 또는 출자하는 경우 그 금액의 1%(중견기업 3%, 중소기업 6%)를 세액공제하는 법안을 발의했다.

아프리카 진출 기업 조세감면 법안은 기획재정부가 다른 대륙과의 형평성을 들어 반대하면서 제20대 국회에서 통과시키지 못했다. 나는 아프리카새시대포럼 후임 회장인 설훈 의원에게 이 법안을 다시 발의해 통과시키도록 당부했다. 이 법안이 통과되면 우리 기업의 아프리카 진출에 마중물이 될 것으로 본다.

의정활동을 하면서 아프리카 대륙에 이렇게 관심을 가진 것은 단순히 인연 때문만은 아니다. 흔히 '지구상의 마지막 기회의 땅', '희망의 대륙'이라고 불리는 아프리카가 우리에게도 기회의 대륙이기 때문이다.

아프리카는 경이적 경제성장, 점진적인 정세 안정, 풍부한 자원과 개발인프라 확충 등으로 떠오르는 대륙이다. 이에 따라 미국과 EU 등은 아프리카와 협력을 더욱 확대하고 있다. 중국·일본·인도·터키 등도 아프리카 국가들과 발 빠르게 협력을 강화하고 있다.

특히 중국은 자원 무역 등의 분야에서 아프리카 시장을 선점하는 등 적극적인 행보를 보이고 있다. 반면 우리나라의 아프리카 지역 무역과 투자는 전체 무역액과 해외 투자의 각 1.5% 미만에 머무는 등 명맥만 유지한다고 볼 수 있다.

국회의장 아프리카 순방외교 일행은 우리 정부의 요청으로 귀국길에 이라크 수도 바그다드에 들렀다. 당시 한화그룹이 이라크에서 대규모 도시주택건설사업을 하고 있었는데, 회장의 구속으로 사업수행을 불안해 할 이라크 당국을 안정시킬 필요가 있어 외교부가 요청한 것이다. 그때 70~80년대 우리 건설업의 중동 진출이 국가경제에 크게 기여한 게 떠올랐다. 이제 아프리카가 우리 경제의 성장동력이다. 우리 청년들의 해외진출에도 '기회의 땅'이다. 우리 경제의 해답을 우리나라 안에서만 찾지 말고, 세계적인 시각으로 새로운 흐름을 읽어내야 한다.

경상남도가 아프리카에 새마을운동 지원사업을 펼친 것으로 알고 있다. 고무적인 일이다. 앞으로도 더욱 확대해 지자체 차원의 '기회의 땅'을 만들면 좋겠다.

4

대통령 특사로 아프리카에 가다

아프리카 의원외교 활동 덕분이었을까? 2015년 5월 말 나이지리아 무하마두 부하리(Muhammadu Buhari) 대통령 취임식에 우리나라 대통령 특사로 가게 됐다.

대통령 특사로 가게 된 데는 색다른 배경이 있다.

그 해 4월 고 이완구 전 총리가 이른바 '성완종리스트'로 취임 70일 만에 사퇴하자 박근혜 대통령의 고민이 깊었다. 그 전해 문창극 전 중앙일보 주필과 안대희 전 대법관을 총리후보에 지명했다가 차례로 낙마한 트라우마가 있었기 때문이다. 총리 후보군에 전직 의원, 현역 의원, 전직 장관, 현직 장관 등 10여 명이 거론됐다.

박 대통령은 당시 황교안 법무부장관과 황우여 교육부장관, 그리고 나를 마지막까지 총리후보로 염두에 뒀다가 황 법무장관을 낙점했다고 기자들로부터 들었다. 내가 총리후보에서 해방되었기 때문에 대통령 특사로 보내기로 했다는 것이다. 그래서 취임식이 임박한 시점에 갑작스럽게 특사 파견이 결정된 것이다.

5월 29일 열린 부하리 대통령 취임식장에서 의아한 장면을 보게 됐다. 청년 20여명이 줄을 지어 빗자루를 들고 들어왔다. 순간 취임식 후 행사장을 정리할 미화원으로 생각했다. 옆에 있던 나이지리아 대사에게 물어보니 부정·부패를 일소하겠다는 부하리 대통령의 공약을 상징적으로 보여주는 집권당 청년당원들의 퍼포먼스였다.

취임식 후 나이지리아 최대 일간지 〈The Guardian〉에 한국 특사 인터뷰가 예정돼 있었다. 나는 취임식장의 빗자루가 떠올라 나이지리아 국민들의 관심사이고, 도움이 되겠다는 생각에서 당초 인터뷰 요청에 없었지만 한국의 부패청산 경험을 이야기했다.

공직사회를 청렴하게 한 고위공직자 재산공개, 지하의 검은 돈을 차단한 금융실명제, 현금 거래를 관찰·감시하는 제도인 금융거래정보분석원, 선거에 돈을 못 쓰게 하는 장치 등을 말해주었다.

〈The Guardian〉의 기자가 크게 반응했다. 그러면서 "부하리 대통령에게 말해줬나"라고 물어왔다. 나는 "시간이 짧아 구체적으로 말하지는 못했다"며 "최대 일간지에 보도되면 대통령이 알지 않겠나"라고 말했다. 다음날 인터뷰가 신문에 대대적으로 보도됐다.

그 뒤 부하리 대통령이 부패방지위원회를 만들었다는 소식을 들었다. 부패방지위원회 위원장과 담당자들이 우리나라 국민권익위원회에 왔다가 나를 방문해 자문을 구하기도 했다. 이들은 국회가 협력하지 않는다며 애로를 토로했다.

나는 김영삼 대통령 당시 우리나라의 사례를 설명하며 입법부에 크게 기대하지 말리고 자문했다. 공직사재산공개는 법적 근거가 없었는데도 장관 등 고위공직자부터 공개하고 나중에 법제화 한 것과 금융실명제는 대통령긴급재정명령으로 전격 시행하고 사후 국회 입법으로 뒷받침하는 방법을 설명했다.

산유국인 나이지리아는 석유공사 부패가 심하다. 과거 영국 식민지여서 영국에도 많이 알려져 있다. 검은 돈을 차단하면 테러조직이 살아남기 어려워지고, 보쿠하람 테러 문제 해결에 큰 도움이 될 것이라는 말을 덧붙였다. 나이지리아 대통령 취임식 특사와 부정부패 일소에 대한 자문은 좀 특별한 경험이다.

TheGuardian
Conscience, Nurtured by Truth

INTERVIEW
With FIU and Reforms, Nigeria can be free of

INTERVIEW
corruption and terrorism, says Korean Special Envoy

2015년 5월 대통령 특사로 나이지리아 대통령 취임식
참석 후 현지 언론의 2개 면에 걸친 인터뷰 기사

5

"네 꿈을 그려라" 세계잼버리 유치

(Draw your Dream)

의원외교에서 아주 기억에 남는 일이 있다. 올림픽처럼 4년에 한 번씩 개최되는 세계스카우트잼버리 2023년 제25회 대회를 한국에 유치한 일이다. 의정활동에서 쌓은 글로벌네트워크가 주효했다.

나는 제20대 국회에서 국회아프리카새시대포럼 회장과 국회스카우트의원연맹 회장을 맡고 있었다. 이를 계기로 한국스카우트연맹이 제25회 세계스카우트잼버리 한국유치위원장을 권유해 유치활동을 진두지휘하게 됐다. 우리나라는 전북 새만금을 개최 장소로 제시했다. 강력한 경쟁 도시는 폴란드 그단스크시였다.

나는 유치 전략을 수립하고 외교부를 통해 해외공관장들이 적극적으로 득표활동을 하도록 요청했다. 당시 국회 외교통일위원회 위원이라 외교부의 협조를 얻는 데 용이했다. 하지만 쉽지 않은 유치전이었다. 우리나라가 유치전에 다소 늦게 뛰어든 요인도 있지만, 폴란드의 기세가 만만치 않았다. 그단스크시가 레흐 바웬사 전 폴란드 대통령의 고향이라 바웬사가 폴란드 유치 후원자로 나서면서 국제적인 관심을 끌었다.

2017년 8월 16일(현지 시간) 아제르바이잔 수도 바쿠시의 콘그레스 센터에서 열리는 세계스카우트연맹 총회에서 2023 세계스카우트잼버리 개최 장소를 결정하기로 예정돼 있었다. 세계스카우트연맹 가입 160여 개 국의 투표로 결정한다. 총회장 분위기가 장소 결정에 크게 작용할 것으로 보였다.

총회를 앞두고 나는 좀 특별한 유치 전략을 고민했다. 총회장에 바웬사에 맞설만한 상징적 인물을 내세워야겠다고 생각했다. 유엔사무총장에서 불과 8개월여 전에 퇴임한 반기문 전 총장을 떠올렸다.

그러면서 한국유치위원장인 나를 필두로 반 전 총장, 함종한 한국스카우트연맹 총재, 정현백 여성가족부 장관, 개최지인 전라북도의 송하진 지사 등으로 유치단의 라인업을 짰다. 마침 나와 반 전 총장이 중학교 때 보이스카우트 활동을 해 상징성을 더했다.

그런데 총회 개최 직전 문제가 생겼다. 반 전 총장이 총회에 참석하지 못하겠다고 한국스카우트연맹에 연락해 왔다는 전갈을 받았다. 이유를 알아보니 세계스카우트연맹 사무총장이 반 전 총장에게 "유엔사무총장을 지내신 분이 특정 국가의 유치에 나서는 것은 바람직하지 않다"고 설득한 게 작용했다는 것이다.

당시 요르단 출신 아마드 알헨다이 세계스카우트연맹 사무총장은 반 전 총장이 유엔 사무총장일 때 유엔 청년기구 책임자로 앉힐 정도로 반 전 총장의 측근이었다. 1984년생으로 세계스카우트연맹 역사상 가장 최연소 사무총장이었다.

나는 반 전 총장이 총회에 반드시 참석해야 한다고 생각했다. 오스트리아에 체류 중이던 반 전 총장에게 곧바로 전화를 걸어 강력한 메시지를 전달했다.

반 총장님께서 바쿠에 안 가신다고 하셨다는데, 그러면 저는 오늘부로 한국유치위원장직 사퇴하겠습니다. 세계스카우트연맹 사무총장이 왜 전직 유엔사무총장 일에 관여합니까?

반 총장과 전화 통화 후 외교부 관계자에게 전화해서 반 전 총장이 참석하도록 최선을 다해 노력하라고 당부했다. 반 전 총장이 총회장에 참석은 하되 연설은 하지 않는 것으로 양해하는 선에서 협의했다는 연락을 받았다.

드디어 총회 날 아침이 밝았다. 유치단은 홍보와 득표 작전 회의에 들어갔다. 나는 "유치단의 여러 사람이 연설해봤자 크게 감동을 주지 못할 것"이라며 "반 전 총장만 연단에서 인사하고 나머지 유치단원들은 뒤에 배석한 상태로 소개만 하자"고 제안했다.

대부분 좋은 방안이라며 동의했다. 하지만 여성가족부 직원들이 장관 눈치를 보는지 곤란한 표정이었다. 그래서 내가 정현백 장관에게 직접 설명하고 동의를 받아냈다.

반 전 총장은 어쩔 수 없이 연설할 수밖에 없었다. 반 전 총장의 중학교 때 스카우트활동 사진이 배경에 나오는 가운데 진행된 연설은 큰 감동을 불러일으켰다. 폴란드 그단스크에 비해 열세라고 봤던 분위기가 크게 반전되는 게 느껴졌다. 투표 결과 607대 365(한 회원국이 6

표씩 투표권 행사)의 압도적 표차로 새만금이 그단스크를 눌렀다.

유치 성공 후 "역시 이주영이다. 유치위원장이 득표 전략을 잘 세웠다"는 평가를 받았다. 그러면서 2023 새만금 세계스카우트잼버리 유치를 이끌어낸 주역으로 나와 반기문 전 유엔 사무총장, 송하진 전북지사, 함종한 당시 한국스카우트연맹 총재 등을 꼽는다.

이 가운데 반 전 총장의 가세는 레흐 바웬사를 내세운 폴란드의 지지세를 무너뜨리고 부동표를 흡수하는 데 결정적 역할을 했다. 특히 분명한 입장을 밝히지 않았던 남미와 아프리카 국가들의 지지를 이끌어내는 데 반 전 총장 카드가 주효했다고 본다.

나는 유치 후 2023 새만금 세계스카우트잼버리 준비위원장을 1년 정도 했다. 그리고 조직위원회 구성 때 여성가족부 장관이나 한국스카우트연맹 총재가 위원장을 맡아야 한다며 위원장직을 내놨다.

세계스카우트잼버리에는 전 세계 160여개 나라에서 스카우트 대원과 임원 등 5만여 명이 참가한다. 우리나라에서는 1991년 강원도 고성에 이어 두 번째 열리는 대규모 청소년 국제행사다.

대회의 직접적 효과만 해도 생산유발 800억 원, 일자리 1000여개로 전망한다. 이 외에 잼버리가 열릴 새만금 개발이 앞당겨지고, 새만금의 국제적 브랜드 가치 상승 등 연관효과는 더욱 크다.

2023년 8월, 전북 부안군 새만금에서 'Draw your Dream(네 꿈을 그려라!)'라는 주제로 펼쳐질 제25회 세계스카우트잼버리. 무엇보다 우리의 미래인 청소년들이 마음껏 꿈을 그리며 세계 청소년들과 교류하는데 더 의미가 크다. 한국유치위원장과 초기 준비위원장으로서 새만금 세계스카우트잼버리의 대대적인 성공을 기원한다.

제8장

청년들이 꿈을 펼칠 고향을 만들고 싶다

1 의원 전원 서명한 3·15 의거 국가기념일 | 2 마산 '핫플레이스' |
3 도민 사랑받는 마산의료원 | 4 지역민과 함께 한 공공기관 유치 |
5 청년들이 꿈을 펼칠 고향을 만들고 싶다

1

의원 전원 서명한 3·15 의거 국가기념일

2009년 12월 29일 오후 6시 국회 본회의 71번째 마지막 안건으로 상정된 '3·15 의거 국가기념일 제정 촉구 결의안'이 재석의원 166명 가운데 162명의 찬성으로 의결됐다. 마산 3·15 의거 기념일은 이듬해인 2010년 3월 9일 국무회의에서 대통령령인 '각종 기념일 등에 관한 규정'이 개정돼 국가기념일로 공식 지정됐으나 결의안이 국회를 통과한 이 날 사실상 확정된 것이나 다름없었다.

'3·15 의거 국가기념일 제정 촉구 결의안'은 사실 국회 본회의 통과보다 발의에 더 큰 의미가 있다. 내가 대표 발의한 결의안은 국회 사상 최초로 재적의원 293명 전원(국회의장과 의원직 상실자 제외)의 서명을 받아 제출됐다.

나는 건강이 좋지 않아 산속에 요양 중인 의원과 구치소에 수감된 동료 의원들까지 일일이 찾아가 서명을 받아 재적의원 전원 공동 발의라는 신기록을 세웠다. 마산 3·15 의거에 대한 동료 의원들과 국민적 관심이 높다는 반증이기도 했다.

앞서 나는 초선 의원 때인 제16대 국회에서 '부부의 날' 국가기념일 제정을 주도한 적이 있다. '둘이 하나 된다'는 의미로 가정의 달인 5월 21일을 '부부의 날'로 기념하자는 운동은 1995년 경남 창원에서 시작됐다. 이 운동을 시작한 권재도 목사는 어린이날 TV를 시청하던 중 "우리 엄마·아빠가 함께 사는 게 소원이예요"라고 하는 이혼 가정의 한 어린이 인터뷰를 보고 안타까운 마음이 들어 '부부의 날' 기념행사를 주변에 제안했다고 한다.

권 목사의 취지에 동감한 지역의 많은 분들이 '부부의날위원회'를 결성하고 매년 기념행사를 하면서 민간 차원의 기념일로 점차 확산됐다. 이후 전국적으로 많은 이들의 호응을 얻으면서 국가기념일 제정 운동이 펼쳐졌다.

2000년 제16대 총선에서 초선으로 국회에 등원한 나는 '부부의 날'을 모든 국민이 기념하는 국가기념일로 하면 좋겠다는 생각을 했다. 그러면서 내가 소개한 「부부의 날 국가기념일 지정을 위한 청원(안)」이 2003년 12월 국회 본회의를 통과했다.

하지만 당시 정부의 인식부족과 소극적인 입장으로 미뤄지다 2007년 '부부의 날'부터 국가기념일로 지정됐다. 정부 차원의 공식 기념행사와 함께 지역별로 부부축제와 부부음악제, 부부 사랑고백 나눔의 시간 등 다양한 행사를 펼친다. 국회에서도 매년 '부부의 날'을 즈음해 모범부부상 등을 시상하며 부부의 사랑과 가정의 화목을 새삼 일깨우고 있다.

'부부의 날' 운동을 펼치는 분들은 이후 '세계부부의날위원회'를 조직해 글로벌 기념일로 진행하면서 UN이 정한 세계기념일 제정을 위해 노력하고 있다. 나는 2016년 9월 유엔을 방문한 기회에 당시 반기문 사무총장에게 '부부의 날' 세계기념일 추진을 제안하기도 했다.

2021년 5월 20일 열린 「2021 세계부부의날 기념식」에서 나는 세계부부의날위원회 고문 자격으로 반기문 전 유엔사무총장·유순택 부부에게 '2021 올해의 세계지도자부부상'을 시상했다. 권재도 목사가 주창하는 UN이 제정하는 세계부부의날 기념행사가 뉴욕 UN 본부에서 열릴 날을 기대해 본다.

2

마산 '핫플레이스'

요즘 마산 월영마을에서 창원 사무실로 출퇴근하면서 마산해안도로를 지날 때면 새삼 지역구 국회의원 때의 일들이 스쳐지나간다. 창원시 마산합포구 마산항 친수공간이 '핫플레이스'로 떠오른다는 이야기를 들어서다.

전체 친수공간 중 일부인 서항지구만 개장했는데도 밤에 시민들이 몰려들면서 '여수밤바다'에 비유해 '마산밤바다'로 불리기도 한다. 주말 행사에 나가보니 낮에도 시민들의 발길이 이어진다. 가족 단위 인근 주민은 물론 멀리 떨어진 곳에서도 많이 찾는다고 한다. 마라톤이나 트라이애슬론 대회 등 스포츠 행사도 종종 열린다. 인근 아파트 가격 상승에도 영향을 미치고 있다니 '핫플레이스'가 그냥 나온 말이 아닌 듯하다.

마산항 친수공간은 부두 기능을 상실한 22만여㎡의 항만부지를 공원으로 조성하는 구역이다. 전체 구역은 마산항 서항지구와 1부두, 중앙부두로 2.3㎞나 이어진다. 항만부지를 시민공원으로 조성한 국내

해양수산부 장관 당시 경남도청을 찾아 경남도와 정책협의를 하는 필자

해양공원 중 최대 규모다.

친수공간을 조성한 마산지방해양수산청과 관리·운영할 창원시는 2021년 11월 초순 일부 개장한 서항지구에서 개장식을 가졌다. 두 기관은 앞서 2021년 7월 마산항 친수공간 관리·운영 위수탁 협약을 체결했다.

친수공간에는 내가 제안한 민주주의전당과 근대항만역사체험관, 해양안전체험센터 등도 들어설 예정이다. 목재와 모래, 시멘트 원료 등 벌크화물이 적재돼 흉물스럽던 마산항 구항(서항지구~1부두~중앙부두) 지역이 이렇게 시민공원과 해양복합문화공간으로 탈바꿈하고 있다.

나는 마산합포구 국회의원과 해양수산부장관을 지내면서 마산항 친수공간 조성을 위한 국비 500억원 확보와 항만부지 관리권 창원시 이양을 이끌어냈다. 마산항 구항 지역 친수공간 조성으로 마산합포구

일대가 최근 몇 년 사이에 이렇게 살기 좋은 도시로 탈바꿈하고 있지만, 사실 그 변신은 오래 전부터 착착 진행되고 있었다.

부두 기능 상실로 폐선된 임항선 철로는 '임항선 그린웨이'로 조성돼 시민들의 휴식·운동 공간으로 자리 잡았다. 서항지구 친수공간에서 가포 신항으로 가는 해안대로는 터널로 연결돼 마창대교와 가포·덕동으로 접근성을 획기적으로 높였다.

구항 지역 장어구이거리에는 태풍과 지진해일에 대비한 방재기능형 친수공간이 조성돼 안전과 시민 휴식공간으로 새롭게 태어났다. 가포 해안변 가족나들이공원과 가포오토캠핑장, 돝섬종합관광센터도 시민들과 마산 바다를 찾는 외지인들의 친수공간 역할을 톡톡히 하고 있다.

마산항 친수공간이 조성되고 있는 해안대로변 건물에 '창원어선안전조업국'이라는 다소 생소한 간판이 보인다. 해양수산부가 2021년 7월 20번째로 설립한 지역 어선안전조업국이다. 수협중앙회가 운영하는 어선안전조업국은 무선설비 시스템을 갖추고 어선 사고 예방과 신속 구조 활동을 한다. 태풍 등 재해 예방·대응과 해상통합방위 지원 기능도 수행한다.

창원어선안전조업국 신설로 기존 통영어선안전조업국에서 관리하던 어선 9775척 중 5144척이 이관돼 인근 지역 어선들의 안전과 어민들의 편의에 도움을 주게 됐다. 창원해양경찰서와 함께 창원어선안전조업국도 내가 국회의원 당시 지역에 유치한 국가 기관들이다.

장군천·교방천·회원천 등 도심의 죽은 하천들은 생태하천화를 통해, 오동동과 동서동 등 구도심은 도시재생으로 '마산핫플레이스'와 함께 어우러져 마산 르네상스에 기여하고 있다. 해안도로변에 자리한 마산합포스포츠센터도 합포구민들의 여가와 체육활동에 크게 기여한다는 이야기를 많이 듣는다.

이들 모두 나의 국회의원 시절 지역구 사업 중 '마산항을 시민품으로'와 '마산 도시재생 프로젝트'의 결과물이라 마산 '핫플레이스'를 접하는 감회가 남다르다. 침체됐던 마산이 살맛나는 도시로 탈바꿈하고 계속 발전할 것이라 믿는다.

3

도민 사랑받는 마산의료원

'익명 기부자 마산의료원에 도시락 100인분 기부'

'NC 다이노스 투수 김진성 선수 마산의료원 의료진에 빵과 음료 선물'

'가수 영탁 팬 마산의료원에 음료 전달'

코로나19 팬데믹 상황에서 경남도립 마산의료원에 쏟아진 응원이다.

마산의료원은 코로나19 바이러스 감염이 확산되자 일찍부터 전담 병원에 지정됐다. 마산의료원이 신종감염병 대유행 상황에서 공공의료기관으로서 제 역할을 하게 된 데는 선제적인 대비가 있었기 때문이다.

지금의 마산의료원은 2016년 300병상 규모의 현대식 병동으로 신축 확장한 건물이다. 감염병에 대비해 음압병동도 지었다. 국비와 도비 각각 50%씩 모두 497억 원의 사업비가 투입됐다. 신축 확장 부지는 알려진 대로 지금은 돌아가신 롯데그룹 신격호 회장이 2009년 경남도에 무상 기부한 롯데크리스탈호텔 부지다. 롯데의 부지 기부와 마산의료원 신축 확장에는 숨은 이야기가 있다.

마산의료원은 2007년 의료원 내 건물증축계획을 세우고 나에게 국비요청을 해왔다. 나는 당시 의료원 바로 뒤에 위치한 롯데크리스탈호텔을 의료원 신·증축에 활용하면 좋겠다는 생각을 갖고 있었다. 당시 호텔 건물은 문을 닫은 후 7년 째 비어있어 주변이 황폐화되고, 청소년 우범지역으로 전락하고 있어 이를 타개하는 방안이기도 했다.

그래서 나는 당시 롯데그룹의 이인원 전무를 만나 물밑 작업을 벌이는 한편, 의료원장에게 호텔 건물을 병실로 활용하면 어떻겠냐고 제안했다. 이에 의료원장은 될 수만 있다면 좋은 방안이라고 반겼다. 하지만 경남도와 함께 건물 안전진단을 한 결과 위험 판정이 나와 그대로 활용할 수 없었다.

나는 포기하지 않았다. 이번엔 의료원장에게 "호텔을 헐고 병원을 신축하면 좋겠다"며 "보건복지부의 지방의료원 현대화사업이 있으니 알아보자"고 제안했다. 의료원 측은 현대화사업에 대한 계획을 수립하고, 나는 보건복지부와 협의를 통해 국비 지원을 약속 받았다.

한편으로 당시 김태호 도지사를 찾아가 경상남도의 협조를 요청했다. 김 지사가 신격호 롯데그룹 총괄회장을 만나 도움을 요청한 결과 롯데가 무상 기부키로 하면서 마산의료원 신축 확장사업은 급물살을 탔다.

마산의료원은 2024년이면 개원 100년을 맞는다. 마산을 중심으로 중부경남 도민들과 고락을 함께 해 왔다. 1960년 3·15 의거 때는 김주열 열사의 시신이 안치된 곳이기도 하다.

마산의료원이 기존 의료원 위치에서 신축 확장함으로써 마산합포구의 도시 공동화와 쇠퇴를 막는 데에도 기여했다. 무엇보다 코로나19 팬데믹 상황에서 공공의료기관으로서의 역할을 더욱 충실히 수행하고 있어 든든하다.

4

지역민과 함께 한 공공기관 유치

2021년 4월 창원가정법원 청사 건립 부지가 확정됐다는 반가운 소식을 지역 언론을 통해 접했다. 건축 착공도 2023년 1월로 확정돼 2025년 3월 1일 개원이 순조롭게 진행된다고 한다.

창원가정법원이 자리하는 창원시 사파지구 도시개발사업구역은 창원지방법원·검찰청과 가까워 '광역법조 타운'이 형성될 전망이다. 이곳에 교육·연구시설도 입주할 예정이라 면접교섭센터와 후견센터 등이 들어서는 가정법원과 조화를 이룰 수 있어 더욱 바람직한 여건이 조성될 것 같다.

나는 서울가정법원 판사를 지내면서 가정법원 관할 사건의 특성을 경험한 적이 있다. 가정법원 관할 사건은 전문성이 요구되고, 사건 당사자에 대한 법원의 후견적·복지적 역할이 중요하다.

그런데도 경남 지역에 가정법원이 없어 창원가정법원 설치는 지역의 오랜 숙원이었다. 이에 나는 제20대 국회 전반기인 2016년 10월 창원가정법원 설치 법률안을 대표 발의했다. 그리고 후반기인 2020년

3월 국회 본회의를 통과할 때까지 최선의 노력을 기울였다.

법률에 따라 2025년 3월 창원가정법원이 개원하면 동시에 마산·진주·통영·밀양·거창에도 창원가정법원 지원이 설치된다. 그러면 경남도민이 가사·소년보호 사건에서 전문성을 가진 재판부로부터 양질의 사법서비스를 받게 된다.

지역 주민들에게 공공서비스를 제공하는 공공기관은 인구와 수요 등 지역 여건에 맞춰 제때 설치되어야 한다. 적기에 공공기관이 들어서지 못하면 지역민들에게 불편을 초래하는 것은 물론 지역발전을 더디게 하는 요인으로 작용한다. 도시가 급격하게 성장하고 있는 김해시민들이 법원 지원과 검찰 지청 등 공공기관 설치를 강력하게 염원하는 것도 그런 연유 때문이다.

공공수요 예측과 관련 공공기관 설치를 위한 계획과 예산 확보 등은 공직자들이 선제적으로 대처해야 할 정책의 문제다. 지역민들의 요구를 직접 받는 선출직 공직자에게는 결국 정치의 문제로 귀결된다.

5선 국회의원을 지내는 동안 여러 공공기관을 지역에 유치·신설했다. 경남도립 마산의료원 확장 신축과 가포신항 배후부지에 구축될 400억 원 규모의 풍력너셀테스트베드 유치 등이 있다. 창원가정법원을 비롯해 경남에 각급 법원을 신설·유치한 것도 지역민의 요구이자 오랜 숙원을 해결한 사례들이다.

마산지방법원과 마산지방검찰청이 1991년 창원으로 이전 개칭되면서 마산은 공동화와 함께 상실감에 빠져있었다. 나는 국회 법사위에서 활동하며 창원지방법원 마산지원과 창원지방검찰청 마산지청 유치를 이끌어냈다.

마산지방법원과 마산지방검찰청이 창원으로 이전한 지 16년만인 2007년 마산지원과 마산지청 개청으로 법원과 검찰청이 마산에서 부활했다. 2010년 부산고등법원 창원재판부와 부산고등검찰청 창원지부 설치도 나의 의정활동 결과물이다. 이들 공공기관 유치를 위해 힘을 모아주신 경남도민께 감사드린다.

5

청년들이 꿈을 펼칠 고향을 만들고 싶다

2020년 4월 15일.

제21대 총선은 나에게 큰 안타까움을 남긴 선거다. 개인적으로는 지역민의 심판을 받아보지도 못하고 출마를 접어야 했다. 내가 총괄선대위원장을 맡은 경남은 우리 당 성적이 괜찮은 편이었으나 전국적으로는 참패했다.

2019년 여름과 가을 정국을 뜨겁게 달군 '조국사태' 당시 문재인 정권 퇴진 투쟁에 앞장서 조국 법무부장관 사퇴를 이끌어냈다. 이어진 연말연초 정국에서는 당시 자유한국당을 제외한 야당이 여당인 민주당과 야합해 밀어붙인 이른바 패스트트랙 법안 저지를 위해 혼신의 노력을 기울였으나 역부족이었다.

그런 가운데 2020년 4·15총선 시계는 점점 빨라졌다. 보수야당 단일대오로 문재인 정권을 심판해야 한다는 국민적 여망도 높아갔다. 보수 세력은 이 여망에 부응해 자유한국당을 중심으로 통합 정당인 미래통합당을 창당했다.

미래통합당 공천에서 나는 컷오프라는 복병을 만났다. 힘겨운 일이었다. 억울했다. 아직 할 일이 너무나 많이 남았는데, 정말로 승복하기 어려웠지만 언제나 그랬듯 선당후사의 정신으로 받아들였다. 공정과 정의, 상식을 무너뜨린 문재인 정권을 심판하는 게 다른 무엇보다 우선이었다.

나는 총선 불출마를 선언했다.

> "문재인 정권 심판이라는 국민의 큰 뜻을 저버릴 수 없었다. 좌파 정권의 위선과 폭주를 막아내고 정권교체를 이룰 수 있도록 백의종군하겠다."

그리고 오만과 위선에 빠진 무능한 문재인 정권 심판에 앞장 서 달라는 당의 요청을 받아들였다. 4·15총선 부울경 권역선대위원장 겸 경남총괄선대위원장을 맡아 선거를 총 지휘하고, 당 소속 후보 지원활동을 벌였다. 시대의 부름이라고 생각했다. 반드시 당선시켜야 했다.

3월 25일 열린 '제21대 총선 희망통합 경남선대위 출범식'에서 나는 이번 총선은 문재인 정권을 심판하는 선거다. 문 정권을 무너뜨리기 위해 경남 16개 선거구에서 압승해서 대한민국과 경남의 자랑스러운 가치와 역사를 지켜나가자고 역설했다. 3월 31일에는 당 후보들과 함께 창원시 성산구 두산중공업 정문에서 지역경제는 물론 국가경제까지 망친 탈원전 정책 폐기 등을 담은 당의 대표 공약을 발표했다.

4월 2일부터 시작된 13일 간의 선거운동 기간 동안 경남 전역을 돌았다. 당연히 예전의 내 선거보다 더 열심히 뛰었다. 후보들에게 부담을 주지 않기 위해 미리 연락하지 않고 후보 일정에 맞춰 지원 유세를 펼쳤다. 후보와 별도로 지역 당원들과 함께 곳곳을 다니며 지지세 확장에 앞장섰다. 몸은 고달팠지만 행복했다. 예전의 내 선거에서는 느끼지 못한 희열이 있었다. 소중한 유권자 한 분 한 분의 목소리가 쏙쏙 귀에 박혔다.

투표일 전날 '대국민 투표참여 및 지지호소' 캠페인에서 나는 다시 목청껏 외쳤다.

"우리 사회의 정의와 공정이 조국 한 사람 때문에 처절하게 무너졌다. 오만한 문재인 정권은 반성은커녕 조국을 살리겠다고 윤석열 검찰총장을 헐뜯고 끌어내리려 하고 있다. 조국을 살리느냐 경제를 살리느냐, 조국을 살리느냐 공정과 정의를 살리느냐, 경남도민들이 준엄하게 심판해 달라!"

선거 결과 경남은 16개 선거구 중 12개 선거구에서 당 소속 후보가 승리해 '낙동강전선'은 그런대로 사수했다. 도지사와 18개 시·군 중 7개 시장·군수, 도의회와 일부 시의회의 다수 의석을 민주당에 내준 2018년 제7회 전국 동시지방선거에 비하면 선방이었다.

4·15 총선이 끝나고 정치적 진로를 고민했다. 총선 과정에 많은 분들로부터 우리 당 후보로 차기 경남도지사 선거에 나서달라는 요청을 받았다. 당시엔 김경수 지사가 도지사 선거 전부터 수사를 받았던 '드루킹 댓글조작' 사건으로 재판을 받고 있어 보궐선거가 실시될 수도 있었다. 그러나 4·15총선 참패로 당은 무력감에 빠졌다. 문재인 정권

심판과 정권교체는 이제 더욱 더 절체절명의 과제로 남았다. 누군가는 나서야 한다.

그래서 결연히 경남도지사 탈환의 깃발을 들기로 했다.

4·15총선 후 5월 30일 제20대 국회 임기만료일까지도 의정활동을 소홀히 하지 않았다. 총선 직후인 4월 19일 코로나19 상황에 대처하기 위해 국회에 '세계적 경제위기 대응 특별위원회' 설치를 제안하는 기자회견을 했다. 5월 8일에는 당시 문희상 국회의장이 주재한 여야 5선 이상 중진의원 모임인 '이금회(의원외교포럼)' 오찬간담회에서 공수처가 문재인 대통령과 그 주변 등 살아있는 권력에 대한 수사는 외면하고, 윤석열 당시 검찰총장과 조국 사건 수사검사에 대한 수사를 할 가능성을 우려했다.

제20대 국회 임기만료를 이틀 앞둔 5월 28일에는 (사)21세기경제사회연구원(이사장 유준상 전 국회의원)과 공동으로 '사전투표의 문제점과 개선방안'을 주제로 국회에서 정책세미나를 개최했다. 세미나에서는 4·15총선에서 드러난 사전투표제의 문제점을 지적하고, 개선방안으로 '사전투표제 폐지 또는 사전투표일을 1일만 하고 사전투표일도 본투표일 3일 전으로 앞당기면서 본투표일을 2일로 하는 방안을 제시했다. 이와 함께 전자투표의 신뢰성을 높이기 위해 투표 관련 모든 장비의 검증절차를 거쳐야 한다고 주장했다.

선거는 민주주의 꽃이라고 한다. 선거의 공정성과 투명성, 신뢰성에 대한 의혹이나 불신은 민주주의를 위협한다. 4·15총선 후 이에 대한 문제가 끊임없이 제기됐다. 전북 남원시·임실군·순창군 선거구에서 무소속으로 출마해 어렵게 당선된 이용호 의원도 4·15총선 직후인

5월 5일 성명을 내고 사전투표의 축소 또는 폐지를 주장했다. 하지만 국회 압도적 다수당을 차지한 여당은 제도개선을 외면하고 있다.

선거관리위원회도 엄정한 선거관리에 소홀하다는 비판을 받고 있다. 선거소송을 맡은 대법원도 재판 지연과 드러난 증거 무시 등으로 불신을 초래하고 있다.

제20대 국회 종료 후 한결 마음은 가벼워졌다. 하지만 여유만만하게 시간을 보낼 형편이 되지 않았다. 지역 대학교수와 전문가들이 찾아와 스터디그룹을 만들어 경남을 공부하자고 했다. 그렇게 시작해 1년을 넘게 매주 말 모여서 발표와 토론을 이어갔다.

코로나19 감염이 확산돼 사회적 거리두기가 강화될 때는 화상회의를 통해 토론과 연구를 계속했다. 때로는 외부 전문가를 초청해 강연을 들었다. 그러면서 자연스럽게 '경남비전4.0 연구모임'이라는 정책그룹으로 발전해 갔다.

경남도지사 준비 정책싱크탱크 역할에 손색이 없을 만큼 정책 아이디어를 발굴하고 축적했다. 1년여 동안 전체 연구모임 50여회와 10여 차례의 초청집담회, 20여 차례의 주제별 회의를 가졌다. 그리고 1년 3개월 지난 2021년 9월 '경남의힘정책포럼'을 출범시켰다. 20여명의 정책그룹이 싱크탱크라면, 2000여명이 참여한 포럼은 정책네트워크라고 할 수 있다. 도지사 출마를 준비하면서 아주 보람된 일이다.

경남 곳곳을 다니며 수많은 도민들도 만났다. 2020년 6월부터 2021년 12월까지 경남도내 18개 시·군을 평균 10회 정도 찾았다. 매주 차량으로 500km 이상 이동했으니 5만km 정도 달렸다. 1년 7개월간 만난 각계각층 도민은 2만5000여명에 이른다.

제20대 국회의원 당시 산업현장 용접 체험

수많은 도민들을 만나고 각 지역을 돌아보면서 '현장에 답이 있다'는 것을 새삼 실감했다. 정책에 바로 반영해도 될 현장의 목소리였다. '경남의힘정책포럼'은 이들 목소리와 정책그룹의 연구·토론 결과를 정리해 2021년 11월 '이주영과 함께하는 정책에세이' 「경남 발전 비전과 미래」라는 제목의 정책자료집을 펴냈다.

경남 발전 비전과 미래에 대해 화두를 던진 이 자료집은 포스트 코로나19 시대와 다가올 4차 산업혁명시대에 경남이 나아갈 방향을 제시하고 있다. 경남의 미래는 소득수준 전국 3위, 100억 달러 이상 투자 유치, 인구 500만 경남시대를 열어가는 '경남 발전 315비전'으로 만들어가야 한다.

어릴 적 고향을 떠나 판사로서 공직의 한 획을 긋고 너무 늦지 않게 고향에 돌아와 정치를 시작한 지 어느 덧 27년의 세월이 흘렀다. 그리고 제20대 국회를 끝으로 선출직으로 공직의 두 번째 획을 긋고 다시 고향에 섰다.

임인년 흑호(黑虎)의 새해!

나, 이주영은 다짐한다.

고향 분들과 함께 미래세대 청년들이 꿈을 펼치고 살맛나는 고향을 만들 것이라고!

제9장

이주영의 생각

1 '경남 발전 315비전' 세우고 매진 | 2 문 정권 폭주·난동 막는데 앞장 | 3 경남 항공산업 날개를 꺾지 마라 | 4 정권교체 향한 정책개발 시동 | 5 'LH 개혁'…초점 흐리지 마라 | 6 '선거용 말잔치' 이제 안 통한다 | 7 지연된 정의는 정의가 아니다 | 8 문재인 대통령의 '국가기강 쑥대밭' | 9 '농업인의 날'에 생각하는 경남 농업

1

'경남 발전 315비전' 세우고 매진

— '경남의힘정책포럼' 정책세미나 강연·축사 —

함께 만드는 경남의 꿈과 희망, 비전

— 경남의힘정책포럼 출범식 강연(2021.09.09.)

저는 지난해 5월 말 20대 국회 임기 만료 후 국민의힘 국책자문위원장으로서 경남 곳곳을 다니며 도민들의 이야기를 듣고 있습니다.

도민들은 "왜 도정에 공백이 생기느냐?" "재판을 왜 이렇게 질질 끌고 있느냐?" 드루킹 댓글조작으로 재판을 받고 있는 김경수 당시 지사에 대한 이야기였습니다. 김 전 지사는 결국 지사직이 박탈됐습니다. 도민들의 자존심이 상할 대로 상했습니다. 그런데도 김 전 지사와 민주당은 민주주의 파괴와 도정 혼란에 대해 사과도 없습니다. 국민들은 문재인 정권의 실정과, 위정자들의 거짓과 위선, 공정과 상식 붕괴에 허탈해하고 분노하고 있습니다. 정권교체에 대한 열망이 아주 크다는 것을 알 수 있었습니다.

도민들의 이야기를 들으면서 "현장에 답이 있다"는 걸 실감했습니다. 정책에 바로 반영해도 될 현장의 목소리였습니다. 그 중 몇 가지만 소개하겠습니다.

기업유치를 위해 수도권과 지방의 법인세율 차등화 등 친기업정책을 제안했습니다. 산업단지 주차난 해소와 편의시설 확충을 호소했습니다. 청년 인센티브제 도입과 공기업 지역인재 채용 비율 상향 등 청년정책도 강조했습니다. 건설 기술인력 양성 지원책은 인력난 해소와 청년 일자리 창출 등 일석이조의 정책입니다.

심혈관 질환자 등 응급환자 30분 내 구호를 위한 응급의료체계와 복지사각지대 해소를 위한 촘촘한 사회안전망 구축 등 보건의료복지에 대한 의견도 많았습니다. 임대아파트 공급 증대와 LH 해체 절대 반대 등 지역 현안, 가스공사 냉매를 활용한 대규모 수산유통단지 조성 등 지역 맞춤형 정책 제안도 있었습니다.

경남의힘정책포럼이 정책네트워크 역할을 크게 할 것 같습니다. 포럼 출범 소식을 접하고 오늘 아침 지인 한 분께서 제안을 주셨습니다. 'KTX물류화물주식회사'를 경남에 만들자는 제안입니다.

지금 KTX 1세대 열차가 수명이 다 되어 폐기될 상황이랍니다. 코레일이 그냥 폐기시키기 아까워 고민 중인데, 이를 지역발전에 활용하자는 의견입니다. 이 폐기 차량을 경남도가 인수해 KTX가 운행하지 않는 밤 12시에서 아침 5시까지 화물을 운송하면 1석 3~4조의 효과를 낼 수 있습니다.

마침 한국철도기술연구원이 KTX차량을 화물차량으로 개조, 활용하는 방안에 대한 특허까지 냈다고 하니 바로 적용할 수 있습니다. 대구에서 창원~진해신항으로 이어지는 물류운송체계를 만드는 획기적인 방안이라고 봅니다.

코로나19 팬데믹으로 삶의 방식이 근본적으로 바뀌고, 4차 산업혁명시대로 빠른 진행은 제외되고 소외되는 낙오자를 만들어내기도 합니다. 변화와 도전, 자신감을 갖고 선제적 대응과 미래를 위한 철저한 준비가 요구됩니다.

우리가 발을 딛고 있는 경남은 수도권 집중과 지역소멸 등 우리사회 공통의 문제에 직면해 있습니다. 도정 공백과 리더십 실종으로 도민들이 도정 불안정을 걱정합니다. 악순환의 고리를 차단하고 반듯한 경남, 살맛나는 경남을 만들어 다함께 행복한 경남에서 살고, 희망경남을 다음 세대에 물려줘야합니다.

일자리, 내집 마련 등 청년 희망사다리를 구축하고 출산과 보육을 책임지는 경남, 양극화 해소와 취약계층과 동행하는 경남을 만들어야 하겠습니다.

전문가들은 경남에만 없는 권역별 호스피스센터 설립과 보건·의료·복지를 통합 운영하는 시스템 도입을 제안합니다. 항노화(Anti-Aging)는 물론 노인 복지·생활·문화 등을 망라한 웰에이징(Well-Aging) 시니어 정책으로 고령화 시대에 대비해야 합니다.

장기침체와 코로나19 팬데믹으로 나락에 떨어진 자영업자와 중소상공인이 발 딛고 일어설 수 있는 대책이 시급합니다. 기후변화와 재해, 생활·노동·산업현장의 안전 대책 강화로 안전한 경남, 문화·체육·관광에 강한 경남을 만드는데도 소홀함이 없어야 하겠습니다.

산업 측면을 살펴보겠습니다. 기계와 조선, 방산 등 경남 전통산업이 침체에 빠져있습니다. 진주사천항공산단 등 경남에 유치한 국가산업단지가 당초 기대에 크게 못 미치고 있습니다. 밀양나노산단은 기업유치와 연구인력 확보에 어려움을 겪고 있습니다. 거제해양플랜트산단은 사실상 중단 상태입니다. 현재 추진되고 있는 산업단지의 스마트화 등 전통산업 리뉴얼에 더욱 박차를 가해야 합니다. 강력한 리더십으로 '국가산단 시즌2' 정책을 추진할 필요가 있습니다.

우리 경남은 소형원전과 수소 배터리, 신재생 에너지 등 미래형 에너지산업에 좋은 여건을 갖고 있습니다. 이를 새로운 성장동력으로 키워나가야 합니다. 창조혁신벨리 구축, 로봇산업진흥, 우주항공·메카트로닉스·나노 등 첨단기술산업 선도지역으로 조기 자리매김함으로써 '다시 한 번 경남', '경남르네상스시대'를 열어가야 합니다.

경남은 조선·해양플랜트 선도 지역이자 항만물류 중심지역입니다. 여기에 경남 바다를 해양관광과 휴양·레저·치유에 활용함으로써 남해안시대와 해양강국을 선도해야 하겠습니다. 스마트팜과 생명농업 등 미래첨단 농어업기술 육성·지원에도 관심을 가져야 합니다.

관광은 주요 먹거리 산업입니다. 경남의 자연경관과 역사·문화 자산은 어디에 내놔도 모자라지 않습니다. 여기에 글로벌시대에 관광객을 불러 모을 수 있는 유인책이 필요합니다. 월드베스트(세계 최고) 경남, 월드온리원(세계 유일) 경남을 지향해야 합니다.

그 방안으로 대한민국의 랜드마크가 될 초고층 해양타워 건설을 제안합니다. 세계적 규모의 해양생태관과 세계 최고의 해상무대공연 등을 접목하는 것도 좋습니다. 해양 관광·휴양·치유·레포츠 등을 연계해 경남 해안과 바다를 미래 성장동력으로 활용해야 합니다. 민간 차원의 검토와 계획이 많이 되어있습니다. 자금조달 방안 등을 강구해 꿈을 현실로 만들어가야 합니다.

논의되는 한일 해저터널의 한국 기점으로 경남 거제와 부산 가덕도가 거론되고 있습니다. 거가대교, 통영~대전 고속도로, 남부내륙고속철도, 거제~마산 통과 국도 5호선, 중부내륙고속도로 등 한반도 중심을 관통하는 교통망과 연결되는 거제가 가장 적합하다고 하겠습니다.

한일 해저터널에 미래형 교통수단인 하이퍼루프(hyperloop) 적용을 적극 검토할 수 있습니다. 한국철도기술연구원이 지난해 11월 한국형 하이퍼루프인 '하이퍼튜브(Hyper Tube)' 시험에서 시속 1019km 달성에 성공했습니다.

국토부는 지자체를 대상으로 '하이퍼튜브 시범단지 설치사업 공모'를 진행하고 있습니다. 공사비만 5000억 원이 투입되는 사업입니다. 한일해저터널 적용과 연계할 수 있습니다. 경남의 적극적인 관심을 요합니다.

2019년부터 2040년까지 적용되는 정부의 제2차 신항만건설기본계획은 기존의 부산항 신항과 새로 건설될 진해신항을 원포트(One Port) 체제로 육성하는 것을 전제로 하고 있습니다. 현재 논의되고 있는 '부산항만공사'의 '부산경남항만공사'로 명칭 변경을 추진하는 것도 마찬가지입니다. 항만이 지역경제에 미치는 파급효과는 엄청납니다. 경남이 주도해야 합니다.

진해신항과 부산항 신항을 투포트(Two Port) 체제의 동북아 메가포트(Mega Port)로 육성하는 것이 바람직합니다. 미국 서부 태평양의 관문 로스엔젤레스항과 롱비치항이 좋은 사례입니다. 같은 항만구역인

산페드로만에 있지만 투포트 체제로 운영하는 세계적 항구입니다. 이와 함께 경남항만공사를 별도 설립해 새로 건설될 진해신항을 운영해야 합니다.

수도권 집중과 지역소멸 대응을 위해 광역권 발전전략은 필요합니다. 하지만 부울경메가시티 전략에서도 보듯 지금의 광역권 발전전략은 서부경남 등 지역 소외와 제외의 문제를 간과하고 있습니다.

대구·경북을 포함한 초광역권 발전 전략과 함께 '권역 중심 도시'와 '기초연합정부 전략'으로 보완해야 합니다. 이를 통해 지역소멸 대응책을 촘촘히 수립하고, 지역균형 발전과 상생발전을 도모할 수 있습니다. 이제 자율과 자치, 분권을 중심으로 국가 리뉴얼이 필요합니다. 분권형 개헌이 그 방안입니다. 지역에서 분권형 개헌을 위해 힘을 모아나가야 하겠습니다.

개인소득 전국 3위·인구 500만 경남시대

— 청년의 꿈과 지역의 미래를 위한 남부권 정책세미나(2021.10.14.)

오늘 세미나는 지역 도민들의 현장 목소리를 듣고, 이를 포럼 정책 연구에 담아내기 위해 개최되는 것으로 알고 있습니다. 특히 '청년의 꿈과 지역의 미래를 위한 정책세미나'라는 제목에서 보듯 청년과 지역이 주요 컨셉입니다.

오늘 세미나는 지역 청년들의 이야기를 주로 듣고, 소통하며 공감하는 시간입니다만, 지역 청년들의 미래 삶의 터전인 경남 발전을 위해 평소 생각하는 지역의 현안과 비전에 대한 몇 가지 화두를 던지고자 합니다.

먼저, 산업 측면입니다.

대한민국 조선·해양산업의 메카인 거제는 사실상 중단 상태에 있는 해양플랜트 국가산단 조성 재개를 위해 정책 당국이 박차를 가해야 합니다. 통영은 예술과 해양을 접목한 문화·관광산업 육성을 위해 관심을 쏟아야 할 것입니다. 고성은 생명농업과 항공·조선 MRO산업에 좀 더 역량을 기울여야 하겠습니다.

거제·통영·고성 지역은 우리나라 해양관광과 수산업의 중심이자 보고입니다. 남해안 중앙부에 위치해 거제로 연장되어야 할 통영~대전 고속도로, 곧 착공될 남부내륙고속철도, 통영까지 연장되는 국도5호선 및 이와 연결되는 중부내륙고속도로 등 한반도의 중앙을 관통하는 교통망의 남부 기점이기도 합니다.

이런 지역의 교통망 등 여건을 활용해서 ▲거제 기점의 한일해저터널에 시속 1,200km 초고속 미래형 교통수단인 하이퍼루프를 적용하고, ▲월드베스트 세계 최고의 초고층 해양타워와 해상공연무대 ▲100만평이 넘는 대규모 스마트팜 단지 조성을 통해 첨단농업·생명농업(LT) 시대를 열고, ▲섬과 바다를 활용한 해양치유 ▲섬과 섬을 교량으로 연결하는 '한려해상 사백리길' 조성 등을 통해 대한민국은 물론 세계에서 찾아오는 경남으로 만들어야 하겠습니다.

'한려해상 사백리길' 관광도로는 아직까지 정책으로 검토되거나 추진되지 않았던, 완전히 새로운 구상이라 간략하게 설명하겠습니다.

거제 남부면 탑포리에서 통영의 추봉도-한산도-산양읍-사량도-

수우도를 거쳐 남해의 창선도-남해섬을 교량으로 잇고, 남해~여수해저터널까지 연결하는 삼백리길과 중간 지선 형태로 매물도, 비진도, 연대도 등의 섬을 각각 인근 섬과 다리로 이어서 총 160km에 이르는 해상관광도로를 조성하자는 제안입니다.

교량 17개 중 14개와 도로 124km 중 30km 정도를 새로 건설하면 됩니다. 국내에도 제법 긴 연륙교와 연도교 사례가 몇몇 있습니다만, 한려해상 사백리길은 이들 사례보다 훨씬 더 명품 해상관광도로가 될 것입니다.

이 관광도로가 조성되면 섬과 육지, 섬과 섬이 이어져 섬 주민의 정주여건이 획기적으로 개선되고, 경남 연안과 섬을 찾는 귀촌 인구와 관광객을 불러 모으게 될 것입니다. 그러면 자연히 청년들이 선호하는 일자리가 늘어나고, 청년들이 희망을 가질 수 있는 지역 자산이 될 것입니다.

우리는 개인소득 전국 12위로 추락한 경남을 전국 3위로 끌어올리는 목표를 세우고, 빠른 시일 내 달성을 위해 강력히 매진해야 합니다. 이를 통해 청년이 모이는 경남, 인구 500만의 경남시대를 열어가야 합니다.

경남 발전 꿈과 희망·비전 공유

— 경남 서부권 발전을 위한 정책세미나(2021.10.27.)

경남의 미래는 미래형 첨단 산업의 발전과 청년 일꾼들에게 달려있습니다. 경남의 서부는 이러한 산업의 잠재력을 지닌 지역입니다.

방위산업 분야와 함께 혁신 드라이브를 걸면 미래 첨단 기술과 산업, 예를 들면, 도심모빌리티나 헬리콥터, 소형 항공기, 드론 등 최첨단 비행체를 세계에 공급하는 주요 기지가 될 수 있습니다.

지리산과 진양호, 남해바다는 미래 먹거리, 항노화, 관광, 휴양, 치유에 무한한 가능성을 갖고 있습니다. 프랑스에 세계적인 먹는 샘물 브랜드 '에비앙'이 있다면 우리에게는 지리산과 진양호의 풍부한 청정 암반수와 담수가 있습니다. 경남 서부는 바이오산업과 농업 분야 미래 먹거리와 신성장동력을 만들기에 적합한 지역입니다. 생명농업(LT팜)과 첨단 ICT 기술을 접목한 대규모 스마트팜 단지 조성을 통해 일자리를 창출하고, 이를 통해 소멸위기에 처한 지역을 살릴 수 있습니다.

대규모 스마트팜 단지는 안정적이고 고소득을 보장하는 좋은 일자리를 만들 것입니다. 농업분야의 미래형 신성장동력으로 청년 인구 유입과 실효성 있는 귀농·귀촌 정책이 될 것입니다. 인구 도시집중에 따른 부동산문제, 지역불균형 등 우리사회의 난제들을 해결하는 방안이 될 수도 있습니다.

이에 따라 그 규모를 50만평, 100만평으로 설정하고, 기존의 제조업 산업단지 조성과 같은 차원에서 접근해야 합니다. 농정대개혁 차원에서 정책을 구상하고 수립해야 합니다. 울산시 울주군과 전남 장흥군, 경북 예천군 등에서는 이미 추진 중이거나 사업화를 검토하고 있습니다. 우리 경남도 발 빠르게 대응해야 합니다. 서부 경남이 그 적지입니나.

하동군과 전북 남원시가 추진하는 지리산 산악열차 건설계획이 환경론자들의 반대로 지지부진합니다. 흔히 산악열차 하면 스위스 알프스의 융프라우 산악철도를 떠올립니다. 융프라우는 산악철도 덕분에 한 해 100만 명 이상 방문하는 관광지입니다. 이 산악철도는 1912년에 건설되어 지금에 이르고 있습니다.

우리도 얼마든지 할 수 있습니다. 환경친화적인 건설기법을 적용한 지리산 산악철도 건설을 제안합니다. 2016년 「궤도운송법」 개정으로 산악철도 근거 법률도 마련돼 있습니다. 하동군뿐만 아니라 산청·함양·남원·구례 등 지리산 환상형 산악철도를 구상할 수 있습니다. 한려해상 사백리길과 연계하는 월드베스트 관광인프라가 될 것입니다.

서북부 경남을 중심으로 한 항노화와 휴양·관광산업도 중요한 경남 미래 성장동력입니다. 산청의 전통의학엑스포, 함양의 산삼엑스포는 그 가능성을 보여주고 있습니다. 한방과 지리산 등 자연환경을 활용한 항노화클러스터 조성에 박차를 가해야 하겠습니다.

서부 경남은 남명 조식 선생의 정신이 면면히 흐르고 있습니다. 인문학과 연계한 체험·휴양 인프라를 조성하고, 체류형 관광을 통한 부가가치 창출에도 관심을 기울여야 하겠습니다.

우리는 개인소득 전국 12위로 추락한 경남을 전국 3위로 끌어올리는 목표를 세우고, 빠른 시일 내 달성을 위해 강력히 매진해야 합니다. 이를 통해 청년이 모이는 경남, 인구 500만의 경남시대를 열어가야 합니다.

꿈과 비전, 희망을 공유하고 힘을 모으면 할 수 있습니다. 제가 제안한 정책이 대선 공약에 반영되거나 채택이 건의되고 있습니다.

'경남항만공사 별도 설립' 제안은 경남도가 내년 대선 경남 지역공약에 채택되도록 각 정당에 건의했습니다. '거제 기점 한일해저터널에 미래형 초고속 교통수단인 하이퍼루프를 적용하자'는 제안은 국민의힘 대선후보 경선토론회에서 원희룡 후보가 경남·부산·울산 지역공약으로 발표했습니다. 경남 발전 비전 공유라는 측면에서 환영할 일입니다.

'경남 발전 315비전' 세우고 매진

— 경남 중·동부권 발전을 위한 정책세미나(2021.11.09.)

오늘 세미나는 '경남의힘정책포럼'이 출간한 정책집 '이주영과 함께하는 정책 에세이' 「경남 발전 비전과 미래」 출판기념을 겸해 열립니다. 저는 '경남의힘정책포럼' 출범식과 남부권, 서부권 등 세 차례에 걸쳐 진행된 정책세미나를 통해 현재 전국 17개 광역지자체 중 개인소득 12위인 경남을 전국 3위로, 인구 500만 경남시대를 열어가자는 담대한 비전을 제시한 바 있습니다. 이를 위해서는 월드베스트 경남, 월드온리원 경남을 지향할 필요가 있습니다.

그 방안으로 진해신항 조기 건설과 경남항만공사 설립, 거제를 기점으로 한 한일해저터널 건설과 미래형 초고속 교통수단인 하이퍼루프 적용, 경남 연안에 초고층 해양타워와 세계적 규모 해상공연 무대 건립, 한려해상사백리길 관광도로 소성, 지리산환상 산악철도 건설, 100만평 규모 스마트팜 단지 조성 등을 제안한 바 있습니다.

오늘 정책세미나 지역인 김해는 올해 시 승격 40주년을 맞아 미래 김해 100년 먹거리 창출을 위한 큰 발걸음을 내딛고 있습니다. 미래 자동차 부품 클러스터, 스마트센서산업 클러스터, 동남권 바이오헬스 케어 메가시티 조성, 액화수소산업 선도 등을 추진하고 있습니다.

이와 함께 창원지법·지검 김해 지원·지청 등 공공기관과 공공의료시설 유치도 김해지역의 숙원사업입니다. 저는 국회의원 당시 마산 지원·지청과 창원가정법원 등 지역민들의 숙원인 공공기관을 유치한 바 있습니다. 지역민들이 힘을 모으고 시와 도가 적극 나서면 앞당길 수 있습니다.

밀양지역은 기업유치와 연구인력 확보의 어려움으로 속도를 내지 못하고 있는 나노국가산단 조기 활성화가 절실합니다. 창녕은 지지부진한 낙동강 워터플렉스사업 조기 완성, 함안은 신재생에너지 융복합 발전단지 조성, 의령은 부림일반산업단지 조기 건설 등을 통해 인구감소와 지역소멸에 발 빠르게 대처해야 합니다.

그러기 위해서는 지역발전을 위한 대형 프로젝트를 구상하고, 현실화를 위해 대규모 투자가 이루어져야 합니다. 공공투자만으로는 한계가 있습니다. 미래비전과 사업성을 바탕으로 국내외 투자자로부터 100억 달러 투자유치를 제안합니다.

우리는 개인소득 전국 12위로 추락한 경남을 전국 3위로 끌어올리는 목표를 세우고, 빠른 시일 내 달성을 위해 강력히 매진해야 합니다. 이를 통해 청년이 모이는 경남, 인구 500만의 경남시대를 열어가야 합니다. 꿈과 비전, 희망을 공유하고 힘을 모으면 할 수 있습니다.

개인소득 전국 3위, 100억 달러 투자유치, 인구 500만 경남시대를 향한 이 담대한 비전은 우리나라 민주화운동의 효시인 마산 3·15의거의 상징을 담아 '경남 발전 315비전'이 될 것입니다.

담대한 비전과 과감한 정책

— 양산권 발전을 위한 정책세미나(2021.11.22.)

지난해 경남 청년인구 순유출이 1만8000명을 넘었습니다. 합계출산율은 0.95였습니다. 일자리 부족과 소득 저하가 가장 큰 요인이라고 하겠습니다.

개인소득 기준 전국 17개 광역지자체 중 한 때 5위를 기록했던 경남이 2019년 12위로 추락한데서 잘 알 수 있습니다. 일자리 만들기에 도정 역량을 집중해야 합니다. 당초 기대에 미치지 못하고 있는 국가산단을 새롭게 발전시키는 '국가산단시즌2' 정책 추진에 박차를 가해야 합니다. 4차 산업혁명시대와 융복합기술혁명 시대에 발 빠르게 대처해야 합니다. 그것만으로는 부족합니다. 담대한 비전과 과감한 정책이 요구됩니다. 월드베스트 경남, 월드온리원 경남, 월드퍼스트 경남을 추구해야 합니다.

이를 위해 저는 몇 가지를 제안하고 있습니다. 진해신항 조기 건설과 경남항만공사 별도 설립, 거제 기점의 한일해저터널 건설과 미래형 초고속 교통수단 하이퍼루프 적용, 초고층 해양타워와 세계적 규모 해상공연무대 건립, 한려해상 사백리길 관광도로와 지리산 환상산악철도 조성, 100만평 규모 스마트팜 단지 조성 등입니다.

이들 대형 프로젝트는 청년들의 미래 일자리를 만들어낼 것입니다. 이를 위해서는 대규모 투자가 필요합니다. 이에 저는 100억 달러 투자유치를 제안합니다. 대형 프로젝트와 대규모 투자는 도민들의 소득수준을 높이고, 인구를 늘리는 방안입니다. 개인소득 전국 3위, 인구 500만 경남시대를 열어갈 것입니다. 담대한 비전을 공유하고, 도민들의 뜻과 힘을 모으면 할 수 있습니다.

양산은 통일신라 9주 가운데 삽량주가 옛 터전인 유서 깊은 고장입니다. 전통과 현대가 조화를 이루면서 동부경남의 중심도시로 발전하고 있습니다. 이제 미래형 도시로 나아가야 합니다. 지역 대학을 중심으로 진주-창원-김해-양산을 연결하는 '경남형 브레인벨트' 조성을 통해 신기술 기반 서비스산업 육성과 인터넷, 메타버스, 3D 기반 멀티미디어 시티를 구축할 수 있습니다.

양산 발전을 위해서는 양방 헬스케어 중심도시, 동남권 의생명 중심도시로 조기 자리매김해야 합니다. 양산시민들의 숙원인 동부권 순환 철도와 역세권 환승시설 조기건설에 매진해야 합니다.

양산의 최대 현안인 양산부산대병원 유휴부지 활용을 통한 미래성장동력 구축에 박차를 가해야 합니다. 이 곳에 카이스트급의 연구개발·인재양성 센터 설립 등을 통해 양산이 명실 공히 동남권 미래형 도시로 우뚝 서야 합니다.

2

문 정권 폭주·난동 막는데 앞장

— 언론기고·회의발언·기자회견문 등 —

3·15 의거를 3·15혁명으로 승화시키자

— 경남신문 기고(2019.03.15.)

오늘 마산 시민들이 독재 권력의 불의에 맞서 항거했던 3·15의거 59주년을 맞았다. 당시 마산 시민과 학생들은 자신들의 목숨을 바쳐 전 국민에게 부정과 불의, 폭력과 총칼로 국민을 핍박하고 억압하는 무소불위의 독재정치를 타도했다. 당시 마산시민들은 국민이 나라의 주인이 되는 진정한 자유민주주의 국가를 이루고자 하는 뜨거운 열망을 보여 주었다.

최초의 민주화운동, 민중운동으로 중요한 역사적 의미를 가진 3·15 의거는 4·19혁명, 10·18부마항쟁, 5·18광주민주화운동, 6·10민주항쟁과 함께 한국민주화운동사에서 5대 민주화운동의 하나로 오늘날 민주주의의 초석이 되었다. 이런 역사적인 사건을 기념하기 위해 국립

3·15민주묘지가 조성되고, 지난 2010년 3·15의거 50주년을 맞아 대통령령으로 3·15의거가 국가기념일로 제정되는 등 그 위상이 중대된 바 있다.

이에 앞서 김영삼 전 대통령은 지난 1994년 당시 여야가 만장일치로 통과시킨 정치개혁법을 공포·서명하는 자리에서 "3·15는 국민적 민주화 투쟁의 효시로 그 숭고한 정신의 계승을 위해 4·19와는 또 다른 차원의 별도로 국가기념일로 반드시 제정해야 한다"고 말씀하시면서 3·15를 의거(義擧)로 규정한 바 있다.

하지만 3·15의거는 4·19혁명과 유사하게 터진 혁명의 전단계가 아닌 근현대 최초의 독자적인 유혈 시민혁명으로서 가장 먼저 일어난 역사성과 상징성을 가짐에도 불구하고 대한민국 헌법 전문에 명시되어 민주주의 원칙의 근간을 이루고 있는 4·19 혁명에 비해 상대적으로 평가받지 못하고 있는 것이 현실이다.

논어(論語) 학이(學而)편에 본립도생(本立道生)이라는 말이 있다. 유자(有子)가 한 말에서 유래된 고사성어로, 기본이 바로 서야 나아갈 길이 생긴다는 뜻이다. 이처럼 3·15 의거는 대한민국의 민주화를 논할 때 그 근본이 되는 사건이었으며, 민주화 정신의 뿌리라고 할 수 있다.

마산 시민의 3·15의거가 없었다면 현재 대한민국의 성숙한 민주주의는 존재하지 않았을 것이다. 역사적인 3·15의거 60주년을 1년 앞둔 지금 이 시점이야말로, 3·15의거가 4·19혁명의 일부가 아닌 장대한 대한민국 민주화 물결의 시초라는 역사적 사실로 보다 확고히 자리매김하기 위한 출발점이 돼야 할 것이다.

마산 시민의 한 사람이자 국회부의장으로서 바라건대 내년 3·15의거 60주년을 맞이해 3·15의거를 3·15혁명으로 승화시켜야 한다. 동시에 대한민국 민주화운동의 효시인 3·15의 진정한 역사적, 국가적 위업을 정립하고자 하는 노력들이 계속돼야 한다.

우리나라 민주주의 역사에 길이 남을 3·15에 대한 재평가와 위상 강화는 민주와 민권의 존엄을 온몸으로 지켜낸 영령 앞에 부끄럽지 않은 후손들이 되기 위해서라도 당연히 해야 할 의무라고 할 것이다.

'경남항만공사' 따로 설립하자

— 경남신문 기고(2021.07.14.)

진해신항 건설이 가시화되면서 지역발전에 대한 지역민들의 기대감이 높아지고 있다. 항만구역의 71%가 창원시 진해구인 기존 신항의 경제적 혜택에서 경남이 소외된 데 대한 불만도 새삼 제기된다.

창원시 주최, 경남신문 주관으로 지난 6일 열린 '진해신항 조속 건설을 위한 정책토론회'에서 심영석 창원시의회 의원은 "지역민들은 20년 이상 신항 발전을 지켜보면서 수혜를 부산에서 대부분 가져가는 것을 보고 실망하고 있다"며 "진해신항만큼은 지역민들이 피해자가 아닌 수혜자가 되어야 한다"고 강조했다.

항만구역 대부분이 진해구인데 경제적 혜택은 왜 대부분 부산으로 귀속될까? 여러 가지 이유가 있지만, 그 중심에 부산항만공사(BPA)가 있다. BPA가 신항을 포함한 부산항 전체를 관리·운영하고 있으니 모든 게 부산 중심이다. 새로 건설될 진해신항도 부산항의 하위 항만이

기 때문에 부산 쏠림은 계속될 수밖에 없다.

이에 경남도와 부산시는 지난 2019년 1월 제2신항 입지 관련 상생 협약 논의과정에서 (가칭)'부산경남항만공사법'을 항만공사법의 특별법으로 추진키로 했다. 하지만 법제화 용역을 맡은 경남연구원과 부산연구원이 지난 2월 공개한 17개 조의 법안을 보면 공사의 명칭을 바꾸는 것 외에 항만의 경제적 파급효과가 경남에 미치도록 하는 장치가 보이지 않는다.

항만공사는 항만공사법에 따라 정부로부터 부두와 하역부지 등 현물을 출자 받아 항만시설을 운영하는 전문경영체다. 항만공사법은 항만공사를 항만별로 설립하도록 하면서 필요할 경우 2개 이상 인접 항만을 관할하는 공사를 설립할 수 있도록 하고 있다. 이에 따라 부산항과 인천항, 울산항을 관할하는 항만공사가 각각 설립·운영되고 있다.

경남에는 기존 부산항 신항과 마산항 등 2개 국가관리무역항과 진해항(속천)과 통영항, 삼천포항 등 7개 지방관리무역항 등 9개의 무역항이 있다. 부산항 신항 개장 후 마산항의 물동량은 오히려 크게 줄어 마산지역 경제에 시름을 주고 있다. 이런 쏠림 현상을 조정하는 것도 정책 당국이 해야 할 일이다.

이에 현재의 부산항만공사를 '부산경남항만공사'로 할 게 아니라 '경남항만공사'를 따로 설립할 것을 제안한다. 항만공사 별도 설립은 항만법상 항계 조정과 항만공사법 개정, 또는 지금 추진하는 특별법의 방향을 바꾸는 방법으로 가능하다고 본다.

경남도는 부산항 신항 개장 당시인 2005~2006년 명칭 다툼에서 '부산신항'을 주장하는 부산에 맞서 '진해신항'을 고수함으로써 '부산항 신항'을 이끌어냈다. 필자는 당시 경남도 정무부지사로서 부산시와 중앙정부 설득 및 도민의 여론을 결집하는데 앞장선 바 있다.

메가포트(mega-port)는 원포인트에만 한정할 필요가 없다. 미국의 로스앤젤레스항과 롱비치항이 좋은 사례다. 두 항만은 동일한 항만권인 산페드로만에 입지해 있으나 남북 별개의 항만으로 관리·운영됨으로써 서로 치열한 경쟁을 벌여 차별화된 양질의 서비스를 제공해 다른 지역 항만보다 높은 경쟁력을 갖게 됐다.

늘어나는 항만물동량을 마산항과 진해항(속천)을 보조항으로 활용해 처리하는 것도 한 방안이다. 항만운영 전문경영체인 항만공사도 그런 차원에서 검토돼야 한다.

문 정권 폭주·난동 막는데 앞장

— 국민의힘 확대당직자회의 모두 발언(2020.11.04.)

무거운 마음으로 확대당직자회의에 참석했습니다. 지금 나라 상황과 국민들의 삶을 생각하면, "안녕하십니까?"라는 인사말조차 민망할 정도입니다.

우리 당의 상설위원회 위원장들은 삶의 현장 가까이에서 국민들의 다양한 목소리를 듣고 있습니다. 저 또한 당 국책자문위원장으로서 경남을 비롯한 각지에서 많은 국민들을 만나고 있습니다.

국민들은 하나 같이 "이게 나라냐"라고 목소리를 높였습니다. 지금 힘든 상황을 토로하면서도, 나라의 미래를 더 걱정했습니다.

무분별한 퍼주기로 나라 곳간이 거덜 날 것 같자 정부는 '공시지가 현실화'라는 속임수로 국민들의 주머니를 털 궁리만 하고 있습니다. 재산세 완화 기준과 주식양도세 관련 대주주 기준을 놓고 정부–여당이 줄다리기를 하다 경제부총리가 국회에서 공개적으로 사의를 표명하기도 했습니다.

이런 가운데 국가 채무는 눈덩이처럼 불어나고 있습니다. 이 같은 채무증가에 대해 국민들은 미래세대에 씻을 수 없는 죄를 짓는 것이라고 말했습니다. 정부·여당의 국민 갈라치기는 이제 회복할 수 없는 지경에 이르렀습니다. 심지어 문재인 대통령은 의사와 간호사 등을 비롯해 직종 간 편 가르기까지 부추기고 있습니다. 추미애 법무부장관은 검찰개혁이라는 미명하에 검찰 길들이기를 하려다, 여의치 않자 검사 집단을 개혁과 반개혁으로 갈라치기하고 있습니다.

국론과 국민을 분열시키는 정부·여당의 행태에 대해 국민들은 분노를 터뜨렸습니다. 저는 2010년 국회 사법제도개혁특위 위원장을 맡아 여야 의원들과 함께 검경수사권 조정, 중수부 폐지 등 검찰제도개혁을 논의한 적이 있습니다. 검찰개혁의 핵심은 정치로부터 검찰의 독립과 중립성 확보입니다. 하지만 정부·여당은 검찰개혁을 내세워 검찰을 정치에 완전 종속시키고 있습니다.

급기야 검사들이 검찰개혁이 실패했다고 목소리를 내기 시작했습니다. 이 상황에서도 불리하면 가만히 있는 문재인 대통령 특유의 침묵이 이어지고 있습니다. 나라 곳간이 거덜이 나든지 말든지 퍼주고, 국민이 갈기갈기 찢어지든지 말든지 편 가르기 하는 데는 이유가 있습니다. 바로 정권 유지와 재창출입니다.

정부·여당은 정권 유지와 재창출을 위해 수단·방법을 가리지 않습니다. '재·보궐선거에 책임이 있을 경우 후보를 내지 않겠다'며, 자기들 스스로 약속하고 당헌에까지 규정해 놓고, 서울·부산시장 보궐선거를 앞두고 손바닥 뒤집듯 뒤집었습니다.

내년 4월 보궐선거에서 저들의 폭주와 난동을 반드시 막아야 합니다. '국민의힘'이 앞장서고, 국민들의 마음을 하나로 모으면 충분히 해낼 수 있습니다. 이 자리에 참석하신 여러 위원장님을 비롯한 당의 상설위원회가 보궐선거 승리를 위해 앞장서겠습니다.

국회 '세계적 경제위기 대응 특별위원회' 설치 제안

— 국회부의장 기자회견(2020.04.19.)

국회부의장 이주영 의원입니다. 코로나바이러스 이후 닥칠 경제위기 대응과 관련 제안을 드리고자 합니다. 코로나 바이러스로 인해 세계경제가 1930년대 대공황이후 최악의 침체에 빠질 것으로 예상됩니다. 이에 따라 대외개방도가 높은 한국경제는 심각한 타격을 입을 것이 불가피합니다.

IMF는 올해 세계경제성장률을 −3.0%로 예측했습니다. 1930년대 대공황 이후 마이너스 성장률은 글로벌금융위기 직후인 2009년 −0.1% 밖에 없었습니다. 전 세계적으로 대규모 봉쇄조치가 시행되면서 세계경제가 급격히 위축돼 2008~2009년 글로벌 금융위기 때보다 상황이 악화되었다는 것이 IMF의 판단입니다.

수출의존적 경제구조를 지닌 한국 역시 98년 외환위기 당시 −5.1% 성장률 이후 또 다시 −1.2%성장이 예상되고 있습니다. 이러한 성장률도 코로나 바이러스가 하반기에 사라진다는 전제하의 성장률 전망치로, 코로나 바이러스가 하반기에도 이어지면 세계성장률이 −6.0%까지 하락될 것으로 예상되는 심각한 위기상황입니다.

따라서 고사 위기에 놓인 기업과 가계를 위한 단기적인 조치와 함께 세계경제 침체가 이어질 경우를 대비한 장기적인 대책을 강구해야 합니다. 고사위기에 놓인 항공산업과 수출제조업체들의 영업수지가 악화되고 일반가계와 자영업자들도 실직과 폐업의 기로에 놓여 있습니다.

긴급재난지원금 100만원을 1회성으로 지원한다고 해결될 문제가 아닙니다. 세계경제위기가 한국경제로 전달되는 경로를 차단하는 데 역량을 선제적으로 투입해야 합니다. 경쟁력이 있는 수출기업이 망가지지 않도록 선제적 유동성 지원 대책 등을 강구해야 합니다. 여러 경제학자의 예측대로 세계경제의 회복이 V자형이 아니라 L자형으로 진행될 것이라는 점을 반영하여 적어도 2~3년을 내다보는 대책을 강구해야 합니다.

이에 저는 국회 내에 '세계적 경제위기 대응 특별위원회' 설치를 제안합니다. 6월 21대 국회가 개원될 때까지 한 달 보름을 지체할 여유가 없습니다. 특별위원회에서 정부로 하여금 퍼펙트스톰(세계적 경제위기) 대응 컨틴전시 플랜을 짜서 대응하도록 조치합시다. 금융·환율·에너지·산업 등 분야별, 시나리오별 대응방안을 마련해야 합니다.

경제위기를 극복해 본 국정경험을 가진 분야별 경제전문가에게 그 역할을 맡기면 됩니다. 질병관리본부가 확진자 수 발표하듯이 일주일에 2번씩 위기대응 사항을 브리핑하도록 해야 합니다.

코로나로 인한 경제위기가 없을 때를 기준으로 책정한 예산안의 수정이 반드시 필요합니다. 우리 미래통합당 선대위원장이셨던 김종인 위원장 지적처럼 예산조정을 통하여 100조원 정도의 긴급예산을 편성할 수 있습니다. 특별위원회에서 조속히 이를 심의하도록 합시다.

코로나로 인해 사람이 모일 수 없어 사용하지 못할 예산이 있습니다. 코로나와 같은 위급상황에서는 올해 당장 쓰지 않아야 할 예산도 있습니다. 이러한 예산들을 모으면 100조의 예산 확보가 가능합니다. 이러한 예산 조정이 가능함에도 굳이 별도로 추경을 편성할 필요가 없습니다.

21대에도 의정활동을 계속할 수 있는 의원을 위주로 특별위원회 위원을 구성하되 20대로 의정활동을 마치는 의원 중에도 원하는 분은 참여하도록 하고 5월 30일 새로운 의원들과 인계를 하도록 합시다.

20대 국회가 종료를 앞두고 '세계적 경제위기 대응 특별위원회' 활동을 통해 코로나 이후의 경제위기 상황을 극복하는 데 공동의 노력을 경주하여, 대한민국의 경제위기 극복과 21대 국회의 희망찬 출발에 기여할 수 있었으면 합니다.

공수처 수사1호는 청와대 주변부터

— 이금회(5선 이상 중진의원 모임) 발언(2020.05.09.)

이번 총선에서 야당이 참담한 패배 결과를 보고 야당 중진의 한사람으로서 엄중한 책임을 통감하고 뼈아픈 야당혁신 노력을 해야겠다는 각오를 국민 앞에 먼저 피력합니다.

정부·여당에 대해 한 말씀드리겠습니다.

문재인 대통령과 집권여당 민주당의 개혁관심은 검찰개혁에 집중되어 있는 것 같습니다. 저도 검찰개혁의 성공을 간절히 바라는 사람입니다. 우리나라의 역대 대통령 권력은 제왕적으로 행사되어 늘 문제가 발생했습니다. 제왕적 권력은 부패하기 마련이었습니다. 노무현 대통령도 재직 중 박연차 뇌물이라는 부패가 있었습니다. 당시 검찰이 노대통령이 재직 중일 때 이를 수사하고 단죄했더라면 검찰은 개혁대상이 되기는커녕, 이탈리아 피에트로 검사처럼 국민적 영웅이 되었을 것입니다.

이번 총선결과 극다수 의석을 얻은 여권이 공수처 출범을 앞두고 1호 수사대상을 대통령 주변 권력남용과 부패사건에 두지 않고, 살아 있는 권력에 대해 잘 수사하고 있는 윤석열 검찰총장과 조국사건 수사검사를 말하고 있어서 참으로 걱정스럽습니다. 그렇게 가면 문재인 대통령의 검찰개혁은 국민적 지지를 받을 수 없을 것입니다.

예를 들면, 문 대통령의 딸과 사위를 둘러싼 의혹, 문대통령이 개입되어 있다고 보이는 울산시장선거공작 사건 등 문 대통령의 권력이 시퍼렇게 살아 있는 동안 추상같이 수사하고 처단될 수 있는 그런 공수처가 되어야 검찰개혁은 비로소 성공할 수 있고, 문대통령의 진정성 있는 업적으로 남을 수 있을 것입니다. 하지만 공수처가 정권보위, 야당탄압 수사만 한다면 공수처 역시 또 다른 정치검찰로 전락하고 말 것임을 명심해야 합니다.

경제에 관해서 말씀드리겠습니다.

코로나 이후 세계대공황과 같은 경제의 큰 위기도래가 예상되고 있어 이에 대응하는 노력을 펼쳐야 하는데 국회가 너무 한가하게 대처하는 것 같아 안타깝습니다. 추경 외에도 '세계적 경제위기 대응특위' 등을 구성해서 치열한 토론을 해야 합니다.

정부는 한국판 뉴딜로 디지털 분야 공공투자를 확대한다고 하는데, 진짜 혁신성장을 위해서는 민간투자를 유도하기 위한 노동개혁, 규제개혁이 훨씬 더 긴요함을 절실히 깨달아야 한다는 점도 강조합니다.

3

경남 항공산업 날개를 꺾지 마라

— 경남지역 현안 SNS 글 모음 —

서부권 공공의료원 공론화 공감 (2020.07.07.)

코로나 사태로 공공의료가 더욱 부각되는 시점에서 서부권 공공의료원 설립이 다시 공론화되고 있다니 일단은 공감하는 바이다. 현재 서부경남은 노인인구 등 의료취약계층이 많고 의료 접근성 및 응급의료 시스템이 부족해 공공병원 설립과 의료전문성 제고가 절박하다고 한다.

공공병원은 지역사회의 필요성 요건들에 대한 엄격한 판단 하에 설립되어야 하고, 유능한 경영진과 의사·간호사·의료기사 등 청렴하고 서비스 정신이 투철한 의료진, 지역 시민사회와의 상호협력을 바탕으로 설립 운영되어야 지속 발전할 수 있다.

위치도 그와 같은 여러 관점에서 최대의 만족효과를 낼 수 있는 곳으로 선정되어야 한다. 또한 종전 진주의료원 폐쇄로 가기까지의 적폐요인들에 대한 검토와 방지대책 마련에도 소홀해서는 안 될 것이다.

경남 항공산업 날개 꺾지 마라 (2020.09.09.)

'거대공룡' 수도권의 배불리기가 갈수록 태산이다. 지역균형·상생발전은 말로만 한다. 이번엔 국책사업으로 진행되고 있는 경남의 항공MRO 사업을 인천지역에서 눈독들이고 있다.

항공MRO 사업은 항공기 유지·보수, 즉 항공기 정비사업으로 항공산업의 한쪽 날개라고 할 수 있다. 정부는 상대적으로 뒤진 국내 항공산업의 국제경쟁력을 키우기 위해서는 선택과 집중을 요한다고 보고, 2017년 4월 인프라를 갖춘 사천과 진주 일대를 항공국가산업단지로 공식 지정했다.

항공국가산단 조성사업은 항공산업 G7(세계 7대 강국) 도약을 위한 국가차원의 사업이다. 경남도는 항공국가산단으로 지정되자 곧바로 항공MRO 사업에 착수했다. 지난 2017년 12월에는 국토교통부로부터 항공MRO 사업 유치를 확정하고, 전용 산업단지 조성을 착착 진행하고 있다. 이와 함께 한국항공우주산업(KAI)은 한국공항공사 등과 함께 국내 최초 항공MRO 사업체인 한국항공서비스(KAEMS)를 2018년 설립했다.

이런 가운데 인천지역에서 항공MRO 사업을 추진, 경남지역의 반발을 사고 있다.

인천시와 인천국제공항공사(이하 '인국공')는 '항공MRO 클러스터' 조성 부지까지 확보해 놓았다고 한다. 인천지역 국회의원들은 인국공의 사업범위를 항공MRO 사업 등으로 확내하는 근거를 마련하기 위해 인천국제공항공사법 일부 개정법률안을 지난 6월 발의했다. 지난 8월부터는 인천지역 시민단체들이 법 개정을 엄호하고 나서는 한편, 인천지역 언론들은 여론형성에 한창이다.

이에 대해 경남이 반발하는 것은 당연지사. 경남의 미래먹거리를 만들 성장동력에 힘을 빼기 때문이다. 경남의 반발은 단순한 지역이기주의가 아니다. 만약 인국공에 항공MRO 사업을 허용하게 되면 경남을 중심으로 한 항공국책사업이 궤도에 오르기도 전에 한쪽 날개가 꺾인다. 중복 투자에 따른 예산낭비와 분산으로 국제경쟁력이 약화될 것도 뻔하다.

언론보도에 따르면 국회 국토교통위원회 전문위원도 인천공항공사법 일부 개정법률안 검토보고에서 인국공 사업범위 확대의 적절성 여부에 대한 추가논의 필요성을 지적했다. 항공기정비·취급업은 민간 사업영역인데다 국가균형발전 등을 고려해야 한다는 점을 언급한 것으로 알려졌다.

사정이 이런데도 인천지역에서 항공MRO 사업을 밀어붙인다면, 이는 수도권의 탐욕이다. 선택과 집중이 필요한 항공MRO 사업을 분산시켜 궤도에 오르기도 전에 날개를 꺾는 우를 범하지 말아야 한다. 불공정 채용 논란으로 취준생들의 분노를 산 '인국공 사태'가 지역 간 불균형 조장으로 또 다른 '인국공 사태'를 만들지 않기 바란다.

항공MRO 사업은 항공국가산단, KAI 등 항공산업체, 한국폴리텍대학 항공캠퍼스와 경상대 항공관련 학과 및 한국항공과학고·경남항공고 등 항공교육기관, 공군 등 집적된 인프라를 갖춘 사천을 중심으로 한 서부 경남이 최적지다.

지역대학 살리기는 지역 살리기 (2021.01.20.)

'벚꽃 피는 순서대로 망한다.'

수도권에서 먼 지역부터 순서대로 문 닫는 대학이 생긴다는 의미로 지방대학의 위기를 비유할 때 자주 회자되는 말이다. 이 말이 연초부터 각 언론사의 기사 제목에 일제히 등장해 마음을 우울하게 한다.

보도에 따르면 올해 대입 정시모집 결과 지역별 평균 경쟁률이 전남(1.73)·광주(1.91)·경남(2.11)·경북(2.12)·부산(2.43)·전북(2.68) 등으로 나타났다. 강원(3.20)·충남(3.42)·경기(4.87)·서울(5.04) 등 수도권으로 올라갈수록 높아졌다.

더욱이 영·호남 지역 대학 10곳 중 8곳이 경쟁률 3대 1을 넘지 못했다. 수험생 1명이 3개 대학을 지원하는 것을 감안하면 경쟁률 3대 1 미달 대학은 사실상 정원을 채우지 못할 가능성이 크다. 정원미달 → 학교재정악화 → 폐교의 위기를 그대로 보여준다.

이에 대학이 안간힘을 쓰고 있다. '150만원 장학금', '첫 학기 등록금 100% 무료' 같은 혜택을 내놓기도 한다. 경남지역 한 사립대는 몇 년 전부터 1학년 등록금을 전액 면제하고 있다. 하지만 이 같은 자구 노력은 대학 재정을 더욱 어렵게 할 뿐 신입생 유치에 역부족이다.

교육부도 대학에 재정 지원 규모를 늘리고 규제 완화를 골자로 한 '대학혁신 지원방안'을 2019년부터 추진하고 있다. 하지만 현 정부 들어 대학구조개혁이 느슨한 탓에 막대한 혈세를 지원해 부실 대학을 유지시킨다는 지적도 있다.

급격한 학령인구 감소로 대학의 위기는 벌써부터 예견됐지만 대책은 이 같이 거북이걸음에다 미봉책이다. 그런 가운데 대학 붕괴가 가속화하고 있다. 거기에다 우리사회 모든 부문의 수도권 집중은 지방대 붕괴를 부추긴다. 청년들이 수도권으로 몰리는 구조에서 지방대 살리기는 백약이 무효다. 경남만 해도 작년 한 해 외지로 떠난 청년이 1만 8000명 넘었다고 한다.

대학의 위기는 국가의 위기다. 지방대학이 무너지면 지역이 무너진다. 학생이 없는 대학은 존재할 수 없다. 학령인구 감소로 대학 구조조정이 불가피한 측면이 있다. 지방대학이 '청명에 죽으나 한식에 죽으나' 마찬가지라는 체념에 빠지지 않도록 보다 과단성 있는 정책이 요구된다.

일부 전문가들은 수도권 대학의 정원을 줄이는 방안을 제시한다. 지방대학이 고교 졸업생만 기다리지 말고 지역민 재교육과 취업연계 교육 등으로 대학 운영의 틀을 과감하게 바꾸는 방안도 있다. 코로나19 팬데믹으로 대학이 한층 더 어렵다고 한다. 하지만 불가능할 것 같던 원격수업이 정착되고 활성화되는 등 한편으론 기회도 엿보인다. 환경과 여건 변화에 발 빠르게 대응하면 길은 있다.

지역대학 살리기는 곧 지역 살리기다. '벚꽃 피는 순서대로 망하는 대학'이 아닌 '벚꽃과 같이 활짝 피는 대학'으로 만들기 위한 지자체의 역할이 필요하다. 국가균형발전 전략에도 '지방대학 살리기'를 중심으로 한 대학교육정책을 중요하게 다루어야 한다.

경남, '지역인재 선발의무화' 대비 시급 (2021.04.30.)

교육부는 지난 2월말 관계 정부부처와 비수도권 14개 광역시·도 합동으로 마련한 '제2차 지방대학 및 지역균형인재 육성지원 기본계획'을 발표했다. 교육부가 「지방대학 및 지역균형인재 육성에 관한 법률」(지방대육성법)에 따라 5년마다 수립하는 계획이다.

2차 계획은 2021년부터 2025년까지 적용됩니다. 시·도지사는 이 기본계획에 따라 연도별 시행계획을 수립·시행하여야 한다.

경남도가 간과하거나 소홀히 하고 있는 지역 대학 정책을 짚어 본다. 바로 지방대학의 지역인재 선발의무화에 대한 대응이다. 지방대육성법 개정 법률안이 지난 2월 26일 국회 본회의를 통과하고, 3월 26일부터 시행됐다. 이 개정법률에 따라 의대·한의대·치대·약대·간호대 및 법학·의학·치의학·한의학전문대학원은 소재 지역 고교 및 대학 출신 학생을 일정 비율 이상 의무선발해야 한다. 대학은 모집정원의 30% 이상, 전문대학원은 모집정원의 20% 이상이다.

권고 규정이던 것을 의무화했다. 2023학년도 대입전형부터 적용된다. 대학의 경우 현재 고교 2학년 대입부터, 전문대학원의 경우 현재 대학 3학년의 대학원 입시부터다. 경남의 경우 해당지역이 경남·부산·울산으로 묶여 있다. 경·부·울 소재 대학은 이 권역 출신을 일정 비율 이상 선발해야 한다.

오는 2028학년도 대입부터는 출신 중학교도 지역제한을 적용한다. 비수도권 중학교를 졸업하고 해당 지방대학 소재 지역 고교를 졸업한 학생이라야 지역인재 할당 선발대상에 포함된다. 당장 내년 중학교 입학생부터 적용된다. 현재 초등학교 6학년 학부모들도 발등에 불이 떨어졌다.

같은 경·부·울 권역인 부산 소재 대학에 관련 대학이 있지 않느냐고 할 수 있다. 당연히 경남지역 학생들은 수도권 대학 아니면 부산 소재 대학으로 갈 수밖에 없다. 경·부·울 권역은 충청권, 호남권, 대구·경북권, 강원권, 제주권 등과 비교하면 인구 대비 관련 대학이 상대적으로 부족하다. 그만큼 경·부·울 권역 출신 고교생은 다른 권역에 비해 관련 대학 진학 기회가 줄어든다.

여기에다 지역 의무선발을 염두에 둔 수도권 초·중학생들의 '교육 노마드(유목민)'도 생길 수 있다. 우리나라 학부모들의 교육열로 보면 있을 수 있는 일이다. 그러면 어디로 갈까. 아마 제2도시 부산으로 가장 많이 갈 것이다.

지방대학 육성정책에 부산으로 빨려 들어가는 함정이 숨어 있다. 그래서 지역을 걱정하는 분들이 경남도의 대학교육 정책 부재를 지적한다. 340만 인구를 가진 경남에는 한의과·치과대학은 물론 법학전문대학원(로스쿨)이 전무하다. 의과대학은 경상국립대 1곳(교육병원은 없지만 대학소재지로는 인제대도 포함), 약대는 경상국립대와 인제대 2곳에만 있다. 인구 100만 도시 중 의대가 없는 곳은 전국에서 창원시가 유일하다. 인구 대비 의대 정원 비율도 경남은 전국 평균의 3분의 1에 불과하다.

인구 200만 명에도 못 미치는 전북에는 의대 및 로스쿨 각 2개, 약대 3개, 한의대 2개가 있다. 그러면서도 설립이 논의되는 공공의대 남원 유치에 적극 나서고 있다. 그래서 지역인재 의무선발 시행을 앞두고 관련 대학이 전혀 없거나 부족한 경남 출신 학생은 '어떻게 하나' '경남도와 지역 정치권은 뭐하냐'라는 말이 나온다.

지역인재 의무선발 규정은 지역대학육성과 지역균형발전을 위해 필요한 정책이다. 하지만 경남지역만 놓고 보면 이렇게 큰 함정이 숨어 있다. '동남권 메가시티' 거대담론에만 치중할 게 아니라 지역 대학 정책을 고민해야 한다. 국가 차원의 대학 분산·재편을 적극 검토해야 한다. 하지만 제2차 지방대학 및 지역균형인재 육성지원 기본계획에는 그런 내용이 전혀 없다.

공공의대 등 새롭게 설립이 논의되는 대학의 경남 유치도 한 방안이 될 수 있다. 교육부 등 중앙정부와 정치권의 정책적 배려가 요구된다. 경남도민들의 관심이 필요하다. 그러기 위해서는 경남도와 지역정치권이 먼저 나서야 한다.

함양산삼은 월드베스트 성장동력 (2021.09.24.)

오늘 '2021함양산삼항노화엑스포' 학술회의에 참석했다, 지난 10일 개막식 초청인사로 참석한데 이어 두 번째 방문이다.

오늘 학술회의에서는 축사를 할 기회가 있어 함양 산삼과 항노화에 대한 관심과 당국의 정책적 지원을 역설했다. "산삼항노화산업은 경남이 우리나라는 물론, 전 세계적으로도 가장 잘 할 수 있는 산업"이라며 "이런 게 바로 세계 최고의 경남, 월드베스트(World Best) 경남을 만들어갈 미래 성장동력"이라고 강조했다.

함양산삼항노화엑스포는 오는 2023년 열릴 산청세계전통의약항노화엑스포와 함께 경남의 항노화산업을 널리 알리고 저변 확대를 통해 산업화를 앞당기는 국제 행사이자 전시·관광 행사다.

이에 따라 함양산삼항노화엑스포도 산삼의 우수성을 널리 알리고, 미래가치를 적극 발굴하여 산삼항노화산업의 저변 확대 및 미래 유망 산업 발전 계기를 마련하는 것을 목적으로 한다.

이번 엑스포 기간 동안 4차례에 걸쳐 열리는 국제학술행사에는 산삼항노화 관련 학회와 협회, 기관, 생산자, 가공기업 등 국내 전문가와 해외 유명 석학 등 모두 5개국에서 60여명이 참여한다.

이에 나는 경남의 미래성장산업으로 항노화산업의 중요성을 인식하고, 관련 전문가들과 항노화 클러스터 조기 구축 등 방안을 논의하고 있다. 이와 함께 서북부경남 지역 인적 네트워크를 통해 관련 정보와 현장의 목소리를 수렴하고 정책 반영 방안을 강구하고 있다.

10월 10일까지 열리는 '2021함양산삼항노화엑스포'에 많은 관심과 성원 바란다. 가족과 함께 가을 나들이 겸 힐링의 시간도 가지시면 좋을 듯하다.

4

정권교체 향한 정책개발 시동

— 정책 제안 등 SNS 글 모음 —

창원은 한국공작기계의 메카 (2021.02.24.)

경남도가 '공작기계 4대 강국'을 표방했다. 탈원전 정책으로 기계산업 생태계를 파괴해 놓고 '공작기계 4대 강국'이라니 공허하게 들린다. 창원공단이 한국 기계공업의 요람이었고, 한국 공작기계의 메카였다. 고 박정희 전 대통령의 작품이다.

박 전 대통령은 창원공단 초기 기계공업에서 공구가 중요하다는 걸 인식했다. 하지만 당시 국내 공구산업은 독일·일본 등 공구 선진국과 비교하면 어린애 수준보다 못했다. 소위 '기름쟁이'들은 잘 알다시피 아버지도 핵심기술은 죽기 직전에야 아들에게 전수한다. 독일과 일본이 기술을 이전할 리 만무했다. 그래서 박 전 대통령은 창원공단에 공구제작 업체를 두기 위해 미국에서 열처리를 비롯해 모든 기술을 도입할 수 있도록 지원했다.

그 때 창원공단에 '태화기계'가 문을 열었다. 당시 부산에서 잘 나가던 신발회사 '태화고무'가 정부의 지원에 힘입어 계열사를 설립해 공구제작 업체를 만든 것이다. 그런 만큼 태화기계는 국내 공구제작업체의 모태라고 할 수 있다.

지금 국내 최대이자 세계적인 공구제작업체 'YG-1(와이지원)'의 설립자이자 회장이 태화기계 서울영업소에 근무하며 수출 관련 업무를 담당했던 분이다. YG-1은 지난 2019년 기준 매출액 4300여억 원에 종업원 1500여명으로 굴지의 기업이다. 아쉽게도 YG-1 공장은 창원공단이 아닌 인천광역시와 광주광역시, 충북 충주시에 자리 잡고 있다.

태화기계 외에도 창원공단 하면 '한국공작기계'도 국내 공작기계의 대표 기업으로 이름을 날렸다. 하지만 이들 회사는 80년대 후반 90년대 초반 민주화와 함께 노사분규가 심해지고, 정부의 산업정책이 시대 변화에 따라가지 못하면서 쇠락의 길로 접어들어 결국 모두 도산하고 말았다.

지금 창원공단과 인근 김해·함안 등의 중소 공작기계와 공구업체 대부분은 태화기계나 한국공작기계에서 기술을 다진 기술자들이 독립해 차린 회사들이다. 원전을 비롯해 기계산업의 생태계를 파괴한 이 정권과 이 정부의 탈원전 정책을 따르는 김경수 지사가 '공작기계 4대 강국 도약'을 들먹이니 공허하게 들린다.

정치적 메가시티 아주 나쁜 정책 (2021.04.26.)

대통령소속 자치분권위원회와 국가균형발전위원회가 내일(4.27.) '메가시티 지원 범부처 태스크포스(TF)'를 출범한다. 이를 계기로 중앙정부 차원에서 메가시티 추진에 힘을 실을 것으로 보인다.

메가시티는 비수도권 광역지방자치단체들이 수도권 집중 대응을 위해 논의하고 있지만, 권역에 따라 방향은 다소 다르다. 대구·경북과 광주·전남은 곧바로 행정통합을 목표로 하는 것 같다. 경남·부산·울산은 가칭 '동남권 광역특별연합'을 우선 설치하는 것을 목표로 하고 있다. 김경수 경남지사는 최근 이 광역행정기구의 명칭을 '부울경특별연합'으로 하자면서 내년 3월에 출범시키자고 주장한다.

'동남권 광역특별연합'은 3개 시·도의회가 각각 의원 일부를 파견해 특별연합의 의결기관인 의회를 꾸리고, 의회가 광역지자체장 중 1인을 집행기관의 장으로 선출하는 방안이다. 현재의 3개 광역지자체는 당분간 그대로 유지하면서 특별연합이 각 지자체 위임 사무를 전속 처리하는 방안이다.

현 단계 행정통합은 지역 및 주민 간 이해관계로 주민동의를 구하기 어렵기 때문에 중간단계로 '특별연합'을 제시하는 것으로 보인다. 정부와 민주당 등 현 집권세력이 지지하는 방안이다. 결국 주민투표 등 절차를 생략하고 통합행정기구를 만드는 것이다.

여기에는 주민의사가 배제되고 있다는 점 외에도 짚어야 할 중대한 문제가 있다. 우선 새로운 옥상옥 행정단위를 만드는 게 과연 타당하냐는 것이다. 전문가들은 오래전부터 행정단계 축소를 주장하고 있다.

시기상의 문제도 있다. 내년 3월이면 대선이 있다. 이어 곧바로 지방선거가 있다. 이른바 정치의 시기다. 더욱이 내년 6월이면 새로운 단체장이 선출되고, 지방의회도 새롭게 구성된다. 이런 시기에 임기 만료를 앞둔 단체장과 의회가 어쩌면 미국의 주 정부와 유사한 행정기구를 설치한다는 게 맞을까. 혼란이 불을 보듯 뻔하다.

더욱이 현재 논의되고 있는 '동남권 메가시티'는 특정 지역의 '정치적 고립'과 '발전 제외'가 내재돼 있다는 우려가 있다. '특정지역 고립'은 경남·부산·울산(PK)과 대구·경북(PK)의 분리를 통해 재집권하겠다는 현 정권의 대선 전략이라는 것이다.

대선과 지방선거라는 중대한 국면에 메가시티의 특정한 방안을 일방적으로 밀어붙이는 것으로 보아 근거 없는 우려라고 치부하기 어렵다. 권영진 대구시장이 지난 22일 부산시청 초청 특강에서 "동남권만이 아닌 남부권 메가시티를 만들어야 한다"는 주장도 새겨들을 필요가 있다.

'특정지역 제외'는 상대적으로 낙후된 경남 서북부권은 물론 중부권도 자칫 발전에서 제외될 수 있다는 우려다. 메가시티의 과실이 부산으로 빨려 들어갈 우려도 있다. 현재 진행 중인 거대담론을 보면 이런 우려를 지울 수 없다.

수도권 집중에 대응한 메가시티 추진의 취지는 지역의 상생과 발전이다. 그렇다면 지역 내에서 새로운 집중을 불러옴으로써 제외되는 지역을 만들어서는 안 될 것이다. 일각에서 우려하듯이 정치적 의도가 숨어있다면 아주 나쁜 정책이다.

경남, 해양수산정책 분발해야 (2021.07.06.)

'해양수산 관련 지식인 1000인 모임'이 오늘 서울에서 발족식을 갖고 출범했다. 나는 제17대 해양수산부 장관으로서 고위고문단의 일원으로 참여했다. '1000인 모임'은 내년 대선을 앞두고 해양수산인의 역량을 결집해 국가해양수산정책의 방향을 제시하고 이행을 촉구하기 위해 결성됐다. 명실상부 우리나라 해양수산 관련 산·학·연 지식인과 오피니언리더들의 총집결체다.

세계 주요 국가들은 미래성장 전략으로 해양주권강화와 해양통합관리체제를 구축하는 추세다. 하지만 우리나라는 해양수산 부문이 오히려 국가정책의 우선순위에서 밀려나 있다. '1000인 모임' 출범은 이런 문제의식에서 비롯됐다.

전국의 해양수산 지식인과 오피니언리더들이 망라된 조직이지만 아무래도 관련 분야가 밀집하고 선진지역인 부산지역 인사들이 대거 참여했다. 인근 지자체 경남 사람으로서 부러우면서도 한편으론 경남의 해양수산인과 지자체 등 정책당국이 분발해야겠다는 생각을 했다.

경남은 기존의 부산항 신항을 비롯해 마산항, 진해항(속천), 장승포항, 옥포항, 고현항, 통영항, 삼천포항, 하동항 등 9개의 무역항이 있다. 부산항계에 새로 건설될 진해신항도 항만구역 전체가 경남에 위치한다. 경남에는 삼성중공업과 대우조선해양 등 세계적인 조선사를 비롯해 조선해양플랜트 산업이 밀집해 있다. 양식산업을 비롯한 수산업은 국내 2위를 차지한다. 육지와 섬을 포함한 경남의 해안선 길이도 2500여km로 전국 두 번째다.

그런 만큼 경남의 해양수산 분야 및 정책의 중요성은 두말할 나위가 없다. 나는 오늘 '1000인 모임' 발족식과 참여자들의 면면을 보고, 경남의 해양수산 현황을 새삼 떠올리며 무거운 책임감을 느낀다.

나는 오늘 우리나라가 세계 3대 해양강국으로 도약하기 위해선 해양수산의 동지들이 뜨거운 열정과 헌신적 자세로 뭉쳐야 함을 강조했다. 내년 대선을 앞두고 이번에 1000인 모임이 제안한 정책과제를 공약으로 수용하지 않는 정당과 후보들에게는 한 표도 안 준다는 강인한 결의를 해야 한다고 촉구했다.

R&D예산 2조 이상 확보를 위해서는 해양관련 산업의 각종기술을 4차 산업혁명의 내용과 트렌드에 맞추어 마린 테크놀로지(MT)로 종합화해 IT, BT를 능가하는 MT시대가 미래 먹거리산업의 총아기술임을 보여주는 우리의 자강노력이 필요함도 역설하여 많은 박수를 받았다.

오늘 채택한 성명서는 ▲해양수산분야 연구개발예산 2조 원 규모로 확대 ▲해양수산부와 기상청 통합 방안 고려 ▲조선산업 업무 관장 부처 변경 ▲해운업체의 공동행위에 대해 공정거래법을 적용한 6천억 원대 부당한 과징금의 철회요구 등을 담았다.

국가해양수산정책 핵심과제는 ▲헌법 개정 시 해양의 가치 반영 ▲국가해양위원회 설치 ▲해양관련 기능 통합 해양수산물류부 개편 ▲해운 공동행위 관리제도 개선 ▲무인선박 운영 솔루션 개발 ▲수산·양식업 상생 해상풍력단지 개발 ▲해양환경 통합관리 컨트롤타워 해양환경청 및 해양플라스틱 관리 전담조직 신설 등이다. '1000인 모임'은 이 핵심과제와 함께 70개 세부과제를 제시하고 각 정당의 20대 대선공약으로 채택해 줄 것을 제안했다.

"여보, 죽겠다" … 생활물가대책 시급 (2021.02.26.)

"라면 · 치킨도 '들썩'... 여보, 죽겠다 정말!" 최근 한 신문의 기사 제목이다.

제목에서 짐작할 수 있듯이 생활물가 상승세가 심상치 않다. 코로나 방역과 정권보호용 '권력기관 개혁 놀음'에 지치고 있는 사이 서민들이 물가고에 시달리고 있다. 빵과 햄버거, 즉석밥 등 가공식품의 가격이 지난해 말부터 연초 사이 줄줄이 오르고 있다. 계란 값은 지난해부터 이미 크게 올라 서민 가계부에 큰 부담을 주고 있다.

'국민간식'으로 불리는 치킨 값도 불안하다고 한다. 원유(原乳) 가격 인상이 오는 8월 예정돼 있어 우유 값이 오를 전망이다. '서민물가의 바로미터'인 라면 값도 들썩인다. 이 같이 줄줄이 인상되는 품목들을 보면 모두 서민들의 식생활 필수품목들이다. 특히 학생과 청년, 어르신 등 1인 가구 서민들이 애용하는 식자재와 가공식품이다.

이들 품목 가격인상은 서민들이 주로 이용하는 외식 가격에도 영향을 미칠 수밖에 없다. 이래저래 취약계층과 저소득층의 생활비 부담을 가중시킨다. 최근 식료품 가격 인상은 국제 곡물가격 급등의 영향이라고 한다. 미국에 역대급 한파가 몰아쳐 곡물가격 상승은 당분간 이어질 전망이다.

곡물 값은 통상 3~6개월 시차를 두고 생활물가에 반영된다. 그런 만큼 올 하반기 서민들의 장바구니를 더욱 가볍게 만들고, 생활은 더 팍팍해 질 것으로 예상된다. '신선놀음에 도끼자루 썩는 줄 모른다'는 속담이 있다. 지금 정부는 정권 보호용 '권력기관 개혁 놀음'에 빠져

서민들의 삶이 피폐해지는 줄 모른다.

정책 당국은 서민물가 대책 수립과 추진에 시급히 나서야 한다. 수입선 다변화와 원활한 공급대책을 통해 시장의 물가 인상 요인을 완화해야 한다. '선거용 코로나 지원금'에만 매달릴 것이 아니라 식료품 가격인상 요인을 줄이기 위한 재정투입 방안을 적극 검토해야 한다.

정권교체 향한 정책개발 시동 (2021.11.08.)

11월 8일 국회의원 회관 대회의실에서 '대한민국정상화플랜 컨퍼런스'가 열렸다. 이 날 컨퍼런스는 국회 글로벌외교안보포럼(회장 박진 의원), 대한민국정상화포럼(대표 오정근 자유시장연구원장), 국민의힘 국책자문위원회가 보수정당 대선후보에게 정책을 제안하기 위해 열렸다.

나는 국민의힘 국책자문위원장으로서 환영사에 이어 종합토론 좌장으로 참여해 국민의힘 국책자문위원회가 준비한 정책을 중심으로 정권교체를 위한 20대 대선 정책을 제안했다.

현재 우리나라의 주요 문제는 고위공직자 비리 카르텔, 운동권의 친중·친북노선, 미래세대를 착취하는 포퓰리즘, 출산율 감소 등이다. 이런 문제를 해소하기 위해 공정정책(공수처 폐지 등), 자유정책(시민단체 및 사회적 기업 지원 축소 등), 보육·교육정책(지방거점대학 등록금 무료 등), 일자리 정책(단체협약 효력 축소 등), 문화정책(지역문화지원사업 확대 등) 등을 제시했다.

5

'LH 개혁'…초점 흐리지 마라

— 정부정책 비판 SNS 글 모음 —

김해신공항 백지화는 여권의 선거용 책략 (2020.11.17.)

김해신공항 백지화가 가덕도신공항 추진을 위한 결정이면 부산시장 보궐선거용 정치적 책략이다. 국무총리실 김해신공항 검증위원회가 17일 오후 '김해신공항 추진계획' 백지화를 발표했다. 내년 부산시장 보궐선거와 차기 대선을 겨냥한 가덕도신공항 추진을 위한 정치적 수순이라는 게 정치권과 전문가들의 대체적인 의견이다.

정부·여당은 김해신공항 백지화 발표 전부터 가덕도신공항 띄우기에 나섰다. 국회의 내년도 예산심사에서 주무부처인 국토교통부가 반대하는 가덕도신공항 연구용역비 20억 원을 우격다짐으로 밀어 넣기도 했다.

이 같은 정부·여당의 행태는 초대형 국책사업을 정치적 유·불리와 표 계산에 따라 졸속 변경하는 것이다. 김해공항 확장을 통한 동남권신공항 건설 계획은 10년 이상 논란을 거친 끝에 최종 결론을 내고 이미 수십억 원의 세금을 투입해 추진 중인 국책사업이다.

김해신공항 건설은 2026년까지 완공해야 할 사업이다. 기본 계획안 용역에만 30억원 이상 들었다. 사전 연구용역까지 합하면 70억원에 가까운 예산이 투입됐다. 건설에 7조원의 세금이 투입되는 사업이다.

동남권신공항 사업은 동남권 5개 광역자치단체가 오랫동안 대립과 갈등을 겪어오다 지난 2016년 국토부 의뢰로 19억 원 규모의 신공항 사전타당성 연구용역을 거쳐 김해신공항으로 결정됐다. 당시 용역을 맡은 프랑스 파리공항공단엔지니어링(ADPi)은 보고서에서 "가덕도는 바다 매립에 비용이 많이 들고, 남쪽 끝에 있어 접근성이 떨어지는데다 태풍에 취약하다"고 지적한 바 있다.

이 같은 김해신공항 건설 계획에 대해 이 정권이 들어선 초기에도 별 문제가 없다는 입장이었다. 국토교통부 또한 내부적으로 10년 넘는 공방과 연구조사 끝에 결론이 난 문제를 또다시 뒤집는 것에 대해 부담을 느끼는 것으로 알고 있다.

김해신공항 백지화 결정과 관련 여권에선 "2016년 박근혜 정권이 김해신공항으로 결정한 게 잘못"이라며 과거 정권에 잘못을 전가하는 수법을 여기에도 동원하고 있다. 백지화 결정이 타당성 없다는 것을 스스로 인정하는 꼴이다. 이를 반영하듯 여권 내에서도 표심만 바라본 결정이라는 비판이 적지 않다.

전문가들도 경제성이 없다고 결론 난 가덕도신공항을 정밀한 검토 없이 재추진한다면 '세금 먹는 하마'가 될 거라는 우려를 제기하고 있다. 가덕도신공항 추진에 대해 가덕도 주민들도 찬·반 의견이 엇갈리는 것으로 언론에 보도되고 있다.

동남권 신공항 사업은 밀양이냐, 가덕도냐, 김해냐를 두고 이해관계에 따라 극심한 반발과 국론분열을 불러오다 김해신공항으로 결정 난 사안이다. 이제 총리실의 백지화 발표로 또다시 혼란이 예상된다. 대구·경북에선 벌써부터 밀양신공항 재추진 의견이 나오고 있다.

동남권 신공항 문제를 또다시 정치적 제물로 이용해선 안 된다. 특정 지역에 편중된 정치적 결정으로 국가 백년대계를 그르쳐선 안 된다. 이번 총리실 검증위원회의 결정에 앞서 바람을 잡은 김경수 경남지사의 정치행위도 비판하지 않을 수 없다. 김 지사는 지난해 5월 당시 오거돈 부산시장과 함께 '부울경 동남권 관문공항 검증단'이라는 법에도 없는 정치 기구를 만들어 김해신공항 백지화와 동남권신공항 입지 재선정을 요구했다.

지역적인 이해관계가 걸린 송철호 울산시장은 빠졌지만 여권의 밀어붙이기에 동조했다. 공교롭게도 불법댓글 여론조작, 선거법위반, 성추행으로 사퇴하거나 재판을 받는 동남권 3개 광역단체장이 여권의 당리당략에 앞장선 꼴이다.

1·2심에서 도지사직 상실형을 선고받고 대법원 판결을 코앞에 둔 김 지사는 최근에도 동남권 메가시티를 거론하며 부산·울산을 끌어들여 부울경 통합을 주장하고 있다. 부울경 기초자치단체와 주민들의 의견을 듣는 절차도 없었다. 부산은 지금까지 경남 도세를 끊임없이 잠식하며 시세를 확장해 왔다. 그러는 동안 경남도민의 자존심에 큰 상처를 줘왔다.

국책사업인 동남권 신공항 건설과 수도권에 대응한 동남권 메가시티도 필요하다. 하지만 부산을 축으로 하는 속내가 숨어 있다는 의심을 지울 수 없다. 신공항과 메가시티 모두 균형과 상생발전이라는 기본정신에서 출발하고 추진되어야 한다. 지역민의 의견을 충분히 수렴하는 과정과 절차도 필수적이다.

신공항 문제 선거 뒤 논의하자 (2020.11.21.)

총리실 산하 김해신공항 검증위원회의 검증결과 발표 후 예상대로 국론분열이 심각하다.

이런 가운데 검증위 위원장이 "검증 과정에 가덕도 '가' 자도 안 나왔다"고 항변했다. "'김해신공항 백지화'라는 말도 나온 적이 없다"고 말했다. 일부 검증위원은 "답이 정해져 있는데 들러리 선 기분"이라고 토로했다. "여권이 자기들 편한 대로 보고서를 이용하고 있다"는 말도 나왔다.

이 정권은 이미 정해진 김해신공항 추진 계획을 지난 4년간 뭉개고 있다가 동남권신공항 건설이 시급하다며 가덕도신공항 띄우기에 나섰다. 부산시장 보궐선거용이라고 하지 않을 수 없다. 시장의 성추행 사퇴로 실시되는 보궐선거의 이슈를 신공항 이슈로 덮어 버리려는 수법이다. 나아가 차기 대선까지 겨냥한 선거공학적 접근이다.

선거에 이용하려고 국가백년대계를 그르쳐선 안 된다. 가덕도는 세계적인 연구용역기관이 4년 전 가장 낮은 점수를 매긴 후보지다. 만약 검증위가 공식 발표에서 표현한 대로 김해신공항이 부적격하다면 기존 후보지에 새로운 후보지를 포함해 다시 검토해야 한다. 하지만 그건 이 정권이 할 일이 아니다. 이 정권이 급하다고 국민들까지 우물에서 숭늉을 찾게 해선 안 된다. 바늘에 실을 매게 할 수도 없다.

보(洑) 해체도 범죄행위다 (2021.01.28.)

이런 걸 '3무(無) 3단 논법'이라고 해야 하나? 황당하다 못해 말문이 막힌다.

정부는 4대강 보(洑)의 일부 해체 또는 상시 개방을 결정했다. 이 결정에는 보를 철거하면 수질이 좋아지고, 수질이 개선되면 결국 경제적으로도 이득이라는 '경제성 평가 자료'가 주요 근거로 작용했다.

그런데 이 자료가 잘못된 전제를 토대로 작성됐다는 게 드러났다. 환경부 공식 모니터링 결과 이 정부 들어 보를 개방한 후 수질이 오히려 악화된 것으로 나타났기 때문이다. 그런데 정부는 아무런 과학적·실증적 근거도 없는 '보 철거 시 수질개선'을 가정해 놓고, 또 이를 근거로 경제성 평가를 한 것이다. 급기야 엉터리 경제성 평가를 근거로 보 해체 또는 상시 개방을 결정한 셈이다. 3단계 무(無)근거 결정이다.

정부의 이번 4대강 보 해체 결정을 보노라면 원전 폐쇄 결정이 오버랩 된다. 정부의 월성원전 폐쇄 결정도 '월성원전 1호기를 계속 가동하는 것보다 조기 중단하는 것이 더 경제적'이라는 경제성 평가 보고서를 근거로 내려졌다.

하지만 월성원전 경제성 평가 보고서가 조작됐다는 것이 감사원 감사를 통해 밝혀졌다. 지금 진행되고 있는 검찰 수사 결과에 따라 불법의 실체가 하나하나 드러날 것이다. 정책에는 찬반 주장이 있을 수 있다. 그래서 그 결정에는 특정 이념이나 신념이 개입되어서는 안 된다. 분명한 과학적·실증적 근거를 토대로 민주적·합법적 절차를 거쳐 결정되어야 한다.

이 정권 인사들은 '정부 정책 결정에 개입한다'는 말로 월성원전 관련 감사원 감사와 검찰 수사를 공격하고 윽박지른다. 하지만 감사원과 검찰이 들여다보는 건 정책 결정이 아니다. 결정의 근거를 왜곡·조작한 공무원의 불법행위가 그 대상이다.

지난 18일 4대강 보 일부 해체 결정 발표 당시에도 '이미 답을 정해 놓았으니 너는 따라만 오면 된다'는 말들이 많이 나왔다. 잘못된 근거를 토대로 결정이 이루어진 것으로 보아 4대강 보 해체 결정도 원전 폐쇄 결정과 마찬가지로 '답정너'라고 하겠다. 보 개방 후 수질악화 결과보고를 은폐해 잘못된 결정을 유도한 행위는 직무유기, 직권남용의 범죄행위다.

국가백년대계가 특정 이념과 신념에 바탕을 둔 '답정너' 방식으로 정해지는 건 나라를 망치는 짓이다. 공직자들은 더 이상 '답정너'에 끌려가는 걸 범죄행위로 직시하고 당장 중단해야 한다. "이제 그만"이라고 호루라기를 불 때다.

'북한 원전건설' 누가, 왜 작성했나 (2021.02.01.)

'정부가 북한에 원전을 건설해주기로 했다'는 의혹에 여권이 총동원돼 방어에 급급하다. 아니 '최선의 방어는 공격'이라는 작전을 보여주듯이 오히려 총공세에 나서는 모양새다.

청와대 대변인은 '북풍공작' '무책임한 발언' '법적 조치'를 운운했다. 야당을 겁박하는 소리로 들린다. 이 같은 강경 발언에는 대통령의 '마타도어'라는 말이 작용했다고 한다.

청와대의 반응과 함께 여권 인사들이 총출동하고 있다. 하지만 앞뒤 말이 틀리면서 의혹을 더욱 증폭시킨다. 전 청와대 의전비서관은 "4·27남북정상회담 때 USB를 건넨 적 없다"고 했다가 당시 청와대 공식발표로 확인되자 "도보다리 회담 때 건넨 게 아니다"라고 말을 바꿨다.

한 여당 의원은 대북 원전건설 문건은 박근혜 정부 때 작성된 것이라고 했다가 산자부가 공식 부인하자 '추론'이라고 꼬리를 내렸다. 전 청와대 국정상황실장이었던 여당 의원은 야당의 의혹 제기를 '철 지난 북풍공작' '공상과학 수준의 소설'로 치부하면서 "근거와 팩트가 없다"고 몰아붙인다.

이 정권의 수법인 공무원에게 책임을 떠넘기는 꼬리 자르기도 동원되고 있다. 여당 대표는 '공무원 컴퓨터에 있었다고 남북정상회담에서 추진됐다는 것인가?'라고 했다. 정부·여당은 산자부 내부 아이디어 차원의 검토 자료라는 말도 한다.

하지만 누가, 왜 문건을 작성했는지에 대해 정부·여당 누구도 제대로 말하지 않는다. 문건이 무슨 목적으로 작성되고, 어떻게 활용됐는지 본질에 대한 설명도 없다. 회피하려는 말장난에다 야당을 겁박하는 말폭탄만 던진다.

왜 이렇게 발끈할까? 적반하장도 유분수다. 뭐뀐 놈이 성낸다는 말로 받아들이기에도 뭔가 석연찮다. 이 의혹은 원전 경제성 조작 관련 기소된 산자부 공무원의 공소장이 공개되면서 비롯됐다. 공소장의 증거목록에 북한 원전 관련 자료도 포함돼 있고, '60 pohjois(뽀요이스)'라는 폴드명과 '북원추'라는 파일명이 예사롭지 않다.

북핵을 머리에 이고 있는 우리 국민들은 불안에 휩싸여 있다. 이 정부의 이념에 경도된 탈원전 정책으로 국내 원전생태계가 파괴돼 관련 업계는 물론 국민들이 크나 큰 시름에 잠겨있다.

그런데 북한에 원전을 건설해주기로 했다면 '이적행위'도 상상 못할 이적행위다. 우리나라가 국제적으로도 아주 큰 곤경에 처하게 된다. 야당으로선 이런 엄청난 의혹에 대해 설명을 요구할 수 있다. 아니 요구하는 게 야당의 당연한 책무다. 야당과 국민에게 설명할 의무는 당연히 정부에 있다.

'좋은 말 대잔치' 대통령의 신년회견 (2021.1.18.)

문재인 대통령의 신년 기자회견은 역시 '좋은 말 대잔치'로 끝났다. '좋은 말'만 던지다 보니 예의 유체이탈·두루뭉술·핵심비켜가기·책임회피로 일관했다. 문 대통령은 두 전직 대통령 사면에 대해 국론이 분열된다면 통합을 해치는 결과가 될 것이라며 '국민 공감대 형성'을 전제로 제시했다. 사면론으로 국론을 분열시킨 게 누군가. 새해 벽두 사면건의를 들고 나와 찬반 격론을 불러일으킨 건 여권 아닌가.

작년 1년 동안 나라를 온통 들쑤셔 놓은 추미애 법무장관에 대한 문 대통령의 인식도 유체이탈의 전형이다. 이른 바 '추·윤 갈등'이 "민주주의의 건강한 발전"이라니, 이 무슨 뚱딴지같은 소리인가. 추 장관의 수많은 인사권남용과 직권남용을 민주주의 발전으로 치환시키는 문 대통령의 인식이 놀랍다.

민주당이 오는 4월 치러질 보궐선거에 후보를 내기로 한 데 대해 "민주당 당원들의 선택을 존중한다" "내가 대표 시절에 만든 당헌이라고 신성시 될 수 없다"라는 말에서 절망감을 느낀다. 더욱이 "헌법이 국민의 뜻에 의해 언제든 개정될 수 있듯이 당헌도 고정불변일 수 없다"라니. 감히 어디에 헌법과 국민을 들먹이나.

박원순 전 서울시장과 오거돈 전 부산시장의 성추행으로 실시되는 보궐선거를 오로지 지지자들의 뜻에 따르겠다고 신년 기자회견에서 공개적으로 확인했다. 국민의 대통령임을 포기한 것이나 마찬가지다.

'정인이 사건'과 관련 '입양 이후 일정 기간 이내 취소하거나 입양아동을 바꾸는 방안'을 재발 방지책으로 제시한 문 대통령의 발언은 듣는 이의 귀를 의심케 했다. 입양제도에 대한 몰이해에다가 아동학대를 입양아에만 초점을 맞춰 우리사회에 입양에 대한 부정적 인식을 심어주는데다 근본적 대책수립과 거리가 먼 대통령의 인식이 걱정스럽다.

"원전 감사와 수사가 정치적 목적으로 이루어졌냐고 생각하지 않는다"는 대통령의 말은 당연한 것이지만, 이 또한 의아하다. 여권의 수

많은 공격에 대해 지금까지 침묵한 것은 무엇인가. 정부조직상 정점이자 임명권자인 대통령이 감사원과 검찰의 독립성·중립성을 지키기 위해 뭘 했는지 묻지 않을 수 없다. 그 외 "백신 충분히 일찍 확보했다" "역대 어느 대통령보다 현장 방문 많이 했다" "우리경제 선방했다" 등도 듣기 좋은 말잔치에 불과해 공허하게 들린다.

공익신고자가 이 시대의 영웅 (2021.02.02.)

문재인 대통령이 야당의 '대북 원전건설 의혹' 제기를 직접 공격하고 나섰지만, 이 의혹은 기소된 산자부 공무원의 공소장에서 비롯됐습니다. 따지고 보면 그 출발점에 공익신고자가 있다.

정부가 월성1호기 조기폐쇄와 탈원전 정책의 주요 근거로 내세운 게 '월성1호기 수익성 분석'이다. 하지만 이 분석이 조작됐다는 게 감사원 감사로 드러났고, 검찰 수사로 이어졌다.

원전 관련 감사는 당초 국회의 감사청구로 시작됐다. 그런데 잘 알다시피 여권은 감사를 집요하게 방해했다. 검찰 수사도 추미애 전 법무부장관이 온갖 수법으로 방해했다. 여권의 방해에도 감사원과 검찰이 감사와 수사를 할 수 있었던 것은 최재형 감사원장과 윤석열 검찰총장이 버텨줬기 때문이다. 최 원장과 윤 총장이 충분히 박수를 받을 만하다.

박수 받을 사람이 또 있다. 바로 강창호 한수원 월성노조 지부장이다. 강 지부장이 당초 월성1호기 수익성 조작 의혹을 검찰에 고발하고, 국민권익위에 신고했으나 이성윤 검찰과 권력에 장악된 권익위가 움직이지 않았다. 이에 야당에 제보하고, 야당의 요구로 국회가 감사 청구를 하게 된 것이다.

내부의 극소수만 아는 부정과 비리, 불법행위는 드러나기 어렵다. 권력의 온갖 방해를 무릅쓰고 사정기관이 움직이기도 쉽지 않다. 공익신고자의 '빼박증거'가 있었기에 감사원과 검찰이 권력과 싸워가며 견뎌낼 수 있었다.

김학의 전 법무차관의 불법출국금지 사건도 마찬가지다. 김 전 차관 출국금지의 불법성은 당시에도 논란이 됐지만, 이 정권에 부역하는 일부 검찰이 덮었다는 사실이 검찰 내부의 공익신고자에 의해 만천하에 드러났다.

월성1호기 수익성 조작 공익신고자는 이 일로 직위해제 되는 불이익을 받았다. 김 전 차관 불법출금 공익신고자에 대해 여권이 '고발' 운운하고 있다. 이렇게 공익신고자가 권력에 의해 고초를 겪고 있다. 기획재정부 적자 국채 발행 시도 등을 폭로한 신재민 전 사무관, 환경부 블랙리스트 의혹 등을 폭로한 김태우 전 검찰수사관 등도 여기에 해당한다.

문재인 대통령은 2012년과 2017년 대선 땐 '공익신고자 보호'를 공약했다. 하지만 현 정권 들어 오히려 권력형 부정·비리가 드러나면 공익신고자는 물론, 야당과 국민을 겁박하고 일이 난무하고 있다. 지난해 총선에서 여당이 국회 압도적 다수의석을 차지한 이후에는 더욱 심하다. 원전 수익성 조작과 불법출금 사건은 현재진행형이고, 권력의 방해공작 또한 계속되고 있다. 단체장과 지방의회를 완전 장악한 지방사치난제의 경우에도 많은 부정·비리가 드러나지 않고 덮여있을 개연성이 크다.

공익신고자들은 사정기관과 의회 등 정상적인 국가시스템이 제대로 작동되지 않는 것을 보다보다 못해 불이익을 감수하면서 나선 분들이다. 공익신고자의 의로운 행동이 덮여지지 않고 빛을 발할 수 있도록 야당과 언론이 더욱 분발해야겠다. 공익신고자를 보호하기 위한 우리 사회의 적극적인 관심도 필요하다. '이건 아니다'라고 호루라기를 부는 공익신고자들에게 박수를 보낸다. 공익신고자 여러분이 무너지는 나라를 바로 세우는 영웅입니다.

'LH 개혁?' … 초점 흐리지 마라 (2021.03.12.)

한국토지주택공사(LH) 직원 신도시 예정지 땅 투기의혹 사태에서도 문재인 정권의 남 탓, 초점 흐리기 수법이 어김없이 등장한다. 정권 인사들의 아무 말 던지기를 보노라면 낯간지러울 정도다.

이번 사태는 LH 직원들이 부동산 관련 기밀정보를 이용·유출해 땅 투기를 한 데서 비롯됐다. 하지만 그 본질을 보면 기밀정보에 접근한 이들이 자신들은 물론 일부 정치인과 공무원 및 투기꾼들과 유착해 신도시 예정지 등 개발 대상지를 광범위한 부동산 투기판으로 만든 것이다. 집값 폭등 여파로 영끌(영혼까지 끌어서 집을 산다)하던 젊은이들은 물론, 전 국민이 이번 사태를 보고 영털(영혼까지 털렸다)이라며 분노하는 이유다.

그런데 정부와 여당은 사태 초기 '조사' '조사'만 반복하며 여론 잠재우기에 급급했다. 그러다 국민적 분노가 점차 높아지자 자신들의 주

특기인 전 정권 탓, 검찰 탓 등 남 탓을 구사하고 있다. 급기야 정부·여당은 LH 해체 수준의 개혁을 이야기한다. 하지만 이것도 사태의 초점을 흐리기 위한 술책에 불과하다.

박근혜 정부 당시 공공부문 개혁 드라이브에 제동을 건 게 누구인가? 정권을 잡고도 공기업 개혁은 안중에도 없이 낙하산 임원 내려 보내기와 공공부문 일자리 늘리기 명목으로 오히려 방만한 경영을 부추긴 게 자신들 아닌가? 이번 사태는 그 대가를 치르는 게 아닌가?

국민들은 이번 사태가 청와대와 여당이 정권 재창출을 위해 당파적 정치투쟁에 몰두하느라 국가 관리에 소홀한 틈에 곪아 터진 것이라고 말한다. 정부·여당은 'LH 개혁' 'LH 방지법' 등으로 초점을 흐리지 마라. 당장 압수수색·계좌추적 등을 통해 투기세력을 발본색원하는 게 먼저다.

6

'선거용 말잔치' 이제 안 통한다

— 선거 관련 SNS 글 모음 —

일자리 창출 기본에 충실하자 (2021.02.19.)

문재인 대통령이 청와대 수석·보좌관회의에서 '역대급 고용위기'를 언급하며 '노동시장 특단의 대책'·'비상한 추가 고용대책'을 주문했다. 1월 고용동향을 보고받고서다.

하지만 '역대급 고용위기'가 갑자기 온 게 아니다. 현 정부가 고집스럽게 추진하는 경제정책 때문이다. 통계청이 발표한 1월 고용동향을 보면 고용위기는 심각하다. 경남의 고용위기는 더욱 심각하다.

동남지방통계청이 발표한 1월 경상남도 고용동향에 따르면 경제활동인구 중 취업자는 지난해 1월 대비 8만2000명 감소했다. 경남의 경제활동인구와 취업자 수는 전국의 6.4%인데 반해 취업자 감소인원은 전국의 8.4%를 차지한다. 경남의 1월 고용률은 57.9%로 지난해 1월보다 2.9%p 하락하고, 15~64세 고용률은 63.6%로 3.6%p나 떨어져 각각 전국 하락률 2.6%p와 2.4%보다 큰 폭으로 하락했다.

경남의 경제활동인구 중 실업자는 10만5000명으로 지난해 1월 대비 무려 4만1000명이 증가했다. 전국 실업자 증가의 9.8%에 해당한다. 이에 따라 실업률이 지난해 1월보다 2.4%p 상승한 6.0%를 기록해 전국 실업률 상승폭 1.6%p를 크게 상회했다.

이 같이 경남의 고용률 하락폭과 실업률 상승폭은 전국보다 모두 높다. 실업자 증가비율(64.1%)은 전국(36.2%)에 비해 무려 2배 가까이 높게 나타났다. 더욱이 임시·일용직과 대면서비스업 등 고용안정성이 낮은 직종과 여성 등의 실업률 상승폭이 높아 고용취약계층이 직격탄을 맞고 있다.

이에 따라 정부는 공공 부문 일자리 90만개 창출을 내놓았다. 결국 단기 일자리일 수밖에 없는 재정 일자리 대책이다. 심각한 고용위기 상황에서 단기대책은 필요하다. 하지만 세금으로 용돈주기 식 '선거용 일자리' 창출이 특단의 고용대책이 될 수 없다. 제발 기본에 충실하자. 그건 모두가 아는 민간일자리 창출이다. 그러기 위해선 소득주도성장·기업옥죄기 등 정부의 경제정책을 근본적으로 바꾸어야 한다.

나라 곳간이 대통령 쌈짓돈인가 (2021.02.20.)

"코로나에서 벗어날 상황이 되면 국민 위로 지원금 지급을 검토할 수 있다."

문재인 대통령이 어제 민주당 지도부를 청와대에 초청해 한 말이다. 4차 지원금이 한창 논의되고 있는 상황에서 5차 지원금 지급을 대통령이 공개적으로 밝힌 것이다. 그것도 '위로 지원금'이라니, 나라 곳간이 대통령 개인 곳간인가? 어떻게 이런 발상을 할 수 있는지 어안이 벙벙하다.

문 대통령은 4차 지원금과 관련해서도 최대한 넓고 두텁게 지원돼야 할 것이라고 말했다. 민주당이 전 국민 지급을 주장한 4차 지원금은 홍남기 부총리의 반대에 부딪쳐 선별적 지급으로 방향을 잡고 현재 지급 대상과 금액을 논의 중이다.

홍 부총리가 전 국민 지급에 반대하자 민주당 지도부가 나서 험한 말로 압박하고 밀어붙이면서 논의를 진행해 왔다. 여기에 이재명 경기지사가 무소불위 기재부의 나라라며 압박에 가세했다.

심지어 행정부를 총괄하는 정세균 총리가 기재부를 '개혁 저항 세력'이라며 이 나라가 기재부의 나라냐는 말로 홍 부총리와 기재부를 질타했다. 그런데 대통령이 '넓고 두텁게 지원'하라며 기재부 압박에 가세한 셈이다.

민주당은 3월 추경을 통해 3월말까지 4차 지원금을 지급하겠다고 이미 밝힌 바 있다. 여기에 대통령이 4·7 재·보궐선거를 앞두고 아예 돈 살포를 공식 인정했다. 정부·여당은 이번 재·보궐선거에 모든 걸 건 모양새다. 여당 소속 시장의 성추행으로 실시되는 선거는 까마득하게 잊었다. 이 정권의 안중에 나라 곳간은 없다. 그나마 나라 곳간을 지키려고 버티던 기재부와 관료들은 이제 또 백기투항만이 남았다. 이 정권이 정녕 나라를 어디로 끌고 가는가?

'선거용 말잔치' 이제 안 통한다 (2021.03.31.)

문재인 정권이 '군주민수(君舟民水, 화난 민심은 임금도 뒤집는다)'에 화들짝 놀란 기색이다. 4·7 재보선을 앞두고 문 정권의 무능과 부패, 거짓과 위선에 대한 민심의 분노가 거대한 물결을 이루자 4년간 야당의 반대를 무시하며 밀어붙이던 정책들을 부랴부랴 뒤집고 나섰다.

대표적으로 부동산 정책이다. 민주당은 공시지가 인상 속도조절과 보유세 경감 검토 카드를 내놓았다. 정부가 강력하게 규제하던 주택담보인정비율(LTV), 총부채상환비율(DTI) 완화도 약속했다. 박영선 민주당 서울시장 후보는 재개발·재건축에 민간 참여를 공약하며 정부가 고수해 오던 공공주도개발에 사실상 반기를 들었다.

정부·여당은 '검수완박'을 외치며 엉터리 검찰개혁을 밀어붙이더니 LH 직원 투기의혹이 들불처럼 번지자 부동산 투기 수사에 검사와 검찰 수사관을 투입하겠다고 했다. 김상조 전 청와대 정책실장을 전격 경질한 것도 '급한 불 끄고 보자'는 정권의 고육지책이라고 하겠다.

정부·여당의 이 같은 정책 전환 움직임은 바람직하다. 문제는 믿을 수 없다는 점이다. 민주당은 지난해 4·15 총선 전에도 '종부세 완화'를 약속했지만 선거에서 180석이라는 공룡의석을 차지한 뒤 말을 바꿨다. 이렇게 이 정권은 억지 정책 밀어붙이기와 뒤집기를 다반사로 한다. 그것도 국민의 재산·기본권과 직결된 사안들이다.

부동산 민심 분노가 심각하자 전 공직자 재산 등록제를 꺼내놓고 있다. 이 또한 무리한 정책인데다 선거용 말잔치라는 비판을 받고 있다. 정부·여당이 선거 국면에서 던진 정책과 말들을 언제 그랬냐는 듯이 뒤집을 수 있다는 반증이다. 4·7 재보선에서 국민들이 현명한 판단을 해야 할 이유다.

정권심판선거 더욱 분명 (2021.04.01.)

4·7 재보선 사전투표를 하루 앞두고 여당 대표가 대국민 성명을 발표했다.

골자는 "더불어민주당에 대한 실망 때문에 과거로 되돌아가서는 안 된다. 내로남불 자세 혁파하겠다. 민주당에 다시 한 번 기회를 달라."이다. 그러면서 부동산적폐·생활적폐·토건투기세력 등을 운운하며 과거 탓, 적폐 타령을 했다. 문재인 정부에서 공정과 정의 실현을 위해 노력했다는 말도 빠지지 않았다.

선거에서 크게 불리하자 얄팍한 언어유희로 또다시 국민을 속이는 제스처에 불과하다. 지금 여당이 과연 적폐 타령을 할 수 있을까. 공정과 정의를 들먹일 수 있을까. 지금 국민의 분노는 이 정권이 4년 동안 야당과 국민을 무시하면서 엉터리 개혁을 밀어붙여 법과 제도, 상식과 양심을 무너뜨리고 짓밟은 결과이다.

이번 선거는 왜 실시되나? 왜 정권심판 구도로 흘러가나? 여당은 말찬지 성명을 내놓을 게 아니라 국민들의 이 물음에 답하는 게 먼저다. 박원순 전 서울시장과 오거돈 전 부산시장의 성추행으로 실시되는 선거, 이 선거에 후보를 내놓지 않아야 할 민주당이 약속을 뒤집으면서까지 기어코 후보를 내놓았다. 그런데 성명에서 이에 대한 언급은 전혀 없다. 오로지 부동산 민심 달래기에 매몰돼 있다.

하지만 이 정권 실세이자 핵심 인사들의 투기의혹과 전세금 인상 등으로 이 또한 공허한 메아리에 불과하다. 이제 여당의 말에 조금이라도 귀를 기울일 국민은 없다. 여당은 선거에서 크게 불리하다고, 감성에 호소하고 국민들을 볼모로 잡는 대국민 성명을 내놓게 아니라 겸허하게 심판을 기다려야 한다.

막판 위기감 조성은 '강도선거' (2021.04.03.)

민주당이 이낙연 상임선대위원장의 '서울시의원 숫자 겁박'에 이어 박영선 후보의 사퇴를 암시하며 선거 막판 위기감을 조장하고 있다. 지지자 결집용이겠지만, 국민과 서울시민을 겁박하며 볼모로 잡는 작태다. 네거티브와 마타도어를 동원한 '사기선거'가 먹혀들지 않자 겁박으로 '강도선거'를 하려는 저질 선거전략으로 보인다.

민주당은 당초 이번 재보선 서울·부산시장 선거에 후보를 내놓지 말아야 했다. 그런데 기어코 후보를 내어 정권심판 선거를 자초했다.

그렇다면 사퇴 운운하며 겁박할 게 아니라 박원순·오거돈 전 시장의 성추행을 진정성 있게 사과하고 민주당 서울·부산시장 후보를 모두 사퇴시키는 게 국민과 시민에 대한 도리다.

더불어 다음에 열거하는 정부·여당 인사들도 함께 사퇴하면 국민들이 진정성을 조금이라도 인정할 것이다.

- 거짓말로 사법부의 신뢰를 땅에 떨어뜨린 김명수 대법원장
- 공수처가 제대로 출발도 하기 전에 공성성을 크게 훼손한 김진욱 공수처장
- 한미동맹에 심각한 균열을 불러올 망언을 한 김준형 국립외교원장
- 댓글조작으로 민주주의를 파괴한 혐의로 1, 2심에서 징역형을 받고도 대법원에서 법정 재판기간을 넘기고 있는 김경수 경남도지사
- 부정선거를 획책한 혐의로 재판에 넘겨지고도 1년 넘게 재판 시작도 안하고 있는 송철호 울산시장과 황운하 의원·이광철 청와대 민정비서관 등
- 입시부정에 사용된 인턴증명서 위조한 혐의로 재판받고 있는 최강욱 의원
- 김학의 전 법무차관 불법출금 혐의를 받는 이성윤 서울중앙지검장·이규원 검사와 차규근 법무부 출입국본부장
- 일본군 위안부 할머니 지원금 등 횡령혐의로 재판받고 있는 윤미향 의원

'분노' '두려움' '희망' (2021.04.05.)

4·7 재보선 본 투표일이 이틀 앞으로 다가왔다.

국민의힘 국책자문위원장으로서, 당 중앙선대위 시정자문단 총괄단장으로서 선거운동 현장을 다니며 보고 느낀 소회를 세 단어로 표현한다면 '분노'와 '두려움', '희망'이다.

이번 선거의 가장 큰 특징은 2030 청년들이 유세현장에 자발적으

로 몰려나온다는 점이다. 그것도 야당 국민의힘 후보 유세차에 스스럼 없이 올라 연설한다. 문재인 정권의 무능과 실정으로 일자리, 내 집 마련 등에서 가장 큰 피해를 입은 청년들의 실망감 표출이다. 무엇보다 정부·여당 인사들의 거짓과 위선, 공정과 정의를 무너뜨린 정권에 대한 분노의 표출이다.

이를 본 기성세대의 한 사람으로서, 또 정치인의 한 사람으로서 두려움을 느낀다. 청년들이 묵묵히 각자 자기의 앞날을 개척하면서도 기성세대와 권력자들의 행태를 하나하나 지켜보고 있기 때문이다. 이에 충격 받은 여권 신문 출신 기자는 노골적으로 취업면접에서 떨어뜨리자는 저주와 협박을 퍼붓다가 역풍을 단단히 맞기도 했다. 청년들은 분노하지만, 결코 절망하지는 않았다. 희망을 포기하지 않았기에 유세 현장에 나와 정부·여당에 우리를 무시하지 말라고 외친다.

'김경수 판결' 만시지탄·사필귀정 (2021.07.21.)

대법원이 오늘 김경수 경남지사의 이른바 '드루킹 댓글 조작' 공범 사건 재판에서 상고를 기각하고 원심(2심) 선고대로 판결을 최종 확정했다. 이로써 1심 5개월 넘게, 2심 21개월 넘게, 3심 8개월 넘게 장장 35개월이나 끌어온 지루한 재판이 끝났다. 만시지탄(晩時之歎)이자, 사필귀정(事必歸正)이다.

오늘 대법원 판결로 김 지사는 도지사직이 박탈됐다. 무자격자가 도지사에 당선되고, 지금까지 그 직을 수행해온 사실도 확인됐다. 김

지사는 도지사가 되기 전부터 수사를 받기 시작해 4년 임기 중 3년 넘게 수사와 재판을 받아 왔다. 도정에 엄청난 공백을 초래한 것은 물론, 도민의 자존심에 큰 상처를 남겼다. 김 지사는 이에 대해 엄중히 사과하고, 도의적·정치적 책임을 져야한다.

민주당은 2018년 지방선거 전 당시 김경수 의원이 이 사건으로 수사를 받고 있는데도 경남도지사 후보에 공천했다. 이 사건은 2017년 대선 때 문재인 후보에게 유리한 댓글작업에서 비롯된 것이기도 하다. 민주당은 인터넷 댓글조작으로 민주주의를 파괴한데 대해 분명히 사과하고 정치적 책임을 져야 한다. 혹시라도 지금까지 해온 것과 같이 억지 주장으로 사실을 호도하지 말기 바란다.

수사당국, 특히 고위공직자범죄수사처는 김경수의 윗선인 문재인 부부에 대한 수사도 착수해야 한다. 오늘 대법원 확정판결이 났지만, 사법부가 재판을 질질 끌어 엄청난 도정공백을 초래했다. 선거관리위원회는 법에 정해진 보궐선거 실시로 남은 기간 도정공백을 최소화하기 바란다.

지난해 12월 개정된 선거법에 따르면 지방자치단체장에 한해 재·보궐선거 사유가 발생할 경우 연 2회 실시하도록 하고 있다. 8월 31일까지 재·보선 사유가 발생할 경우 10월 첫 번째 수요일이 실시일이다(선거법 제35조 제2항 제1호).

단체장에 한해 보궐선거를 연 2회 실시하도록 선거법을 개정한 취지는 지자체의 행정공백을 최소화하기 위함이다. 남은 임기가 1년 미만일 경우 "실시하지 아니할 수 있다"라는 규정이 있지만, 이는 예외규정이고 임의규정이다(선거법 제201조 제1항). 선관위는 법원이 재판을 질질 끌어 무자격자에게 임기의 4분의 3 넘게 맡겨두었다는 사실을 분명히 인식하기 바란다.

경남도정 정상으로 되돌려야 (2021.07.26.)

김경수 전 경남지사가 수감되는 오늘 창원교도소 앞에는 예상대로 지지자와 반대자들의 구호가 뒤섞였다. 이를 지켜보는 경남도민들은 착잡한 마음과 분노가 교차한다. 교도소에 들어가는 전직 도지사를 지켜보는 마음이 어찌 편하겠나. 하지만 인간적인 측면에서 김 전 지사의 형 확정과 수감을 바라볼 수만은 없다.

민주화운동을 했다는 사람과 세력이 민주주의를 유린하고 파괴한 사실이 확인됐다. 그러고도 잘못을 인정하거나 반성하는 모습을 전혀 보이지 않고 있다. 당사자인 김 전 지사는 수감되면서도 진실이 바뀔 수 없다며 여전히 부인하는데 매몰돼 있다. 김 전 지사의 수감으로 사건이 일단락됐다. 하지만 그가 저지른 범죄는 간단한 사안이 아니다. 몸통을 밝히고 민주주의를 지켜내는 일은 지금부터 시작이다.

김 전 지사의 범죄도 자신들에게 불리한 댓글에 대해 자기들이 고발하면서 드러났다. 허익범 특검이 온갖 압박과 어려운 여건을 무릅쓰고 애쓴 결과 그나마 김 전 지사의 범행을 밝혀냈다.

지금도 또 다른 드루킹이 어둠속에서 여론조작을 하고 있다는 우려를 지울 수 없다. 문재인 정권은 이를 밝힐 생각과 의시가 전혀 없어 보인다. 드루킹 댓글조작 몸통을 밝혀내 단죄해야 민주주의를 지킬 수 있다. 국민들이 두 눈 부릅뜨고 감시해야 한다.

재판지연으로 무자격사가 3년 넘게 경남도정의 수장으로 있었다. 이제 정상으로 되돌려야 한다. 도정 공백을 최소화해야 한다. 선거법 개정으로 연 2회 보궐선거를 실시하도록 한 입법 취지를 따라야 한다. 선거비용지출이라는 부담이 있지만, 그게 보궐선거 미실시의 주요 사유가 될 수 없다.

김경수 전 지사의 댓글조작은 민주주의와 주민 대표성을 유린한 범죄다. 어쩌면 정권을 뒤바꿔놓았을 수도 있다. 민주주의를 회복해야 한다. 문재인 정권이 사건을 덮고, 김명수 사법부가 재판을 지연시켰다는 점을 거듭 강조한다.

'기울어진 운동장' 선관위 규탄한다 (2021.07.27.)

경상남도 선거관리위원회가 결국 경남도지사 10월 보궐선거를 실시하지 않는 것으로 결정했다. 김경수 전 도지사의 대법원 판결로 2017년 대선 때의 댓글조작이 확인됐다. 이에 댓글여론조작의 몸통을 밝혀야 한다는 여론이 들끓는다. 무자격자가 농단한 경남도정을 바로 세워야 한다는 목소리도 높다.

문재인 정권과 민주당은 2018년 지방선거 때 수사를 받고 있던 김경수 의원을 본인이 출마를 주저하고, 반대여론이 있는데도 기어코 도지사 후보에 공천했다. 김명수 대법원장 체제의 사법부는 지난 4월 보궐선거도 실시하지 못하게 재판을 지연시켰다. 그 결과 무자격자 김경수는 4년 임기 중 3년 넘게 도지사직을 강점할 수 있었다.

그런데도 경남도선관위는 1년 가까이 도지사 공백상태를 인정했다. 이 기간은 올해 정기국회의 국비예산확보, 김 전 지사가 밀어붙였던 부울경메가시티를 비롯한 다른 광역자치단체와의 협력 관계, 내년 3월에 있을 대선관리 등 중차대한 사안들이 몰려있는 시기다.

지방자치단체의 행정공백을 초래하지 않도록 지난해 12월 선거법 개정을 통해 단체장에 한해 연 2회 보궐선거를 실시하도록 했다. 경남도선관위는 이런 입법 취지를 깡그리 무시했다. 도 선관위원은 위원장인 창원지법원장을 비롯해 민주당과 국민의힘 추천 각 1명, 중앙선관위 추천 1명, 창원지법원장 추천 2명, 도선관위 자체 선정 2명 등 8명으로 구성되어 있다.

그런데 지난 1월 민주당 추천위원의 임기가 만료되자 그 위원을 선관위 추천위원으로 다시 임명했다. 민주당 추천위원을 별도로 새롭게 임명한 것은 물론이다. 선관위는 문재인 대선캠프 출신 조해주 중앙선관위 상임위원 체제에서 기울어진 운동장이라는 비판을 받고 있다. 경남도선관위에서 더욱 기울어졌다는 걸 알 수 있다.

경남도민은 선관위가 이번 경남도지사 10월 보궐선거 실시와 공정한 관리를 통해 편파·불공정논란에 휩싸인 그동안의 오명을 벗는 기회로 삼기를 바랐다. 하지만 우리의 소박한 기대는 여지없이 깨졌다. 이제 민주주의 회복과 도정 정상화, 선거의 공정한 관리를 위해 도민들이 두 눈 부릅뜨고 지켜봐야 하겠다.

7

지연된 정의는 정의가 아니다

— 사법부·검찰 퇴행 비판 SNS 글 모음 —

법무장관의 검찰총장 핍박 점입가경 (2020.07.31.)

추미애 법무부 장관의 윤석열 검찰총장에 대한 수사지휘권 행사 등 계속되는 핍박과 여권의 사퇴압박이 점입가경이다. 법무·검찰개혁위원회는 법무부 장관이 검사 인사 시 검찰총장의 의견을 듣도록 한 현행 제도 폐지, 검찰총장의 수사지휘권 폐지 및 법무부 장관의 고검장에 대한 수사지휘권 행사 등을 골자로 한 언필칭 '검찰개혁안'을 내놨다. 검찰을 껍데기만 남기고 정치권력이 검찰조직과 수사상황까지 장악하겠다는 의도를 드러낸 것이다.

이렇게 정부·여당에서 윤석열 총장 찍어내기와 윤 총장 체제의 검찰 힘 빼기 작전을 착착 밀어붙이는 가운데 급기야 7월 29일 우리는 검찰 수사에서 '지금까지 경험하지 못한 나라'를 봤다.

서울중앙지검의 이른바 '검언유착 의혹' 수사팀은 현직 검사장의 휴

대폰 유심을 압수수색하면서 수사팀장인 부장검사가 압색 대상자를 육탄 제압한 사건이다. 압수수색 검사가 대상자를 온 몸으로 제압한 것도 전례가 없는 일인데다 검찰 수사심의위원회의 수사중단 및 불기소 권고에도 불구하고 강제수사를 벌인 것이다. 검사의 기소독점주의·기소편의주의의 폐해를 막겠다고 도입한 수사심의위원회의 권고 제도를 정치검찰이 완전 무시했다.

추미애 장관은 '검언유착 의혹' 수사에서 윤석열 총장의 지휘권을 박탈했다. 이에 따라 이 수사는 이성윤 서울중앙지검장의 지휘로 진행해 왔으나 수사심의위가 한동훈 검사장에 대한 수사중단 및 불기소를 결정함으로써 수사의 정당성을 상실한 상태다.

이성윤 검사장은 누구인가? 현직 검찰 인사 중 누구나 아는 가장 대표적인 친 정권 인물이다. '검언유착 의혹' 수사의 배후에는 현 정권 실세와 정권 홍위병 언론의 '권언유착 청부수사'의 그림자가 어른거린다. 이성윤을 정점으로 한 정치검찰이 검찰조직 전체를 망치고 있다. 문재인 대통령과 정부·여당은 현재와 같은 방법과 방향으로 검찰개혁을 추진하려면 검찰의 독립성과 정치적 중립성에 대한 장례를 지내고 하라.

지연된 정의는 정의가 아니다 (2021.01.29.)

오늘로 검찰이 울산시장선거 관련 청와대 개입 및 하명수사 의혹 사건을 기소한 지 딱 1년이다. 하지만 관련자들에 대한 수사가 아직

완료되지 않은데다 재판도 헛돌고 있다. 민변 출신 권경애 변호사는 이 사건을 두고 "이승만 시대의 부정선거에 맞먹는다"며 "명백한 대통령 탄핵사유이고 형사처벌 사안"이라고 했다. 그만큼 권력핵심부가 직접 관련된 사건이다.

이를 반영하듯 수사단계에서부터 정권 차원의 조직적인 수사방해 등 우여곡절이 심했다. 그러면서 청와대 등 윗선에 대한 수사에 제동이 걸렸다.

윤석열 검찰이 온갖 방해를 뚫고 1년 전 오늘 송철호 울산시장, 백원우 전 청와대 민정비서관, 황운하 전 울산경찰청장 등 13명을 기소했다. 그리고 1년여 지나 지난 25일에야 이진석 청와대 국정상황실장을 기소하기로 결론을 내린 것으로 알려졌다. 청와대 관계자들의 혐의를 부정할 수 없었는지 현 정권 관련 사건 뭉개기에 이골 난 이성윤 서울중앙지검장도 이 실장 기소에 동의했다고 한다.

그런데 같은 혐의를 받고 있는 임종석 전 비서실장과 이광철 현 민정비서관에 대한 처리는 여전히 미루고 있다. 검찰은 이미 기소된 13명 수사 때 이들을 소환 조사했으나 아직 기소 여부를 결정하지 못하고 있다.

검찰 수사와 기소 미진에는 일면 이해되는 측면이 있다. 권력을 등에 업은 혐의자들의 조사 지연과 회피, 추미애 전 법무부 장관의 수사팀 사실상 해체 등 수사방해가 집요했기 때문이다.

재판 지연은 더욱 심각하다. 기소 후 1년이 지난 지금까지 본안 심리를 시작도 안 했다. 공판준비기일만 6차례 열었다. 담당 부장판사는 우리법연구회 출신이다.

김경수 경남지사 댓글조작 공범 사건도 대법원에서 법정 선고일을 넘긴 채 계류 중이다. '드루킹특검법'상 이 사건의 대법원 선고 기간은 2심 선고일로부터 2개월 이내다. 김 지사 사건은 2심에서 21개월을 끌어 대표적인 '거북이심리' '침대재판'으로 불린다. 이 사건 2심 재판부의 주심판사도 우리법연구회 출신이다.

현 정권 들어 법원 내 특정 모임 출신 판사들의 재판에 대한 신뢰에 끊임없이 의문이 제기되는 이유다. 2018년 6·13지방선거에서 당선된 부·울·경 광역단체장이 모두 추문과 불법에 연루됐다. 성추행 추문을 일으킨 부산시장의 경우 오거돈 전 시장의 사퇴로 보궐선거가 실시된다.

하지만 울산과 경남의 경우 지판 지연으로 무자격 단체장에게 시·도정을 계속 맡겨놓는 꼴이다. '지연된 정의는 정의가 아니다'는 법언(法諺)이 있다. 법원이 신속한 재판으로 떨어진 신뢰를 회복하기 바란다.

'신내림' 잇는 대법원장·서울지검장 (2021.02.03.)

언론 보도에 따르면 김명수 대법원장은 지금 여당의 탄핵 추진 대상인 임성근 판사가 지난해 4월 건강을 이유로 사표를 내자 "사표를 받으면 탄핵이 안 되지 않느냐"며 반려했다고 한다. 여당의 판사 탄핵 추진에 보조를 맞추겠다는 속내를 드러낸 것이다.

이성윤 서울중앙지검장은 한동훈 검사장에 대한 무혐의 결재를 요청하는 수사팀에 "향후 포렌식 기술이 발달할 테니 그때까지 기다린

후 결정하자"고 했다고 한다. 조선시대 형방이 무고한 백성에 대한 처벌을 "먼 훗날 디지털수사기법이 나올 때까지 미루자"는 것도 아니고 이 무슨 3류 개그에서나 나올 법한 소린가?

여기서 원전 관련 자료를 삭제한 산자부 공무원의 웃지못할 말이 떠오른다. 이 공무원은 검찰의 '윗선' 추궁에 대해 "나도 신 내림을 받은 줄 알았다"고 말해 '신내림 서기관'이라는 별명이 붙었다. 대법원장과 서울중앙지검장도 '신내림 서기관'의 뒤를 이을 것인가? 사표 반려 사유나 결재 뭉개기 이유와 논리가 오죽 없으면 그러겠냐마는 언젠가 '윗선이 누구냐'고 추궁 당할 것 같다.

김 대법원장은 3권 분립의 한 축인 사법부의 수장이다. 이 지검장은 법치와 정의를 수호해야 할 검찰의 소위 '빅4' 중 한 자리를 차지하고 있다. 이들은 현 정권에 유리한 수사와 재판 결과를 내놓고, 불리한 수사와 재판을 뭉개고 지연시키는 정점이라는 비판을 받고 있다. 당연히 '권력의 시녀' '권력의 부역자' 등 오명이 따라 붙는다.

그런데도 자리를 뭉개고 앉아있는 이유가 뭔가? 이 나라를 망가뜨리는데 언제까지, 얼마나 더 부역할 것인가? 속내가 드러났듯이 진실은 언젠가 드러난다. 탄핵과 형사처벌 사유도 점점 쌓여간다.

더 이상 그 자리에 있는 것은 본인들에게도 치욕이다. 이 나라를 위해서는 더더욱 그 자리에 있어서는 안 된다. 이제 내려놓으시라. 그동안 한 것만으로도 국민들의 분노 게이지는 임계점에 달했다.

김명수 대법원장은 탄핵 대상 (2021.02.04.)

김명수 대법원장의 속내가 하루 만에 발가벗겨졌다. 국민을 상대로 한 새빨간 거짓말도 만천하에 드러났다. 김 대법원장 스스로의 선택지는 당장 사퇴하는 것이다. 하지만 그건 본인의 선택지이지, 이제 국민의 선택지가 아니다. 국민의 선택지는 탄핵과 형사처벌이다.

김 대법원장의 탄핵과 형사처벌 사유는 드러나지 않았을 뿐 켜켜이 쌓였다. 쌓이고 쌓이다 이제 빙산의 일각이 드러났다. '빼박증거'로 거짓말까지 들통 났다. 김 대법원장이 "사표를 받으면 탄핵이 안 되지 않느냐"며 여당의 탄핵 추진 대상인 임성근 부장판사의 사표를 반려했다는 어제의 한 언론 보도에 대해 많은 분들이 '설마'라는 생각을 했을 것이다.

최초 보도한 언론이 확인하자 김 대법원장은 말이 없었다. 상대인 임 부장판사는 부인하는 게 아니라 "확인해 줄 수 없다"였다. 그러면 양쪽 다 사실을 인정한 것으로 봐야한다. 그런데도 대법원이 곧바로 부인하고 나오면서 진실공방을 벌였다. 그러자 김 대법원장도 자신감을 얻었는지 부인하고 나왔다. 이 진실공방은 불과 하루 만에 녹취록 공개로 대법원과 김 대법원장의 거짓으로 종료됐다.

이제 대법원은 국민 앞에 석고대죄하고 사과하는 것이 사법부의 최고기관으로서 기본 도리다. 김 대법원장은 이제 자진사퇴도 사치다. 결론은 탄핵이다. 여당은 전 정권에 들이댄 국정농단·사법농단·적폐청산 잣대를 김명수 대법원장에게 들이내라. 판사들도 "탄핵 대상은 임성근 부장판사가 아니라 김명수 대법원장"이라고 말한다.

폭주정권의 브레이크 제거 (2021.03.04.)

윤석열 검찰총장의 사퇴로 폭주정권의 브레이크가 없어졌다. 문재인 대통령은 기다렸다는 듯이 초스피드로 브레이크를 제거했다. 법무부가 취재진에 윤 총장의 사표 제출을 공지한 지 14분 만에 청와대는 문 대통령의 사의 수용을 발표했다.

이제 이 정권은 완전 통제 불능의 상황에 빠질 것이다. 끝이 어딜지 예상되지만, 정권의 파멸은 고스란히 국민들의 피해로 귀결되기에 걱정이다. 윤 총장이 사퇴한 날 김명수 대법원장은 전국법원장회의에서 "최근 제 불찰로 법원 가족 모두에게 실망과 걱정을 끼쳐드린 점에 다시 한 번 사과의 말씀을 드린다"고 말했다. 계속 자리에 눌러있을 요량이다.

벌써 검찰총장 후임에 이성윤 서울중앙지검장이 유력하게 거론된다. 김학의 불법출금 연루 의혹 등으로 공수처 1호 수사대상으로 거론되는 인물이다. 이렇게 이 정권과 정권의 부역자들은 범죄혐의자, 거짓말쟁이라는 비판과 비난에도 아랑곳없다. 문 대통령은 청와대 내에서 조심스럽게 호루라기를 불었던 신현수 민정수석의 사의도 이날 수용했다.

3월 4일 하루에 이루어진 일련의 흐름으로 보아 이 정권은 걸림돌을 모두 제거하겠다는 것이다. 대통령이 오로지 지지자만 보고 가겠다는 대국민 선전포고이기도 하다. 검찰을 정권의 하수인으로 만들기 위해 윤 총장을 핍박하다 안 되니 아예 검찰 해체를 추진하는 여당은 한편으론 박수를 치면서도 윤 총장을 난타하고 있다. 오로지 정권 보위와 정치적 계산만 하고 있다. 그렇다면 국민들의 저항과 선택만 남았다. 4·7 재보선에서 폭주정권을 1차 심판하고, 브레이크를 걸어야 한다.

8

문재인 대통령의 '국가기강 쑥대밭'

— 인사·외교안보정책 등 비판 SNS 글 모음 —

북한 만행에 즉각 대응이 먼저다 (2020.09.25.)

"북한이 우리 국민에 총격을 가하고 시신을 불태우는 만행을 저질렀음을 확인했다."

해양수산부 서해어업관리단 소속 어업지도선 공무원 피격 사망에 대한 국방부의 공식 발표다. 이 발표만으로도 충격적이다. 북한의 만행은 한 두 번이 아니지만 이번엔 표현하기조차 끔찍하다. 사건 진행 과정과 정부 당국의 대처 상황을 보면 더욱 충격적이다.

피격 공무원이 북한 수역에 왜, 어떻게 갔는지는 아직 분명하지 않다. 하지만 어떤 경우이든 드러난 북한의 행위는 도저히 용납할 수 없는 만행이다. 더욱이 '자진 월북 가능성' '북한의 코로나 방역'을 들먹이는 정부 당국을 지켜보는 국민들은 분노를 넘어 자괴감을 느끼고 있다.

'북한눈치보기, 대북저자세, 평화구걸'. 국민들은 이 정부의 대북정책 및 대통령을 비롯한 정부 주요 인사들의 대북 발언을 보며 조마조마했다. 그게 이번과 같은 끔찍한 사태를 초래했다.

급기야 문재인 대통령은 공무원의 피격 사망 사실을 보고 받은 후에 있은 유엔 연설에서 '종전선언' 운운했다. 대면보고를 받은 직후에도 군 진급 신고식에서 평화를 들먹였다. 군 당국에선 '9·19 군사합의 위반이 아니다'라는 말도 나왔다. 유엔 연설은 사전 제작돼 보낸 영상이라는 청와대의 해명이 공허하게 들리는 말들이다.

국민의 생명과 재산 보호는 모든 공직자의 기본적이고도 가장 중요한 임무다. 대통령은 그 정점에 있다. 평화는 국민의 생명과 재산을 보호하는 가운데 지켜야 한다.

이번 일을 계기로 이 정부의 대북관계에 대한 근본적인 재검토가 필요하다. 위험한 상황에서 임무를 수행하는 해수부 공무원의 안전에 대한 대책도 필요하다.

하지만 무엇보다 전혀 이해할 수 없는 상황에서 우리 국민이 북한의 총격으로 사살되고 시신이 불살라진 참혹한 사건에 대한 대통령과 정부의 즉각적인 대응이 먼저다. '세월호 7시간'을 집요하게 물고 늘어진 이 정권이 '해수부 공무원 피격 사건'에 어떻게 대처하는지 두눈 부릅뜨고 국민과 함께 지켜보겠다.

문재인 대통령의 '국가기강 쑥대밭' (2021.02.23.)

신현수 청와대 민정수석이 '대통령에게 거취를 일임했다'고 한다.

사실상 사의 철회라는 언론보도가 나오지만, 자진 철회가 아니라는 해석이 나온다. 검찰 고위 간부 인사에서 비롯된 이른바 '신현수 사태'에 대해 이제 문재인 대통령이 직접 설명하고 사과해야 한다. '거취 일임' 이라는 말로 아무 일 없었던 듯이 그냥 넘어갈 일이 아니다.

문 대통령은 지난 2015년 1월 당시 김영한 민정수석이 비서실장과 갈등을 빚으며 사표를 제출하자 "민정수석의 항명 사표라는 상황이 국가의 기강을 쑥대밭으로 만들었다"며 박근혜 대통령의 사과를 요구한 바 있다.

청와대는 부인하지만 언론은 "박범계 법무부 장관이 대통령의 정식 사전 재가 없이 검찰 고위 간부 인사를 발표하자 신 수석이 박 장관에 대한 감찰을 요구했고, 문 대통령이 이를 묵살하자 사표를 냈다"고 보도했다.

이 보도대로라면 신 수석의 사의 표명은 대통령에 대한 항명성 사표 제출이다. 일각에서 제기되는 '문재인 패싱' '문재인 허수아비'라는 말에도 신빙성을 더한다. 이거야 말로 문 대통령이 2015년 말한 '국가 기강을 쑥대밭'으로 만든 것이다. 2015년 김영한 수석 사퇴와 비교할 수 없는 국정문란이다.

대통령의 모든 국법상 행위는 반드시 문서로 해야 한다. 사후 문서 재가라면 사실관계와 책임 소재를 분명히 밝혀야 한다. 신 수석이 이 부분을 정확하게 꿰뚫은 것으로 보인다.

'신현수 달래기'와 사태 봉합에 매달리던 여권이 지난 주말까지 신 수석이 사의를 굽히지 않자 일부 '신현수 때리기'에 나서기도 했다. 여당 한 초선의원은 "윤석열의 그림자가 보인다"며 바람 잡기에 나섰다.

여당 한 중진의원도 "자기정치 하려고 한다"며 공격했다.

문 대통령은 불리하면 침묵하는 예의 행보를 이번에도 그대로 보여주려는가? 자신이 2015년 말한 대로 '국가기강이 쑥대밭'이 된 상황이다. 이제 국민에게 직접 설명하고 책임지는 모습을 보이시라

'친북중독'과 '김여정 가스라이팅' (2021.04.01.)

김준형 국립외교원장의 한미동맹에 대한 비유를 문재인 정권과 정부의 외교안보 라인에 돌려주면 딱 맞는다는 생각이 든다. 바로 '친북중독'과 '김여정 가스라이팅'이다. 김 원장이 저서 출간 온라인기자 간담회에서 한미관계를 중독·신화·종교 등으로 표현하며, 한미동맹을 가스라이팅에 비유했다. 망언 중의 망언이다.

한미동맹은 6·25전쟁에서 자유대한민국을 지켜내고 70년 넘게 한반도 평화를 지탱해온 대한민국 안보의 기본 틀이다. 그런데 이를 중독과 가스라이팅에 비유하다니. 동맹국에 대한 막말이자 굳건한 한미동맹을 바라는 국민에 대한 모욕이다.

김 원장의 망언은 공교롭게도 북한 김여정이 대한민국 집권자를 콕 찍어 말한 '미국산 앵무새'라는 망언이 나온 때와 거의 동시에 공개됐다. 김여정이 대한민국 정권과 집권자에게 한 입에 담기 어려운 막말은 한 두 번이 아니다. 그래서 '문재인 정권의 외교안보라인이 친북에 심각하게 중독되어 있고, 김여정의 반복되는 막말에 지배(가스라이팅)되고 있다'고 해도 전혀 어색하지 않다.

김 원장의 망언도 망언이지만 외교부의 대처도 한심하기 짝이 없다. 논란이 일자 외교부는 "해당 저서는 학자로서의 개인적인 소신과 분석을 담아 저술한 것"이라고 입장을 밝혔을 뿐 후속 조치는 없다.

국립외교원은 외교부의 한 조직이다. 수장인 원장은 차관급 정무직 고위 국가공무원이다. 그런 자가 한미동맹에 심각한 균열을 불러올 망언을 했는데, 학자로서의 개인적 소신이라고만 하고 넘어갈 사안인가.

외교부 장관은 김 원장에 대한 해임을 대통령에게 즉각 건의하고, 대통령은 즉각 해임해야 한다. 김상조 전 청와대 정책실장을 전격 경질한 결단을 김준형 국립외교원장에게도 발휘하기 바란다.

방역기획관 임명에 관한 질문 (2021.04.19.)

문재인 대통령이 4·7 재보선 후 민심 수습용이라며 내각과 청와대 일부 자리를 개편했다.

문 대통령의 내 사람 챙기기와 돌려막기 인사는 너무나 잘 아는 사실이지만, 이번 인사를 보면서 '망사'를 다시금 확인한다. 그 중 압권은 기모란 국립암센터 국제암대학원대학교 교수의 청와대 방역기획관 임명이다.

뒤늦은 청와대의 방역기획관 직제 신설에 대한 당부(當否)는 논외로 한다. 문제는 기모란 교수 기용이다. 기 기획관은 국내 코로나19 발생 초기부터 지금까지 정부의 대응과 정책을 일방적으로 홍보했다. 정부 비판에 대해 방어하는 역할을 했다.

그런데 기 기획관의 주장과 논리가 번번이 대다수 방역전문가들의 입장과 달라 논란을 불러일으켰다. 그러다 보니 의료계에서는 "기 기획관이 예방의학 전문가를 내세워 '정부의 정치방역'에 근거를 제공한다"고 비판한다.

기모란 청와대 방역기획관과 임명권자 문재인 대통령에게 묻는다. 이 질문에 납득할 수 있는 답을 국민들께 내놓지 못한다면, 대통령은 임명을 철회하고 기 기획관은 스스로 사퇴하기 바란다.

기모란 청와대 방역기획관은

- 우한 코로나 국내 발생 초기인 작년 2월 중국발 외국인 입국금지를 반대했는데, 그게 맞다고 생각합니까?
- 같은 시기 "코로나19는 메르스와 달리 증상이 심하지 않아서 다행이라고 했는데, 지금도 그렇게 생각합니까?
- "코로나에 걸려서 죽을 수 있다는 주장은 (사실이) 아닌 것 같다"고 했는데, 지금도 그렇게 생각합니까?
- 작년 5월 "2020년 연말까지 코로나 백신이 나오기 어려울 것 같다"며 "만들어 놔도 (부작용이) 걱정스러워 안 쓸 것 같다"고 했는데, 작년에 백신이 나오고 바로 이어 각국이 신속하게 접종하고 있는 건 뭡니까?
- 작년 8월 코로나 확산이 광복절 집회 때문이라고 했는데, 그 근거는 무엇이며 지금도 당시 말이 맞다고 생각합니까?
- 작년 말 세계 각국이 속속 백신을 구매할 때 "한국은 백신이 급하지 않다"고 했는데, 지금도 그렇게 생각합니까?

9

‘농업인의 날’에 생각하는 경남 농업

— 경남지역 이야기 SNS 글 모음 —

나훈아 콘서트 보고 고향 생각 (2020.10.04.)

가황(歌皇) 나훈아가 ‘대한민국 어게인 나훈아’ 콘서트로 추석 연휴 온 국민을 ‘들었다 놨다’ 했다. 나훈아의 노래를 듣고 있노라면 아련한 고향과 어머니를 떠올리며 눈물짓게 한다. 그러면서도 정통 트로트풍의 멜로디로 흥을 돋운다. 그래서 추석이나 설 명절에 가장 ‘소환’하고 싶은 가수인가 보다.

나훈아는 정통 트로트를 스스럼없이 ‘뽕짝’이라고 한다. 이번 콘서트에서 선보인 신곡 ‘테스형!’을 듣고 ‘노래하는 철학자’라는 생각이 들었다. 위대한 철학자 소크라테스를 뽕짝에 녹여 인생을 노래했는데도 전혀 어색하지 않고 가슴에 와 닿기 때문이다.

나훈아의 노래에는 유난히 고향을 소재로 한 곡이 많다. 그러면서 사랑과 인생을 노래한다. 이번 추석 콘서트도 1부 고향, 2부 사랑, 3부

인생으로 구성했다. 나훈아가 부른 노래는 자작곡·자작사가 대부분이다. 그런 가운데 히트곡 중 '물레방아 도는데'는 다른 사람이 작사·작곡했다. 작곡은 고 박춘석 선생이, 작사는 고 정두수 선생이 했다.

정두수 선생은 이미자의 '흑산도아가씨', 은방울자매의 '마포종점', 남진의 '가슴 아프게', 들고양이들의 '마음 약해서', 진송남의 '덕수궁 돌담길', 문주란의 '공항의 이별', 정훈희의 '그 사람 바보야' 등 수없이 많은 히트곡의 노랫말을 만들었다. 작사가로서 '한국 대중가요계의 전설'로 불린다.

경남 하동 출신인 정두수 선생은 수많은 노랫말을 만들면서 고향 하동을 배경으로 한 노래도 빼놓지 않았다. 하춘화의 '하동포구 아가씨', 진송남의 '시오리 솔밭길' 등 67곡이나 된다. 모두 고향에 대한 추억과 애잔함이 묻어난다.

그 중 '물레방아 도는데'도 선생의 대표적인 고향 하동 배경 노랫말이다. 여기에 나훈아의 목소리가 더해져 고향에 대한 추억과 애잔함을 더욱 불러일으킨다. 이 노랫말에는 우리의 아픈 역사와 가족의 애잔한 이야기가 담겨 있다. 고향과 사랑, 인생으로 구성된 나훈아의 추석 콘서트를 보고 이 이야기가 떠오른다.

하동군 고전면 성평리에서 태어난 정두수 선생은 다섯 살 때부터 3년간 부모님과 떨어져 외갓집에 살았다. 그 때 부산에 먼저 가 있던 부모 형제가 그리울 때면 하동포구가 보이는 뒷동산에 올라가 시집 간 이모가 사준 하모니카를 불었다고 한다.

그런 정서가 마음 깊이 남아서인지 훗날 외할머니와 이모에 대한 애틋한 그리움을 담아 하춘화가 부른 '하동포구 아가씨', '쌓인 정'과

은방울자매가 부른 또 다른 '하동포구 아가씨'의 노랫말을 지었다고 한다. '물레방아 도는데'의 노랫말도 선생의 어릴 적 고향과 가족 이야기다. 2차 세계대전 막바지에 발악을 하던 일제에 의해 우리의 젊은이들이 전쟁터로 끌려 갈 때다. 선생의 삼촌도 그 때 학병으로 끌려갔다.

정두수 선생은 '학병'이라는 띠를 두르고 성평리를 떠나던 삼촌을 소재로 했다고 한다. 1937년생인 선생이 다섯 살부터 3년간 외가살이를 했으니 이 기간은 2차 대전 막바지 일제 말기와 겹친다. 당시 어렸지만 선생의 기억에 선명하게 남았던 것 같다.

정두수 선생의 고향 하동군 고전면과 금오산을 휘감아 흐르는 주교천 변에 노래비공원이 있다. 인근 주교천 교하교 아래에 징검다리가 놓여 있고, 공원엔 '물레방아 도는데'와 '시오리 솔밭길' 노래비와 함께 물레방아를 설치해 옛 정취를 재현해 놓았다.

코로나로 인해 추석에 고향을 가지 못한 분들도 많을 것이다. 많은 분들이 고향 가지 못한 아쉬움과 허전한 마음을 나훈아 콘서트로 달랬을 듯하다. 고향을 생각하는 추석 연휴 마지막 날에 섬진강이 휘감아 도는 지리산 자락의 청정 하동을 배경으로 한 가요 '물레방아 도는데'를 흥얼거리며 우리 모두의 고향을 떠올려 보면 어떨까.

'농업인의 날'에 생각하는 경남 농업 (2020.11.11.)

'농업인의 날'은 농업이 국민경제의 근간임을 국민들에게 인식시키고, 농업인의 긍지와 자부심을 고취하기 위해 제정됐다. 수확이 끝날 때를 즈음해 농업인의 노고를 위로하는 날이기도 하다.

'농자천하지대본(農者天下之大本)'에서 알 수 있듯이 예부터 농업은 사람이 살아가는 근본이다. '식량자원'·'식량안보'라는 말에서 보듯 농업의 중요성은 미래에도 변함이 없을 것이다. 코로나19 등 신종감염병이 유행하고, 일상화·장기화하면서 농산물은 우리의 삶에 더욱 중요하게 다가온다. 이 같은 중요성에 비해 오늘날 농업의 현실과 농업인의 처지는 팍팍하다.

2019년 기준 경지면적이 1,444㎞^{2}(경남 전체 면적의 13.7%)인 경남의 농업 현황을 살펴봤다. 농가 수는 12만2000여 가구(경남 전체 가구의 8.5%)로 전국 네 번째다. 농가인구는 26만5000여명(경남 전체 인구의 7.7%)으로 전국 다섯 번째.

반면, 농가소득은 3700여만 원으로 전국 9위에 머물렀다. 4차 산업혁명과 농업의 스마트화 등 미래 농업에 발 빠르게 대처해야 하겠다. 식량자원을 안정적으로 확보하고 농업을 새로운 산업으로 변화·발전시키기 위한 정책적 관심과 지원이 요구된다. 11월 11일, '농업인의 날'을 맞아 농업의 중요성에 대해 새삼 인식하고, 농업인에 대한 관심과 응원의 시간을 가졌으면 한다.

마산 3·15 의거 61주년 새벽에 (2021.03.15.)

오늘은 마산 3·15 의거 61주년 기념일입니다.

의거의 역사적 의미를 되새기면서 희생자의 넋을 기립니다. 아울러

언필칭 민주적 통제를 내세워 법치를 파괴하고 정의를 내팽개치며 반민주 폭정을 일삼는 문재인 정권이 3·15의거의 기본 정신인 자유·민주·정의를 되새겨 국정을 정상화하기 바랍니다.

3·15 의거는 1960년 3월 15일 경남 마산에서 자유당 정권의 부정선거 항의시위에서 시작됐고, 당일 실종되었던 김주열 열사가 4월 11일 마산 앞바다에서 눈가에 최루탄이 박힌 시신으로 떠올라 큰 충격을 주어 마산도립의료원 앞에서 거대한 2차 항의시위가 일어남으로써, 전국으로 확산돼 4·19혁명으로 이어진 것입니다.

3·15 의거의 직접 원인은 부정선거였지만, 6·25전쟁 이후 피폐한 경제와 사회·경제적 모순에 따른 빈부격차·부정부패 등도 항거의 주요 요인이라 하겠습니다. 그래서 3·15 의거는 자유·민주·정의를 기본 정신으로 하는 한국 현대사 최초의 민주화운동으로 평가받고 있습니다.

당시 시위로 많은 분들이 희생되셨고 부상을 입었습니다. 창원시 마산회원구 구암동에는 의거 정신을 기리는 국립3·15민주묘지가 조성되어 있습니다. 하지만 3·15의거가 우리나라 민주화운동 효시로서 진정한 역사적·국가적 의미를 부여받고, 민주주의 발전 및 국민화합에 이바지하는 데는 여전히 미흡합니다.

이에 저는 2009년 국회에서 '3·15 의거 국가기념일 제정 촉구 결의안'을 발의해 통과시킴으로써 50주년인 2010년부터 국가기념일로 행사를 치르고 있습니다. 이어 60주년을 1년 앞둔 지난 2019년 마산의거의 역사적 의미와 지위를 혁명의 수준으로 격상시키고, 4·19로부터 독립하기 위해 '3·15 의거 관련자의 명예회복 및 보상 등에 관한 법률안'을 대표 발의한 적이 있습니다.

법안에는 3·15 의거 진상규명 및 관련자 명예회복심의위원회 설치, 관련자와 그 유족에 대한 보상, 의거 정신계승 기념사업 지원을 위한 재단설립 등의 내용을 담았습니다. 하지만 국회 소관 위원회인 행정안전위회 법안소위 계류 중 20대 국회 종료와 함께 자동 폐기됐습니다.

법안 폐기로 안타까웠는데 21대 국회 개원 이후 제가 국회의원을 지낸 마산합포 지역구의 뒤를 이은 국민의힘 최형두 의원이 같은 내용의 법안을 다시 대표 발의해 현재 국회에서 논의 중인 것으로 알고 있습니다. 아무쪼록 특별법이 조속히 제정되어 마산 3·15의거가 역사적으로 자리매김하기를 간절히 바랍니다.

뜻 깊은 삼성 창원병원 개원 40주년 (2021.03.16.)

오늘 성균관대학교 부설 삼성 창원병원 홍성화 원장님으로부터 상급 종합병원 지정과 관련 공로패를 받았습니다. 마침 오늘이 삼성 창원병원 개원 40주년이라 뜻 깊은 날입니다. 저의 변호사 사무실을 직접 방문해 공로패를 전해주신 홍성화 원장님께 감사드리며, 개원 40주년을 맞은 삼성 창원병원과 병원 가족 여러분께 축하의 말씀을 전합니다.

저는 국회부의장 당시 삼성 창원병원의 상급 종합병원 지정 건의를 받고 보건복지부 장관에게 강력히 지정을 요청하였습니다. 덕분에 개원 40주년을 맞은 올해 1월 1일부터 상급종합병원에 지정됐습니다.

삼성 창원병원은 지역 의료시설이 취약한 시절인 1981년 마산에서 종합병원으로 개원해 지역민의 건강과 진료에 크게 기여해 왔습니다. 1997년 성균관의대 교육병원으로 지정되고, 90년대와 2000년대 경남 권역 응급의료센터로서 도내 응급환자 이송과 치료에도 큰 역할을 맡았습니다.

이어 2010년 성균관대 삼성 창원병원으로 승격돼 명실상부한 대학병원으로 자리매김했습니다. 이제 상급 종합병원으로서 지역민들에게 더 폭 넓고 질 높은 의료서비스를 제공할 수 있게 됐습니다.

지역 역사·문화 자산 '우해이어보' (2021.05.17.)

영화 '자산어보'를 봤다. 작품성에 대해 개봉 전부터 관심이 높았다. 흑백영화라는 점도 관심의 대상이었다. 영화 '자산어보'는 조선후기 흑산도 연근해의 바다생물을 관찰하고 기록한 〔자산어보玆山魚譜〕를 토대로 만들었다. 하지만 영화는 당시 권력층의 수탈과 불평등한 사회상 고발에 초점을 맞췄다.

영화 '자산어보'를 보면서 〔우해이어보牛海異魚譜〕를 떠올렸다. '우해이어보'는 지금의 경남 창원시 마산합포구 진동·진전·구산면 주변 연근해의 어패류와 어촌 생활상을 기록한 저술이다. 1814년에 저술된 '자산어보'보다 11년 앞선 1803년에 세상에 나왔다.

'우해이어보'(저자 김려金鑢)와 '자산어보'(저자 정약전丁若銓)는 천주교 박해사건인 신유사옥(1801)으로 유배된 저자들이 유배지에서 일종의 해양생물백과사전이라고 할 수 있는 실학서를 저술했다는 공통점을 갖고 있다. '우해이어보'는 「우산잡곡(牛山雜曲)」이라는 제목으로 당시 진동 지역을 중심으로 한 어촌의 생활상과 풍물을 담은 39수의 한시(漢詩)를 함께 수록하고 있다.

이에 전문가들은 '우해이어보'에 역사 콘텐츠와 재미있는 스토텔링 소재가 풍부하다고 말한다. 그래서 '자산어보'보다 사료적 가치가 더 높다고 평가하는 분들도 있다. 우리 고장의 '우해이어보'가 영화는 물론, 다양한 역사문화 콘텐츠로 되살아날 날을 기대해 본다.

'이건희 미술관' 경남 올 이유 충분 (2021.06.11.)

가칭 '이건희 미술관'도 원주의 산 속에 있는 '뮤지엄산'과 같이 하면 어떨까. 삼성가의 본향 의령의 자굴산이나 한우산 중턱에 자리하는 것도 좋다. 마산해양신도시에도 좋다.

강원도 원주 산 속의 산 '뮤지엄 산'. 2013년 해발 275m 산상에 개장한 미술관이다. 2019년 한 해 21만 명이 찾았다고 한다. 군사도시 원주시를 문화도시로 탈바꿈시킨 주인공으로 평가받고 있다.

'한솔미술관'에서 '한솔뮤지엄'으로, 다시 '뮤지엄산(MUSEUM SAN)'으로 명칭이 바뀌었다. 2019년 세상을 떠나신 고 이인희 한솔문화재단 이사장이 생전에 꿈을 실현한 미술관이다.

한솔그룹은 삼성그룹에서 1993년 떨어져 나가 형성된 기업그룹이다. 고 이병철 회장의 장녀이자 고 이건희 회장의 큰 누나인 고 이인희 전 한솔그룹 고문의 한솔제지가 그룹의 모태다. 신세계그룹은 이건희 회장의 여동생 이명희 회장이 떨어져 나가면서 1997년 만들어진 기업그룹이다.

어떤가. '이건희 미술관'이 경남에 올 수 있는 이유가 충분히 않겠나.

"주변에 인구가 많아야 한다" "접근성이 좋아야 한다" "문화 인프라가 갖춰져 있어야 한다" 등등의 논리는 그다지 중요하지 않다는 걸 '뮤지엄산'을 통해서 알 수 있다. 원주시 지정면 해발 478m의 구룡산 중턱에 자리 잡은 '뮤지엄산'은 접근성도 그리 좋은 편은 못된다. 입장료도 어른 기준 1만9000원에서 3만9000원으로 비싼 편이다.

그런데도 한해 21만 명이나 되는 많은 사람들을 불러 모으는 까닭이 뭘까. 발상의 전환, 이를 통해 꼭 가봐야 되는 특별한 가치가 있기 때문이다. '뮤지엄산'은 그 자체가 예술이자, 자연이자, 관광지다.

'뮤지엄산'은 산 속의 미술관이라 마운틴의 산(山)을 연상하기 쉬운데, 그렇지 않다. '자연 속 예술공간'을 뜻하는 스페이스(Space), 아트(Art), 네이처(Nature)에 따왔다. 네이밍에도 예술과 자연, 철학이 담겨 있다. 경상남도도 '이건희 미술관' 유치를 위해 강하게 힘을 모으자고 제안한다.

이주영 연보

출생

1951년 9월 30일

경상남도 마산시 완월동(現 경상남도 창원시 마산합포구 완월동)

본관

경기도 광주 이씨

가족

배우자 : 허영

자 녀 : 2녀1남

학력

1958년 마산 완월초등학교 입학

1964년 서울 혜화초등학교 졸업

1967년 중앙중학교 졸업

1970년 경기고등학교 졸업

1974년 서울대학교 법과대학 졸업

1981년 서울대학교 대학원 법학 석사

2002년 경남대학교 북한대학원 정치학 석사

경력 (법조 · 임명공직 · 단체 등)

1978년 제20회 사법시험 합격(사법연수원 10기)

1980년 서울지방법원 동부지원 판사

1982년 서울가정법원 판사

1983년 서울민사지방법원 판사

1984년 청주지방법원 판사

1986년 서울형사지방법원 판사

1989년 서울지방법원 북부지원 판사

1990년 서울고등법원 판사

1990년 ~ 1991년 영국 런던대학교 킹스컬리지 교육파견

1992년 ~ 1994년 대법원 재판연구관

1994년 부산지방법원 부장판사

1995년 ~ 2000년 이주영 법률사무소 변호사 활동

2005년 3월 ~ 2006년 6월 경상남도 정무부지사

2014년 2월 ~ 2014년 12월 제17대 해양수산부 장관

2017년 2023 세계스카우트잼버리 한국 유치위원장

2020년 5월 ~ 법무법인 명재 고문변호사(현)

2021년 2월 ~ 연세대학교 행정대학원 총동창회 회장(현)

2021년 6월 ~ 한국주민자치중앙회 총재(현)

정치 경력 (선출직 · 정당 · 정치 활동 등)

＊ 소속정당 : 국민의힘

＊ 국회의원 : 5선(16 · 17 · 18 · 19 · 20대)

2000년 5월 ~ 2004년 5월 제16대 한나라당 국회의원(경남 창원을)

2006년 7월 재·보선 경남 마산갑 당선

2006년 7월 ~ 2008년 5월 제17대 한나라당 국회의원(경남 마산갑)

– 한나라당 정책위 수석 정책조정위원장

– 한나라당 정책위의장(최고위원)

2008년 5월 ~ 2012년 5월 제18대 한나라당 국회의원(경남 마산갑)

– 국회 법제사법위원회 위원

– 한나라당 경남도당 위원장

– 18대 국회 후반기 예산결산특별위원장

2008년 6월 ~ 2012년 5월 국회 미래한국헌법연구회 공동대표

국회 UN MDGs포럼 공동대표

2010년 국회 사법제도개혁특별위원장

2011년 5월 ~ 2012년 2월 한나라당 정책위의장(최고위원)

2012년 2월 ~ 2012년 5월 새누리당 정책위의장(비상대책위원)

2012년 5월 ~ 2016년 5월 제19대 새누리당 국회의원(경남 창원마산합포구)

2012년 6월 ~ 2016년 5월 국회 아동·인구·환경의원연맹 회장

아시아태평양환경개발의원협의회 회장

2012년 8월 ~ 10월 새누리당 박근혜 후보 대선기획단장

2013년 5월 ~ 2015년 6월 새누리당 여의도연구원장

2013년 9월 ~ 2020년 5월 국회아프리카새시대포럼 회장

2015년 5월 ~ 2016년 5월 국회 동북아역사왜곡대책특별위원장

2016년 5월 ~ 2020년 5월 제20대 새누리당 국회의원(경남 창원마산합포구)

2016년 6월 ~ 2020년 5월 국회스카우트의원연맹 회장

세계스카우트의원연맹 부총재

2016년 6월 ~ 2018년 6월 제20대 국회 전반기 외교통일위원회 위원

2016년 12월 ~ 2017년 12월 국회 헌법개정특별위원장

2017년 11월 ~ 2017년 12월 자유한국당 인재영입위원장
2018년 5월 ~ 2018년 6월 자유한국당 6·13 지방선거 중앙선거대책위원회 고문
2018년 7월 ~ 2020년 5월 제20대 후반기 국회부의장
2018년 7월 ~ 2020년 5월 제20대 국회 후반기 국방위원회 위원
2018년 12월 ~ 2020년 2월 자유한국당 경남도당 창원마산합포구 당협위원장
2019년 2월 자유한국당 북핵외교안보특별위원회 고문
2019년 5월 ~ 여의도연구원 차세대브랜드위원회 고문
2019년 6월 ~ 보수의 새길 ABC 상임공동대표
2020년 3월 ~ 2020년 4월 미래통합당 4·15총선 중앙선거대책위원회 부산·울산·경남 권역별 선거대책위원장 겸 경남 총괄선거대책위원장
2020년 7월 ~ 미래통합당 · 국민의힘 국책자문위원장(현)
2021년 ~ 자유와 공정 포럼 공동대표(현)

상훈

2009년 제1회 메니페스토 약속대상 국회의원 대상
2011년 제18대 국회 헌정우수상
2015년 4·19혁명 봉사대상
2015년 국정감사 NGO 모니터단 국정감사 우수 국회의원상
2016년 대한민국 국회의원 의정대상
2016년 국회도서관 이용 최우수상(의원방문 이용부문)
2016년 세계여성의 날 올해의 사회공헌 대상

2016년 법률소비자연맹 제19대 국회 국회의원 공약대상
2017년 한국을 빛낸 대한민국국회평화대상 국회 의정평화발전부문
2017년 자랑스런 경남대인상
2018년 대한민국 녹색환경문화대상 대한민국을 빛낸 의정대상
2018년 아시아태평양스카우트연맹 최고공로훈장
2019년 대한민국 대한국인대상 정치부문 대상
2019년 국회의원 아름다운 말 선플상
2019년 대한민국 위대한 국민대상
2019년 국정감사 NGO모니터단 국정감사 국리민복상
2020년 한국스카우트연맹 무궁화금장
2020년 연세행정인상

---

* 사무실 : 경남 창원시 의창구 원이대로 271
한마음타워 701호(국민의힘 경남도당 옆 건물)

이주영의 진심

초판 1쇄 인쇄일 2022년 1월 20일
초판 1쇄 발행일 2022년 1월 25일
지은이 이주영
펴낸이 김형균
펴낸곳 동쪽나라
등록 1988년 6월 20일 등록 제2-599호
주소 서울시 강동구 고덕동 62길 55 3003호
전화 02) 441-4384

값 15,000원
ISBN 978-89-8441-284-2 03300